アジア太平洋諸国の災害復興

人道支援・集落移転・防災と文化

林 勲男［編著］

明石書店

アジア太平洋諸国の災害復興

――人道支援・集落移転・防災と文化

●もくじ

第2部　集落移転

第3部　防災と文化

【凡例】各章の参考文献のURLは、二〇一五年一〇月下旬に最終確認を行っている。なお、各章の参考文献に個別に（最終確認日〇年〇月〇日）等とあるものは、各著者が参考にした軌跡を残すために、各章・各URLに個別に記載している。

序

林　勲男
HAYASHI Isao

近年の地震災害

日本列島は、二〇世紀末に地震の活動期に入ったといわれている。主な地震を挙げると、一九九三年の釧路沖地震（マグニチュード［以下、Mと表記］七・八）と北海道南西沖地震（M七・八）、一九九四年の三陸はるか沖地震（M七・六）、一九九五年の兵庫県南部地震（M七・三）、二〇〇〇年の鳥取県西部地震（M七・三）と続き、二〇〇一年の芸予地震（M六・九）、二〇〇四年の新潟県中越地震（M六・八）、二〇〇七年に新潟県中越沖地震（M六・八）、岩手・宮城内陸地震（M七・二）など、M七クラスの地震が各地で発生した。そして、二〇一一年三月一一日には、M九・〇の東北地方太平洋沖地震が発生し、地震と津波さらには福島第一原子力発電所の事故により、未曽有の大規模広域災害である東日本大震災となった。

地震は、地下の断層やプレート境界が急激にずれるか、火山の地下では水蒸気やマグマが上昇することによって発生する。巨大地震によって震源域周辺の地殻内の応力場が変化すると、さらなる地震を発生させるが、マグマだまりにも影響を及ぼし、火山噴火を誘発する危険もあるといわれている。過去の例では、富士山の宝永噴火

（一七〇七年）は、その四九日前に発生した、現在でいうところの南海トラフ巨大地震である宝永地震に連動したものであったと考えられている。また、フィリピンのピナツボ山噴火（一九九一年六月）は、その前年の七月に発生したバギオ付近を震源とした地震（M七・八）に誘発され、そのほかにも、二〇〇四年一二月にインド洋沿岸のほぼ全域に津波被害をもたらしたスマトラ島沖地震（M九・二）は、スマトラ島中部のタラン山（二〇〇五年四月）、ジャワ島中部のムラピ山（二〇〇六年五月）などの噴火の引き金になったといわれている。そして現在、東北地方太平洋沖地震の発生は、さらなる大規模な地震や火山噴火の発生に繋がるのではないかと懸念されている。

変化する自然災害への対応

地震や火山噴火に限らず、近年の自然災害の発生状況を見ると、地球温暖化、都市域のヒートアイランド現象、森林や耕地の喪失、砂漠化の進行、河川・海岸の浸食などといった自然環境の変化が、発生する災害の規模を拡大している。同時に、少子・高齢化、都市圏の人口とインフラの過密化、中山間地等での過疎化といった社会構造の変化が、そうした災害に対する脆弱性を増大している。開発途上国の場合、災害は開発プロジェクトの阻害要因となるだけでなく、その成果を破壊してしまう場合もある。さらには、開発の結果が災害に対する脆弱性を高め、対応・回復・適応していく力（レジリエンス）を低めてしまうこともありうるため、開発と防災は表裏一体のものと考えられている[1]。

二〇〇六年六月、日本学術会議は国土交通大臣からの諮問に対して、理工学・生命科学・人文社会科学の研究者によって構成される課題別委員会「地球規模の自然災害に対して安全・安心な社会基盤の構築委員会」を組織して審議を行い、翌年五月に答申を取りまとめた[2]。その答申には、「短期的な経済効率重視の視点」から「安全・安心な社会の構築」を最重要課題としたパラダイムの変換を図ること、国や地方公共団体などはＮＰＯ・ＮＧＯの育成や活動支援を積極的に行うこと、防災分野の国際支援は、社会、経済、農業、環境、科学技術、教育等の活動とシームレスに関連しているため、各省庁間の密接な連携と、国内対応の延長として国際支援が実施できる体制を構築すること、などが提言されている。自然災害大国であるが故に防災先進国である日本が、これまでの多くの被災経験を経て培ってきた知識や技術をもとに、今後も多発が予想される自然災害に対応しながら、持続的な発展を成し遂げていくためのパラダイムを示し、そうした国内での経験に裏打ちされた知識・技術をもって国際貢献していくべきことが提案されている。

その三年後の二〇一〇年五月、日本学術会議は、新たな課題別委員会として「自然災害軽減のための国際協力のあり方検討委員会」を設置した[3]。まさにこれは、二〇〇七年の答申をさらに一歩進めるものとして、アジアを中心に世界各国から日本に寄せられる期待に応えるため、多分野にわたる連携を図り、関連省庁や国際協力機構（JICA）、研究機関、学協会、大学、NPO・NGOなどの支援組織・団体による協力体制の確立を図り、国としての防災分野での国際支援戦略を検討しようとするものであった。その背景には、海面上昇や降雨量・降雨時期の変化、異常高温・低温の発生などの気候変動や、人間社会の側も、都市における人口の過密化や交通・情報インフラの発達による災害の複雑化、住民の流動性の高まりは地域的な人の繋がりを弱め、他方、地方においては過疎化や高齢化が進むことで、やはり地域社会の災害対応力を減衰させているという、日本と同様の状況が、世界各地で進行していることが挙げられる。

日本国内では、自然災害の多発と規模拡大は、専門的な知識や技術を向上させてきただけでなく、一般市民の防災意識を高め、被災者への義捐金や支援物資の提供にも多くの人々を駆り立て、さらには近年の災害ボランティアの活動を活発化してきた。一九九五年の阪神・淡路大震災後には、「防災基本計画」の改訂や「災害対策基本法」の改定に伴って、ボランティアによる防災活動に関する規定が追加された。そして被災者として支援を受けた人々の多くは、新たに発生した被災地への支援に動き、それは国内のみに留まらずに海外の被災地にまで及んでいる。例えば、阪神・淡路大震災の被災地・神戸と一九九九年の台湾九二一（集集）地震被災地とは、支援・被支援（受援）の関係から被災地同士の交流に発展し、その関係はさらに中越・中越沖地震被災地をも含み込み、災害からの復興を互いに学び合いながら、中間支援組織や復興基金などを進化させつつ、被災地の人々が新たなビジネスを起こし、自らの生活再建を図りつつ、地域の復興に積極的に寄与していく環境づくりも被災地同士の連携によってステップアップしていった。そして現在は、東北地方太平洋沿岸の被災地でも、これまでの被災地が復興の経験から生んだ英知が、それぞれの地域に適合された形で導入されつつある。

海外の被災地において、「国内対応の延長として国際支援が実施できる体制を構築する」のは容易いことではない。グローバルに展開できる支援と、ローカルに十分に配慮が必要とされる支援の部分があることは意にとめておく必要がある。例えば、発災直後の人命救助にしても、それを効率的・効果的に実施するには、あるいは不幸にして遺体の収容となった場合にも、法令や制度、組織だけでなく、宗教やジェンダー、死生観などは無視できない。

各章について

本書は三部構成となっている。第一部の「被災経験と人道支援」は、緊急人道支援から生活再建に至るフェーズに焦点を当てている。人命を最優先とした人道支援は、普遍的な救援活動であるが、その活動をより効率的に、そして成果の大きなものにするには対象となる社会の理解が極めて重要であることが指摘されている（地図 序－1）。

飯國有佳子は、東日本大震災発生以降に国や地方自治体が注目するようになった「受援」という概念を手掛かりに、二〇〇八年五月にミャンマー南西部のサイクロン・ナルギス被災地で展開した、一般市民による支援と被災者を繋ぐ活動について述べている。ナルギスの上陸は、新憲法草案の是非を問う国民投票を一週間後に控え、欧米や国内外からの軍政批判とそれに対する政権側の反発が頂点に達していた時であった。そのため、国連や国際NGOによる支援のための新規入国が制限され、被災地での外国人の活動もひと月ほど許可されない状況が続いた。そこで大きな役割を担ったのが、ミャンマーNGOネットワークであった。発災以前、ミャンマーで支援活動を展開する国際NGOは、相互の協力関係を築くよりも、監督省庁との良好な関係を維持することで自らの活動を担保していた。そうした国際NGO間に連携をもたらしたのが、国内のNGOネットワークであった。飯國は、二者間の信頼関係が制度を支えているという、ミャンマー社会の特色に注目しながら、被災者支援という緊急対応を共通の目的とした、新たなコミュニティが形成されていく様子を描いている。その視座からすれば、政府は対立するものではなく、交渉の対象であり、協働のパートナーとして捉えられている。

　一九八四年以来同国の漁村研究を行ってきた高桑史子は、スリランカでのインド洋津波の被害と復興について、歴史的・社会的な脈絡の中で、被害の影響と復興に伴う新たな課題について考察している。長年続く内戦が一時的に停戦し、和平に向けた合意形成が模索されている中で、二〇〇四年一二月の津波災害が発生した。激しい内戦が繰り広げられた東部および北東部の沿岸地域にも、国連機関や国際NGOが支援に入り、人道支援・復旧支援が展開された。しかし、翌年後半には内戦が再燃し、支援組織・団体は紛争地から撤退していった。飯國論文と同様に、災害はある歴史的背景を持った政治状況の中で発生し、そのことがいかに被災地・被災者支援そして地域の復興や生活再建にまで影響するかを具体的に示すものである。ニーズに合った支援を、ということは容易い。だが、それは当該社会についてどれだけ理解しているかにかかっていると改めて思う。

地図 序-1　本書で取りあげる被災国

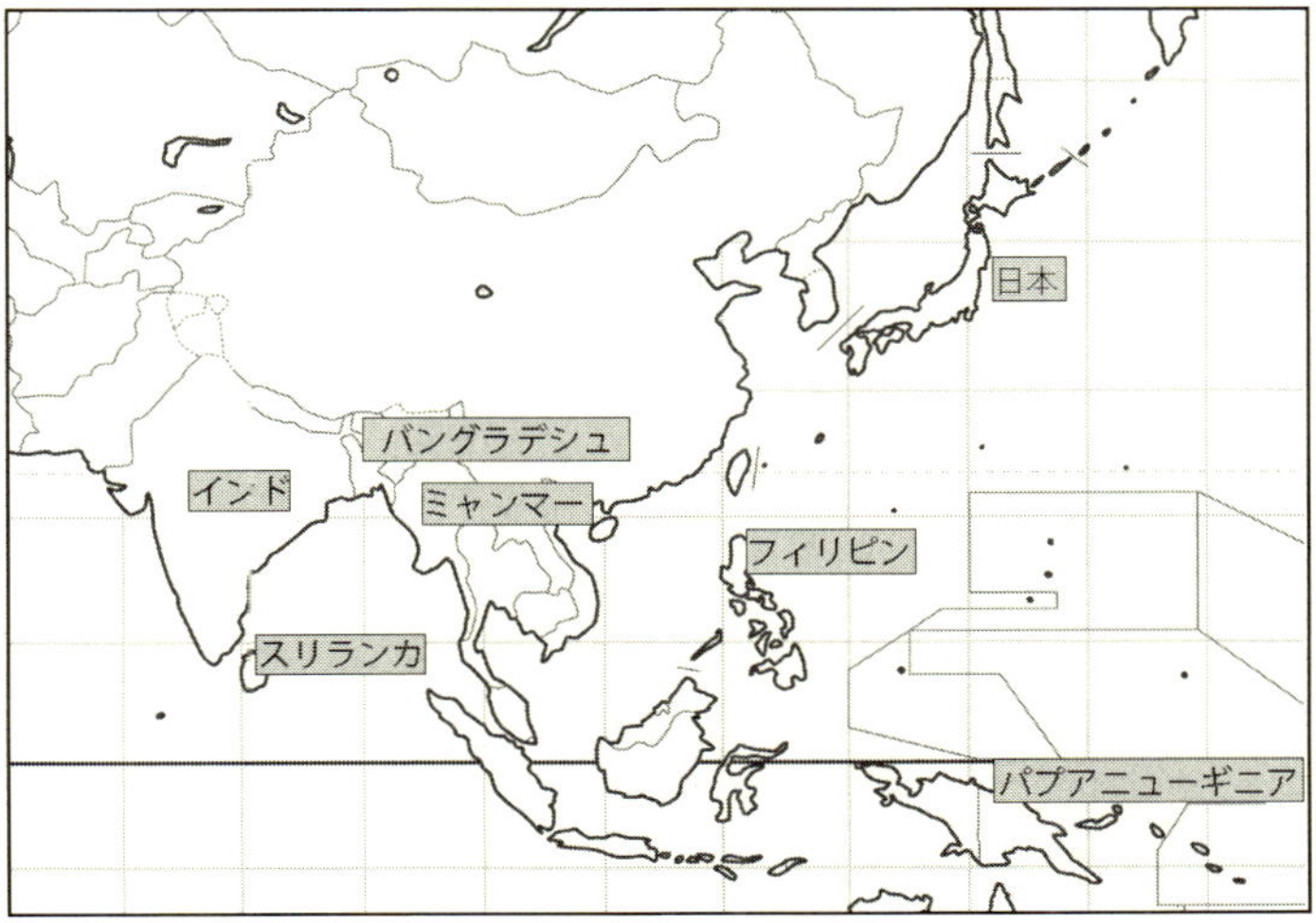

このことは、自国内での被害状況の調査やそれに基づく支援についても当てはまることである。

第二部「集団移転」は、被災したコミュニティが移転を余儀なくされ、人々が新たな土地で生活を再建していく上での課題について論じている。

パプアニューギニアの津波被災地で調査を続けている林勲男は、内陸や高台に避難した沿岸部の被災者が、新たな定住地を求めようとしたところ、土地の権利をめぐる問題に突き当たったことを紹介している。州政府やキリスト教会組織、NGOなどが、教育や医療などの公共サービスとともに、復興支援策としての被災者の定住化と現金収入手段の導入を推し進めようとしている。しかし、パプアニューギニアでは国土の九七パーセントは慣習的所有地として、集団によって所有・利用されており、登記はされていない。このことはこれまでも、貧困対策や経済発展を阻害するものとして、土地の個人所有化と登記化を推進すべきとの議論がある。とりわけ海外からの企業投資事業においては、土地問題による事業の遅延や中止、さらには保証金の支払いをめぐる煩雑さなどの理由から、土地に関する法律の整備を求める声も大きい。林は、慣習的土地所有を前提とした復興支援策や防災のための開発事業を検討することが大事であり、安易な制度移転は、権利義務関係のネットワークとしての社会の在り方に対しても破壊的な影響を与えかねないことを指摘している。

深尾淳一は、二〇〇四年のインド洋大津波の被害で移転した、南インドの二つの村落を具体例として取り上げ、文化的環境の問題について考察している。彼はジギャースを引きながら、文化を構成する諸要素ではなく、人と場所、時間が複雑に関係しあって生み出される、現実生活と結びついた全体的な存在を文化的環境ととらえ、災害からの復興にはこの文化的環境を整えていくことが重要であると指摘している。時にはそれは慣習や宗教と結びついたものであり、それだけに支援の在り方、言い換えれば支援組織・団体による「介入」が問題となることもある。災害を契機として新たに観光資源として脚光を浴びる文化遺産もあれば、修復あるいは再建がかなわずに、観光産業が衰退していく場合もある。東日本大震災の被災地で注目される祭りや民俗芸能の再生や、災害遺構の保存やその利活用、地域の魅力を地元住民が発見し、交流人口の増加を図るという地域おこし事業などとも共通した課題が見えてくる。

金谷美和は、二〇〇一年一月のインド西部地震で被害を受けた、染色を地場産業とする村の移転に焦点を当てている。染色工房にとって必要不可欠な水の減少と水質悪化は、災害以前から懸念されており、災害後の支援を活かして、事業の継続が可能な新たな土地を確保し、村人たちはそれぞれの家庭の事情に沿った移転を行っている様子が紹介されている。注目すべきは、災害以前からの支援者との関係と、災害後に新たにさまざまな支援を取り付けることに成功したリーダーの存在で、水の確保という災害以前からの課題が解決の方向に好転していった様子が詳細に報告されている。飯國論文でも指摘されているが、途上国の場合は開発協力として多くのセクターで国内外からの支援が入っており、災害が発生した場合に、被災者からの視点でいえば、そうした既存の関係をどう生かしていくかが戦略として必要となり、支援する側も現地の事情に精通したそうした団体・組織さらにはそれらのネットワークを支援に活用していくことが重要であろう。

最後の第三部は、防災・減災に取り組む社会の仕組みや価値観についての配慮が、特に途上国支援ではきわめて重要であることを実例をもって指摘している。

開発途上国の一般住宅の耐震性の低さは、建設技術が未熟のためであるとの理由で、先進国からの支援は、建設職人に対する技術指導などが行われてきた。しかし、そうした支援対象となる地元の建設業者の実態に関しては、ほとんど把握されていない。田中聡は、途上国に普及している「枠組組石構造」の住宅の建設プロセスとそれを担う職人の世界に注目する。近い将来にM七クラスの大地震発生が予想されているマニラ首都圏のマリキナ市で、田中は職人たちへのインタビューを通して、知識や技術の習得方法や仕事の受注方法などを調べた。さらに住宅の建設プロセスを把握するために、当該地区で典型的な住宅の建設を棟梁に依頼し、職人たちに実際に建ててもらった。そしてこの住宅が持つ地震への強さと、どのように破壊されていくかのデータを得るための引き倒し実験を挙行した。そこで判明した脆弱性の低減策となる改良工法を提案し、それに基づいて建てられた住宅の引き倒し実験も同様におこなった。これらの実験結果を踏まえて、施主への経費負担を抑えた改良工法の普及に向けた活動まで展開している。

高田峰夫は、バングラデシュの洪水災害対策としての巨大プロジェクトの経緯を扱う中で、住民たちがいかに自然と対峙・共生し、どのようなローカルノリッジ（在来知）を獲得してきたかを理解することの重要性を訴えている。ベンガル語で洪水を表す「ボンナ」は、災害を引き起こす洪水だけでなく、肥沃な土壌をもたらしてくれるものでもある。自然現象とそれが災害に至る実態すなわちハザードの理解に加えて、自然環境の中で災害リスクと共に暮らす人々についての理解も不可欠であることを指摘している。それは、Living with Floods（洪水と共に生きる）やLiving with Risk（リスクと共に生きる）といった新たな視点は、災害を土木建設巨大事業によって防ぐことには限界があるということと、人々の生活の質を向上させることを目的としたコミュニティ開発に、ハザードやリスクの理解と、それに基づいた居住地選択などの内容を含めた防災教育を普及させるという、国連諸機関や多くの国際ＮＧＯのスタンスと共通するものがある。(4) 高田によれば、ハードにしてもソフトにしてもこれらの支援は欧米的な思考に基づいた「介入」であり、肥沃な土壌を運んでくるボンナを「アッラーの恵み」と考えるバングラデシュの農民たちの感覚とはかけ離れたものだという。地球温暖化や異常気象によって、降雨時期や降雨量の劇的な変化に対応していかざるを得なくなっても、無視できない視点であろう。

本書では、災害発生後の人道支援から生活再建のための集団移転、そして過去の災害経験を踏まえた将来の防災・減災についての対策という、災害サイクルに沿って構成を組んでみた。もちろん重要なのは、人道支援、被災地の復興と被災者の生活再建、そして発展（開発）を切れ目なく連結し、外部による支援から自立的な発展にいかに繋げていくかという、国際協力を含めての開発の問題と大きくかかわっている。(5) それは同時に、発災直後の人道的活動には多くの資金が財界や一般市民からも寄せられるが、将来の災害への備えとなるとそれらへの支援を期待するのは難しく、多くの場合は開発プロジェクトの中で予算措置を図るか、防災プロジェクトとしての国際協力を獲得しなければならないというのが、多くの途上国被災地の現状である。いずれにしても、包括的かつ長期的な状況の実態把握と課題解決に向けた研究が必要である。

注

（1）開発と防災の関係については、次の文献を参照。国際協力事業団2003『防災と開発—社会の防災力の向上を目指して—』国際協力事業団国際協力総合研修所調査研究第二課。ISDR, 2010, *Protecting Development Gains: Reducing Disaster Vulnerability and Building Resilience in Asia and the Pacific (Asia Pacific Disaster Report 2010)*, United Nations

（2）この委員会には、特任連携会員として参加した。答申は日本学術会議ウェブサイトからダウンロード可能。
http://www.scj.go.jp/ja/info/kohyo/pdf/shimon-20-3.pdf

（3）この委員会は、東日本大震災の発生によって、最終的な提言をまとめ上げることが叶わず、その素案を「中間報告（記録）」として、二〇一一年九月一五日付で提出した。やはり、特任連携会員として参加した。
http://www.scj.go.jp/ja/member/iinkai/kiroku/k-110915.pdf

（4）例えば、ISDR, 2004, *Living with Risk : A global review of disaster reduction initiatives*, United Nations.

（5）二〇〇四年一二月に発生したスマトラ島沖地震・インド洋大津波災害の後、Tsunami Evaluation Coalition（津波評価連合）が国際支援に関する評価を実施した。支援のコーディネーション、ニーズ調査、支援がもたらした被災地・被災国への影響、資金提供状況と共に、人道支援から復興を経て発展へ至る連結（Links between relief, rehabilitation and development）が評価対象となった。レポートは以下からダウンロードできる。http://www.alnap.org/resource/3533.aspx

第１部

被災経験と人道支援

第1章　災害が生み出す新たなコミュニティ：サイクロン・ナルギスの事例から

飯國有佳子
IIKUNI Yukako

1　はじめに

二〇〇八年五月二日から三日にかけて、ミャンマー連邦南西部をサイクロン・ナルギスが襲った。ナルギスは同国史上類を見ない未曽有の自然災害となっただけでなく、アジアで最悪のサイクロン災害とされる一九九一年バングラデシュのケースに匹敵する甚大な被害をもたらした［TCG 2008 : 1］。

そもそも大規模災害に対する備えがない中で、一国政府が単独で扱える規模をはるかに超えた被害が出た場合、国際社会の支援が重要な役割を果たすことが考えられる。特に初期の緊急救援活動は人命と直結する点で迅速な対応が求められるが、ナルギスの事例では災害が政治化されたことにより、国際社会による人的な緊急救援活動はおろか災害復興支援も約一カ月間行われず、被害状況の把握すらままならない状況が長期にわたって続いた。

発災の約八カ月前に発生した僧侶を中心とした反政府デモからも分かるように(1)、当時の軍事政権下の人々は、国際社会はもとより政府や地方自治体の支援すら必ずしも期待できる状況になかった。こうした中、「孤立」状況にあった被災者支援に力を発揮したのが、一般の市民であった。被災状況をまとめた公式報告書の中でも、当初危惧された感染症の大流行や危機的な食料不足が起こらなかったのは、一般市民が多方面に渡る自発的な支援を組織立て、時宜を得たやり方で被災者に届けたためであると高く評価されている［TCG 2008：40］。

日本では、東日本大震災発生後、支援を受けるための事前のシステム構築が「受援」という言葉で議論されている。こうした議論は被災した自治体が海外の援助隊や、国や他の自治体あるいはボランティアの支援をいかに受けるかという文脈でなされることが多い［神谷・桜井 2013、神戸市 2013］。しかし支援する立場に立った場合、ナルギスのように、途上国では必ずしも政府への支援が被災者の直接的支援に結びつかない可能性もあり、たとえ政府が信頼できる場合でも、災害対応に慣れていないため受援体制が整わないといったケースを念頭に置く必要がある。また、支援を受ける場合でも、ナルギスの事例は注目に値する。というのも、東日本大震災の例からも明らかなように、大規模災害の場合、物理的・人的被害により自治体が壊滅的な打撃を受けることで、自治体の機能が麻痺する可能性がある。一方、ナルギスの事例では、日本において自治体が担うような、様々な支援を統括する場が予め決まっていなかったにもかかわらず、ボランティアの一般市民は自治体等による「上から」の組織化に頼らず、自らの手で「下から」支援の組織化を図っていたからである。では、ナルギスの場合、一体どのように自発的な支援が組織化され、それらの援助はいかにして被災者へと届けられたのか。自治体を中心とした「上から」の受援に対し、一般市民が自発的に組織化する「下から」の支援が可能となる要件にはどのようなものがあるのだろうか。

本稿では、まず被害の概要や被災地の状況、災害の政治化といった本災害を考える上で必要となる背景を説明した上で、本格的な国際的支援が入る前後数カ月の間に、災害支援に従事した国内外のNGOや国際開発援助機関、現地企業、一般市民、宗教関係者といった多様なエージェントに注目する。それらのエージェントが「災害支援コミュニティ」と呼べるような大規模で緩やかな支援の輪を構築する様子を具体的事例から描き出すことで、受援という観点から一般市民による支援の組織化が成功した要因を探り、最後に同コミュニティの持つ可能性について考えてみたい。

2 サイクロン・ナルギスの被害と被災地デルタ

二〇〇八年五月二日にミャンマー連邦の南西部沿岸に上陸したカテゴリー3のサイクロン・ナルギスは、翌三日にかけてエーヤーワディー管区とヤンゴン管区の南部を襲った（地図1－1参照）。風速毎時二〇〇キロメートルもの暴風と豪雨により、ミャンマー最大の都市であるヤンゴン市を擁するヤンゴン管区と隣接するエーヤーワディー管区の五〇以上のタウンシップ(2)で被害が確認された。最も大きな被害を被ったエーヤーワディー管区のデルタ地帯は強風を伴う三・六メートルもの高潮に見舞われ、ヤンゴン川を逆流した海水は河口からおよそ一〇〇キロメートルの地点にまで到達したとされる［TCG 2008 : 1］。

被災から約二カ月後の六月二四日に出された公式発表によると、人的被害は死者八万四五三七人、行方不明者五万三八三六人、負傷者一万九三五九人にも上る。被災地域に居住すると推定される七三五万人のうち(3)、その約三分の一に相当する二四〇万人が深刻な被害を受けたといわれ、中でも女性や子供、老人などの弱者に被害が集中する傾向がみられた。建物の被害も甚大で(4)、八〇万人が転居を余儀なくされ、発災直後は二六万人が避難所生活を強いられた［TCG 2008 : 1］。しかも、ミャンマー随一の米どころとして知られる場所での災害だったために(5)、当初は主食である米の不足と価格高騰が全国的に懸念されていた［飯國 2008c］。一村丸々なくなってしまったところや、かろうじて命は助かったものの、家族とともに生活基盤である住居や田畑を根こそぎ奪われ、難民としてタイに渡った被災者も多い。

これまでミャンマーを襲った災害の状況をみると、ナルギスのような大規模災害は稀であるものの、小・中規模

地図 1-1 「ナルギス」の進路

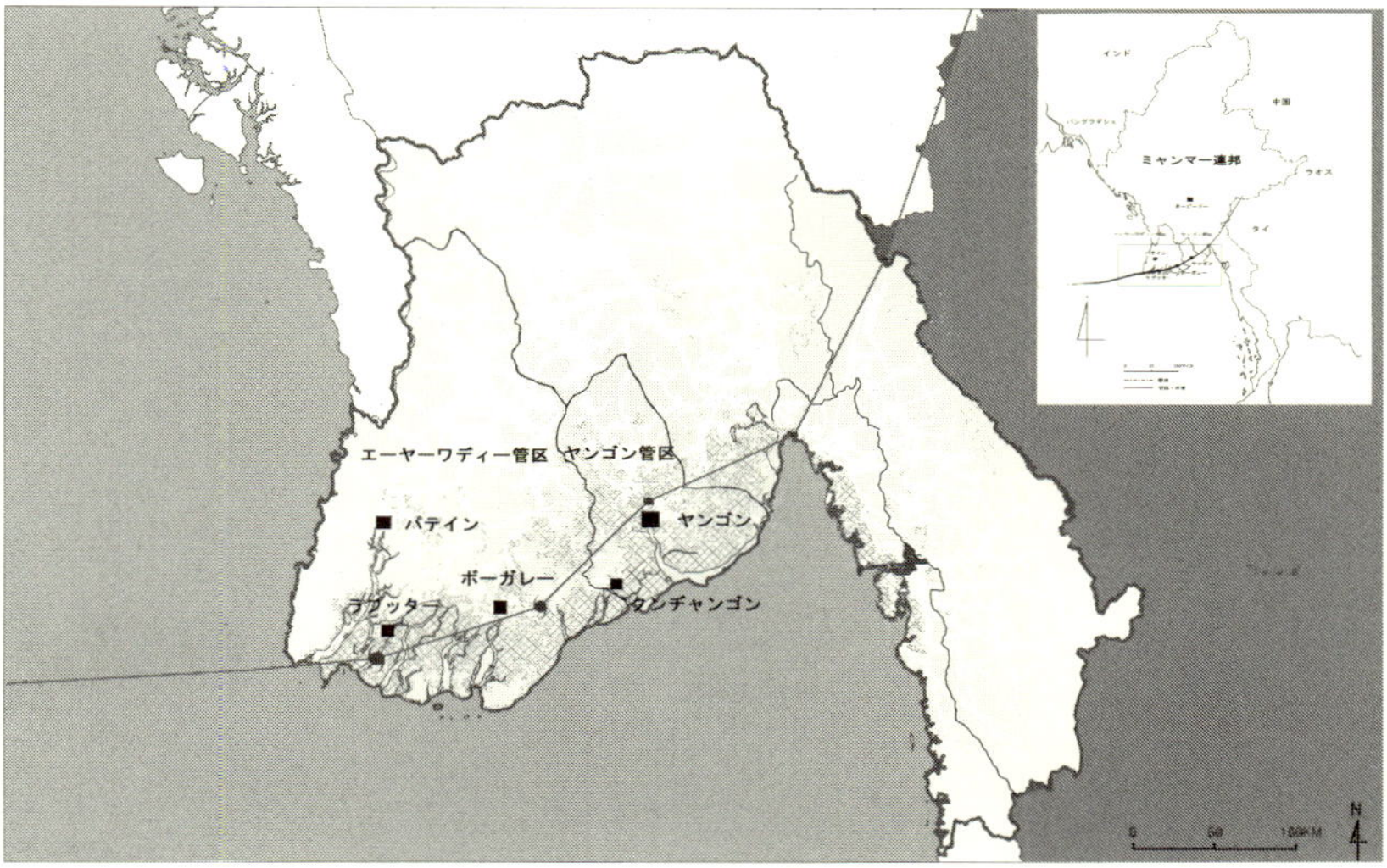

（出典）WHO, Cyclone affected area (Cyclone path) - May 2008 を基に筆者作成

ながら頻発する傾向がみられ、自然災害発生の危険性も国内全域に渡っている［TCG 2008 : 3］。一九一〇年から二〇〇〇年までの約一〇〇年の間に、ミャンマーでは少なくとも一四の大規模な暴風雨、六回の地震、一二回の大洪水があったことが記録されているが、一九九六年から二〇〇五年の間に起こった人災を含む災害全般を見ると、その七割を占めるのは都市部に発生した火災であり、洪水や豪雨の頻度はそれぞれ一割程度と必ずしも高くはない［TCG 2008 : 3］。一方で、サイクロンは過去にも度々その爪あとをミャンマーに残している。二〇〇四年五月にはラカイン州で一四〇名が死亡、一万八〇〇〇人が住居を失っており、二〇〇六年五月にもサイクロン・マラがヤンゴン管区と北接するバゴー管区に上陸し、一八名の死者と一四名の行方不明者を出している［Relief Web 2004 ; 2006］。そのため、国営紙をはじめとするメディアではナルギスの上陸数日前から、非常に大きな勢力を持つサイクロンが接近しているため、進路に当たる地域では警戒に当たるよう呼びかけも行われてはいた[6]［Myanmá âlin 2008a : 1 ; 2008b : 13］。

それにもかかわらず被害が拡大した要因として、第一にサイクロンそのものの規模が予想以上に大きかったことが挙げられる。次にナルギスのように非常に大きな勢力を維持したままミャンマーに上陸するサイクロンは稀であったこと、第三にそれゆえ政府も災害対応に不慣れであり、かつ組織的な防災が行われていなかったこと等が挙げられるが[7]、このほかに被災地の地勢的要因を指摘することができる。

最も大きな被害がみられたのはエーヤーワディー管区のデルタ地帯で、国連報道官の二〇〇八年五月二一日の記者会見では、約二四〇万人の被災者のうち一四〇万人がこのデルタに集中するとされた。事実、人的被害全体の九八パーセント以上はデルタ地帯に集中している（表1－1参照）。デルタ地帯とは、エーヤーワディー管区の中心地パテインを基点に約三万一〇〇〇平方キロメートルに渡って広がる、大小いくつもの河川が縦横に張りめぐらされた低湿地を指す（地図1－1参照）。この広大な「海抜ゼロメートル地帯」[8]では降水量も多く、パテインでは東京の約二倍にあたる二八一五ミリメートルもの年間平均降水量が記録されている［高橋 2000：73-75］。

デルタ地帯は現在では国内最大の穀倉地帯として知られるが、本格的な開発が始まったのは英領化後の一九世紀後半と遅い。それまでデルタに暮らす人々は、野生獣が跋扈し、マラリアを媒介する蚊の多い森林と沼沢地を後背地とする自然堤防上に居住し、焼畑による移動耕作を行っていた［伊東 1994：59］。元々モン族が多く住んでいたが、一八世紀半ばにビルマ（バマー）族の王権であるコンバウン朝の始祖アラウンパヤー王がこの地を征服して以降、上ビルマの小作農の移住とモン族に対するビルマ族への同化政策により、デルタの人口構成は急激に変わる［Adas 1974：17］。ビルマ（バマー）族がデルタ地域のマジョリティとなる一方で、コンバウン時代後期になるとタンルウィン（サルウィン）川流域から移住し小集団を形成したカレン族が、デルタのほぼ全域に散らばるようになった［Adas 1974：19］。さらに一九世紀半ばのイギリス併合後には、デルタ地帯の米作地域としての潜在的可能性に気付いていたイギリスによって、中国人のほかにマドラスやベンガルのインド人を中心とする移民が多く送り込まれた［Adas 1974：34, 83-86］。その結果、デルタの村落では現在でも民族的、宗教的背景を異にする人々が

表 1-1　管区・地区毎の死者・行方不明者数

管区名	地区 (タウンシップ) 名	死者	行方不明者
エーヤーワディー管区	ンガプードー	4178	10
	ラプッター	33344	48464
	モーヂュン	5250	2127
	ピャーボン	1258	10
	ボーガレー	34744	3198
	ダデイェー	12	—
	エーヤーワディー管区小計	82897	53828
	タン ノン	3	7
ヤンゴン管区	チャウッタン	13	—
	カヤン	1	—
	トンクワ	6	—
	トゥワンテー	25	—
	コーフム	130	—
	クンヂャンゴン	1446	—
	ダラ	14	1
	セイッチーカナウントー	2	—
	ヤンゴン管区小計	1640	8
総計		84537	53836

出典）TGC（Tripartite Core Group）2008 Post-Nargis Joint Assessment. P.172 を訳出

図 1-2　エーヤーワディー管区・宗教別人口構成

（単位 : %）

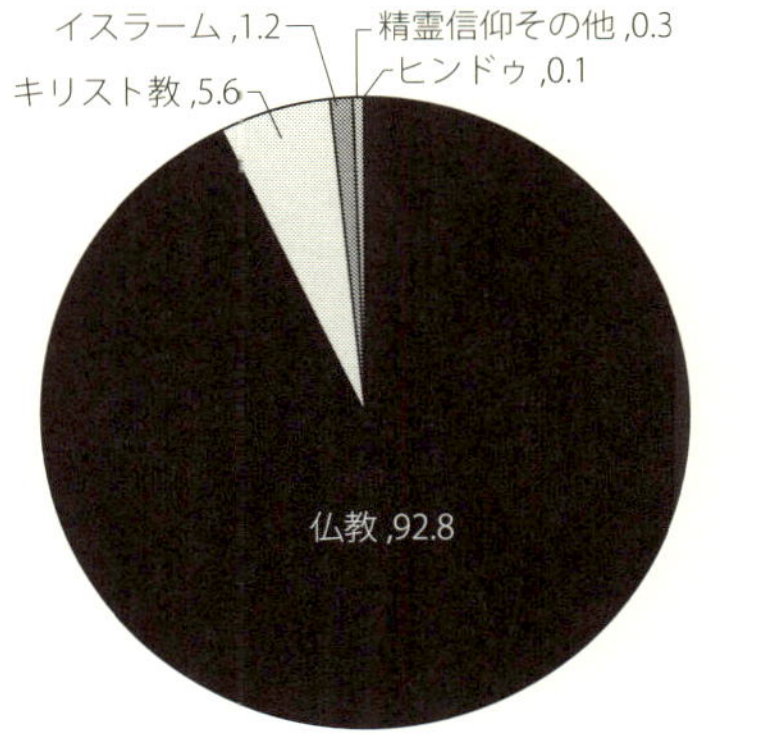

出典）IMD 1987 Irrawady Division, 1983 Population Census を元に筆者作成

図 1-1　エーヤーワディー管区・民族別人口構成

（単位 : 人）

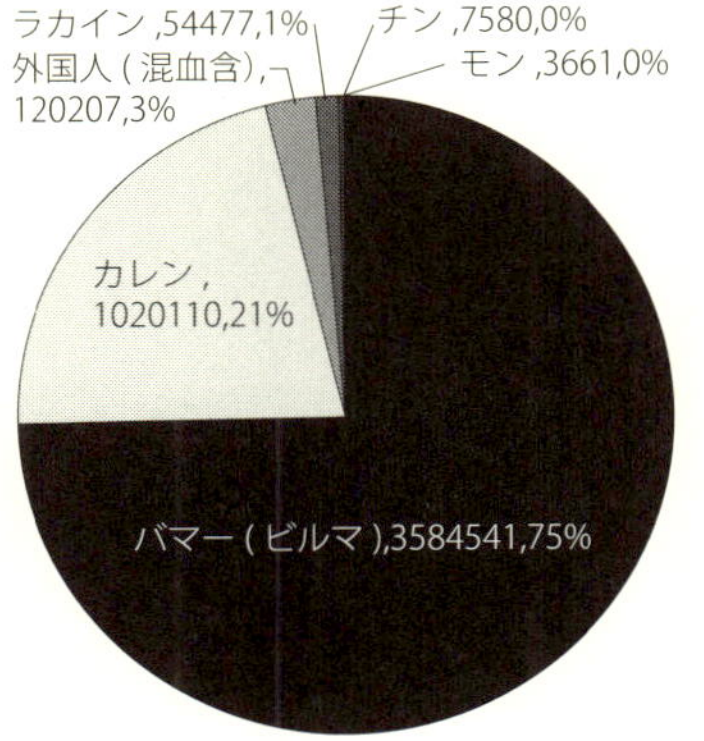

出典）IMD 1987 Irrawady Division, 1983 Population Census を元に筆者作成

各々集住する傾向がみられる(9)(図1－1、図1－2参照)。

こうして一世紀以上前に新たな土地を求めてやってきた上ビルマの小作農や少数民族、インドを中心とする国外からの移民らは、自然堤防上か盛り土をされた道路、線路沿い等に住むようになったが［伊東 1994: 66］、現在でもその状況はあまり変わっていない。人々は道路やクリーク沿いの低い自然堤防上に家々を建て、このクリークを炊事、洗濯、水浴びの場として使用するだけでなく、重要な交通手段としても利用してきた。こうした地勢的状況の中で、サイクロンにより生じた三・六メートルもの高潮は、デルタ地帯を縦横無尽に走る河川やクリークを逆流し、見渡す限りの水田や塩田とともに、高台等の逃げ場のない人々を次々と飲み込んでいった。

また、船を主要な交通手段とするデルタの地勢的状況は、緊急援助や復興支援活動を妨げる大きな要因にもなった。一九九〇年代以降、米の増産を奨励する前軍事政権下において灌漑設備と道路や橋の建設が進められ、デルタ地帯の輸送網は以前と比べると格段に整備されてはいたが［高橋 2000: 68］、被災者支援にあたった人々は、トラック等に必要な物資を満載して行けるところまで行き、その後は車を捨て船での移動を強いられた。そのため、最も被害の深刻なラプッターやボーガレーといったデルタ地帯の河口部に近い場所までなかなかたどり着けなかったという。また、これらの地域には漁民も多く、船の喪失はより安全な場所に避難するという交通手段だけでなく生活手段の喪失を意味していた。

3　政治化された災害と支援

このようにナルギス災害では、デルタ地帯を中心に大きな被害が出たにもかかわらず、友好国を除く国際社会による緊急援助や災害復興支援は約一カ月間ほとんど行われなかった。当初被害状況の把握すらほとんど進まず、被害規模に見合った本格的な国際社会による救援活動が始まらなかった最大の理由は、ナルギスの被災時期が奇しくもミャンマー内政上の非常に重要な局面と重なった結果、災害と支援が政治化されてしまったことにある。そこで次に、サイクロン災害が政治化された経緯についてみてみたい。

ミャンマーは二〇一一年の新憲法施行に伴い「民政移管」を果たしたが、国軍による一九八八年の民主化運動弾圧以降、軍事政権下に置かれ続けてきた[10]。その間の一九九〇年には総選挙が行われ、アウンサンスーチー氏率いる国民民主連盟（ＮＬＤ）が圧勝したが、軍政側は民政移管には堅固な憲法が必要であり、新憲法の下で改めて選挙を実施すべきとしてＮＬＤへの政権移譲を拒んできた。ナルギス支援の政治化には、この憲法が大きなかかわりを持っていた。

新憲法草案は、一九九三年から断続的に開催された新憲法制定のための国民会議を経て、二〇〇八年四月にようやく公式に発表された［MOI 2009］。しかし、この国民会議にはＮＬＤが不参加だったこともあり、軍政は憲法が「民主的」なものであることを示すために、憲法草案の是非を問う国民投票を五月一〇日に実施するとしていた[11]。つまりナルギスは、「民政移管」に向け一五年の歳月をかけてまとめられた新憲法草案の是非を問う国民投票実施の一週間前という最悪のタイミングでミャンマーを襲ったこととなる。

なぜこの時期が最悪のタイミングだったかというと、国民投票の実施をめぐり、国内外での緊張が高まっていたからである。新憲法草案はスーチー氏の大統領就任を事実上排し、国軍の権力温存を保障する内容であったため、五月一〇日の国民投票に向け、軍事政権に批判的な欧米を中心とする国際社会は軍政批判を強めていた。各国ミャンマー大使館前での国民投票反対デモは、投票日が近づくにつれ大きくなり、発災当日の五月二日には、国連安全保障理事会でも国民投票の公正な実施を要請する議長声明が採択されていた［Security Council 2008］。一方、あくまでも自らの描いたシナリオに基づいて「民主化」を進めたい軍政側は、こうした国際社会の動きに反発するとともに、政権に批判的な海外の勢力と国内の民主化勢力との連携に警戒を強めていた。つまりナルギスが上陸したのは、国民投票をめぐる欧米や国内外から発せられる軍政批判と、それに対する政権側の反発が頂点に達していた時期だったといえる。仮に、ナルギスの上陸時期が国民投票後であれば、国際社会からの支援受け入れ状況は幾分変わっていた可能性も考えられる。

結局、新憲法承認のための国民投票は、被災地では五月二四日に延期されたものの、それ以外の地域では予定通り五月一〇日に実施された。このように国民投票の実施を軍政側が急いだ理由について、岡本は国際社会と軍政の不信の連鎖を指摘する。スマトラ沖地震インド洋大津波による国際的な大規模援助の受け入れが、紛争地アチェの和平交渉を進展させた教訓から、国際社会において今回の災害はミャンマー内政に変化をもたらし得るまたとない機会としてクローズアップされた。ところが、欧米諸国のこうした「隠れた意図」を敏感に察知した軍政側は、アメリカやフランスが申し出た軍艦による救援を一貫して拒否しただけでなく、救援活動にまぎれての反政府活動家やジャーナリストの入国を懸念し、被災地への外国人の入域を禁じ、これまでミャンマーで活動を展開してきた国連機関の外国人スタッフの新規入国すら制限した［岡本 2009：12］。

このように当時の軍事政権が、サイクロン被害からの災害救助・復興支援活動より、ロードマップに基づく「民主化」という体制維持の政治日程を最優先させた背景には、発災当日まで軍政批判を続けていた国連や欧米諸国に対する積年の不信感と、早急に選挙を行うことで国民投票への関心を逸らす意図があったと考えられる。欧米を中心とする軍事政権に批判的な国々と軍政との間の相互不信が、国際社会による発災直後の緊急援助を遅らせ、災害を政治化してしまったのである。ギリシャとトルコのように、災害支援による外交が二国間の関係を好転させるきっかけとなる場合もあるが、ナルギスはこうした「災害外交」が最悪の形で失敗に終わった例といえるだろう(12)。

その後、救援・復興活動の実施をめぐる当時のミャンマー政府と欧米諸国とのあいだの膠着状態は、発災から三週間後の五月二三日に実施された潘基文国連事務総長とタンシュエSPDC議長とのトップ会談を機に、ようやく若干緩和されることとなった。一方で政府はこの難局を一貫して「自助努力」により何とかしようとしてきた。テインセイン首相を長とする国家防災中央評議会（NDPCC）が召集され、社会福祉・救援・再定住省をはじめとする関係省庁と軍が救援活動に当たるという体制が整えられると、政府高官の被災地視察とともに軍や警察、消防等の人員が災害復興支援活動に従事する様子が、国営紙等の政府系メディアを中心に連日報道されるようになった[Myanmá âlin 2008c: 5-9; Myanma tainm 2008a: 3; 2008b: 5; 2008d: 2]。また、翼賛組織である連邦団結発展協会（USDA）や女性問題連盟（WAF）など、政府寄りの国内NGOを介した支援も行われており[Myanmá âlin 008d: 3]、海外での諸情報が伝えていたよりも、ミャンマー行政当局は医療面等で地道な救援支援活動を行っていたという指摘もある[岡本 2008: 12]。

しかし、二四〇万人もの被災者を出したナルギス災害は、大規模災害の対応に慣れていない政府が一元的に扱える規模をはるかに超えるものであった。そのため、五月二五日の支援国会合において、ASEANを仲立ちにミャンマー政府と国連で構成される「三者中核グループ」（Tripartite Core Group）が復興支援の窓口となることが決定され[13]、その長にチョートゥ外務副大臣がついた。これにより、友好国に限定しない人道援助の国際的な受け入れと、被害状況及び復興ニーズ把握のための調査が行われる運びとなった。

こうして国際社会による本格的な支援活動は、被災から一カ月後にようやく動き出すこととなったが、被害の全体像すらつかめない中、被災地ではどのような支援活動が行われていたのだろうか。次に、本格的な海外からの支援が入るまでを中心とした被災地における支援活動に焦点を当ててみたい。

4　開発援助機関の活動と現地の文脈

被災から五日後の五月七日、国内最大手のタブロイド紙にある記事が掲載された。記事の内容は、日本を含むミャンマー周辺の各国政府[14]及び国連機関[15]に加え、複数の国際NGO[16]が災害復興支援を所管する社会福祉・救援・再定住省に対し、連名で寄付を行ったというものであった[Myanma tainm 2009a: 3]。このように外国人スタッフの新規入国や被災地への入域が殆ど許可されない中、被災者支援に乗り出した最初の国際機関として、以前からミャンマーで活動していた国連や国際NGO等の国際開発援助機関を挙げることができる。

ミャンマーにおける国際NGOの活動は一九九〇年代半ばから増え始め、民主化後、さらに増加する傾向が見られるが、その正確な総数は不明である。スタインバーグはミャンマーで被災前から活動する国際NGOの数を五〇以下とするが［Steinberg 2009: 127］、二〇〇九年一一月一〇日現在、ウェブサイト「NGOs in the Golden Land of Myanmar」に登録されているミャンマー国内全体のNGOの事務所数を見ても、その数は他の国や地域に比べ必ずしも多くはない[17]［NGLM 2009］。というのも、当時政府は国際開発援助の受け入れに慎重な姿勢をとっていたからである。

国際NGOがミャンマーで活動するには、プロジェクトを所管する省庁との間で了解覚書（MOU）を締結しなければならないが、このMOU締結には数年単位の歳月と粘り強い交渉が必要であった[18]。また、MOU締結後も、プロジェクトサイトや活動内容に関し、監督省庁等から度重なる「指導」があるため、必ずしも思いどおりの活動ができる訳ではない[19]。したがって、国際NGOがプロジェクトを円滑に遂行するには、プロジェクトサイトとなる地域コミュニティとの間より、むしろ監督省庁の担当者との間に良好な関係を築く必要が生じる。なかでも初期にミャンマーで活動を展開し始めた国際NGOでは、プロジェクトの実施以前に長い時間をかけて政府から信頼を得、手探りで良好な関係を築く必要があったという。

このように、国際NGOがミャンマーで活動を行う上で最も重要なのは、政府とのタテの関係であることから、国際NGO間相互の連携は当初殆どなかった。しかし、ミャンマーで活動する国際NGOの増加に伴い、ヨコのつながりを広げる目的で「ミャンマーNGOネットワーク」と呼ばれる国際NGO会議が二〇〇七年に初めて開催されることとなった。発足時数十団体が名を連ねた同会議は、二〇〇七年以降一～二カ月に一回程度の頻度で会合を開いていたが［CPCS 2009: 40-41］、カウンターパートとなる政府機関等との関係のみを重視し、会議に殆ど出席しない国際ＮＧＯも多く、また国際ＮＧＯと国連機関や国内ＮＧＯとの連携も被災前には殆どなかったという。

ところが、こうした国際開発援助機関相互の関係性は、ナルギス被災により一変する。災害の政治化により、政府が外国人の新規入国と被災地への入域制限を行ったことで、これまでミャンマーで活動をしてきた国連機関と国際ＮＧＯは、手持ちの人的、物的資源のみで目の前の災害に対処することを迫られた。多くの団体では、物資調達だけでなく被災地での直接的な支援に関するオペレーションを全て現地スタッフに任せ、被災地に入れない外国人スタッフはＵＮＤＰ事務所において隔日で会議を開き、出来るだけ早急に被災地に入るための方策を練った [Myanma tainm 2008b: 8]。その際、役立ったのが、件のミャンマーＮＧＯネットワークである。被災前から国際ＮＧＯを束ねる組織が存在したことで、すぐに各団体が個別に行っている緊急援助活動や被害状況を報告しあう場が構築された。ミャンマーＮＧＯネットワークの存在は、国際ＮＧＯ相互の連携を容易にしただけでなく、国際ＮＧＯと国連機関との連携も促し、その結果、諸団体の連携が冒頭の記事へとつながった。各国政府と国連機関そして国際ＮＧＯという、発災前のミャンマーの文脈では考えられないエージェントによる連名の寄付は、困難な状況下であるがゆえに実現したものといえるだろう。

このように被災を機に新たな連携が生まれる一方で、ナルギスを契機に新たに参入を試みた国際ＮＧＯと既存の国際ＮＧＯの間には、当初ある種の軋轢も存在した。発災を機に、新規にミャンマーでの緊急支援をしようとした国際ＮＧＯの中には、海外からの人道援助の受け入れに消極的な政府の対応を批判するだけでなく、冒頭の寄付のように政府と比較的親密な関係を築くことで支援を行ってきた既存の諸組織や、新規国際ＮＧＯの受け入れに非協力的な国際ＮＧＯに対する不満や批判もみられたという [穂高 2008]。

また、ナルギスを機に新たに国際開発援助機関と連携するようになった国内ＮＧＯからも、国際開発援助機関の支援内容や彼らの姿勢を問題視する声があがった [CPCS 2009]。ごく一部の限られた組織を除き、発災前まで国際開発援助機関と国内ＮＧＯのかかわりは全くといってよいほどなかった。しかし災害の政治化に伴い、被災地における外国人の直接的な支援活動が制限されたことで、既存の国連機関や国際NGOは入域制限区域内でもオペレーション可能な国内NGOとの連携を積極的に模索するようになった。さらに、新規に支援に携わろうとする一部の国際NGOも、国内NGOを受け入れ窓口として被災地での支援実施を模索し始めた。その際、国際開発援助機関の中には、国内NGOのスタッフの能力や提案を信用せず、政府批判を繰り返し、必ずしも被災地の状況に合わない物資配布やプロジェクトを強いるところがあったため、国内NGOからは国際開発援助機関を疑問視する声が上がるようになった［CPCS 2009］。

田村が指摘するように、ビルマ社会では個人的二者関係に基づく「親しさ」（キンミンフム）がさまざまな社会関係の基礎をかたち作っている［Tamura 1983］。血の通わない制度より「親しさ」に基づく信頼関係がしばしば優先されることを利用し、殆どの国内NGOは政府や地方行政組織を中心とするカウンターパートとの間に、個人的二者関係に基づく信頼関係を構築しながら、ある程度自由な活動を展開してきた［CPCS 2009 : 27-28］。同様の状況はナルギス以前から開発支援に携わってきた国連機関や国際NGOでも見られたため、「親しい」人々のみが活動を許されるという閉鎖的状況が、新規国際NGOの批判の的となっていた。他方、既存の国際開発援助機関と連携した国内NGOからは、彼らのやり方を理解しようとせず、自分たちのやり方を一方的に押し付ける国際NGOの姿勢を問題視する声もあがっていた。

こうした各エージェント間での摩擦は、現地の文脈の理解度にかかっているといえるだろう。冒頭の寄付を例にとるならば、ドナー団体にとって政府に対する寄付の実施は、被災者を支援する方途が限られていたこと以上に、外国に対する警戒心の強い政府に対し、ドナーの諸団体は政府と協力しながら支援を行うことをアピールする意味合いがあったと考えられる。というのも、マジョリティであるビルマ（バマー）族の大多数が信仰し、国民全体の七割が信仰する上座仏教の文脈において、喜捨は行ったものに威信を付与するだけでなく、ともに喜捨を行う者や受け手との間で、特別で親密な二者関係を構築する。したがって、こうした「ビルマ的」文脈に則った場合、冒頭の寄付行為は政府の災害対応への理解や協力を示すことで、政府との間に「親しさ」に基づく特別な二者関係を築くことを期待する行為となり、単なる寄付以上の意味を持っていたといえる。国連や国際NGOによる連名の寄付は、外国への不信感を強める政府の信頼を取り戻し、彼らから直接的な支援実施許可を引き出そうとする「ビルマ的」交渉方法といえるが、文脈を共有しない新規国際NGOにとってこうした行動は、災害時にもかかわらず人道支援を受け入れない非道な政府に組するものとして批判の対象となったと考えられる。

また、たとえ既存の国際開発援助機関が関係省庁とのやり取りを通じて「ビルマ的」ハビトゥスを学んでいても、「ビルマ的」文脈を身体化することで地道な活動をしてきた国内NGOにとっては、カウンターパートとなった国際開発援助機関の、時に政府の意向より自らのやり方を優先しようとする態度は、これまで彼らが関係各署との間で築いてきた信頼関係にひびをいれるだけでなく、今後の彼らの活動を危うくする可能性を持つものとなる[20]。

このように災害が政治化されたナルギスの場合、緊急支援のやり方やその内容以前に、政府から直接的支援の実施許可を引き出すための交渉方法として、現地の文脈をどう理解するかといった点や、援助を始めるための環境をいかに整えるかという体制作りが問題となっていたといえる。体制作りに関しては、発災を契機に国連機関と国際NGOの間で開催された会議が、後にミャンマーの国内NGOを加えた「クラスター会議」と呼ばれる事業分野別の調整・連絡会議へと発展し、会議の定期的な開催により支援活動の重複や漏れを避ける役割を担うようになった[JPF 2009a]。

小田はコミュニティとは非固定的な状況的概念であり、人々が日常的実践の論理や感覚を駆使してさまざまな社会関係や他のコミュニティとの関係性を接合したり、あるいは境界によって閉じた社会空間として切り取っていく場であるという[小田 2004 : 245]。本項の事例は、国際機関を中心とする開発援助に携わる多様なエージェントが、災害支援という共通の目的のもとで新たなコミュニティを創造する過程を示しているが、そこでは、国連、国際NGO、国内NGOなど、ともに開発支援に携わりながらもこれまで接点のなかったエージェント同士が、「ビルマ的」文脈に則った日常的実践の感覚を駆使しながら、新たな連携を模索する様子が見られた。このように既存の壁を壊すような開かれた状況が新たに構築された一方で、この「開発支援コミュニティ」はナルギス以前から活動する国際ＮＧＯや国連などを中心に構成されていたことから、国際開発援助の文脈を押し付けられた国内ＮＧＯから不満の声があがっただけでなく、現地の文脈を理解していない新規国際ＮＧＯが支援の輪に加わりにくいという閉じた状況もみられた。

以上、被災地で活動する／しようとする国際ＮＧＯや国連等を中心に、開発支援に携わるいくつかのエージェントの状況を見てきた。大規模で緩やかな「災害支援コミュニティ」の一翼を担う外国人を中心とする「開発支援コミュニティ」では、支援のために政治情勢や個人的二者関係に基づく「親しさ」などの現地の文脈をどう理解し、交渉するかが問題となっていた。では、現地の人々はこうした「開発支援コミュニティ」とどう関わり、支援を行う際に何を重視していたのだろうか。次に、一般市民における被災者支援の広がりについてみてみたい。

5　結節点としての諸組織と人々の紐帯

一国政府の扱える規模をはるかに超えた被害に加え、海外からの支援が限られるという悪条件の中、本格的な雨季を迎えた被災地において、当初危惧された感染症の大流行や危機的な食料不足といった最悪の事態が回避されたのは、一般市民による善意の支援に依るところが大きいことは既に述べた。二〇〇八年七月に三者中核グループ（ＴＣＧ）がまとめたナルギスに関する報告書でも、一般市民の素早い自発的な支援は、時宜を得たやり方で被災者に届けられたと高く評価されており、被災から約二ヵ月後の段階で、記録として残されている分だけでも一一三〇億チャット（一一八六万ＵＳドル）相当の現金や物品が市民から提供されている［TCG 2008 : 40］。国民一人当たりのＧＤＰが四六二ＵＳドルであることを鑑みると（二〇〇八年度ＩＭＦ推定）、この額がいかに大きな額であるかが分かるだろう。一般市民による支援の総体を把握することは難しいため、ここではいくつかの事例から一般市民における支援の広がりについて考えたい。

事例1　現地企業連盟と国際NGOの連携

ミャンマーでの国際NGOの活動の難しさは既に述べたが、ナルギス発生により被災地での緊急支援活動を希望する新規国際NGOのうち、日本の数団体は、発災後一カ月以内というそれまでのミャンマー政府の対応からは考えられない速さで現地での支援活動に着手していた。こうした短期間での受け入れを可能にしたのは、政府の方針転換ではなく、政府と新規国際NGOとのあいだをつなぐ諸組織の連携であったといえる。

災害の政治化に伴う不信感から、海外からの支援に全面的に頼ることのできない当時の軍政は、一貫して「自助努力」による復旧・復興を主張していたが、彼らは欧米諸国の支援を断る一方で、彼らが信頼をおく国内関係機関や政商など各方面に積極的な支援を依頼していた。ミャンマー商工会議所連盟（UMFCCI）も政府から協力依頼を受けた団体の一つであったが、これまで災害支援活動経験のない彼らは、団体として具体的に何をどうすべきか悩んでいたという。一方、国際的な災害支援活動には長けているものの、ミャンマーでの活動経験のない国際NGO側は、既存の国際NGO等に頼れなかったため、独自に緊急支援活動に従事するための方策を模索していた。新規国際NGOの中には、既に活動を展開していた国内NGOを受け皿としたところもあったが、日本の数団体は在ミャンマーJETRO事務所及び日本・ミャンマー商工会議所からUMFCCIの紹介を受けた。災害支援に携わりたい国際NGOと、政府の期待に応えたいもののそのノウハウを持たないUMFCCIの思惑は一致し、UMFCCIがすぐにミャンマー政府当局にかけあったところ、ミャンマーの民間団体すなわちUMFCCIとの共同作業であれば新規の活動を特別に許可するとの感触を得た。これにより、ジャパン・プラットフォーム（JPF）に加入する国際NGOの数団体が、被災地での活動に従事することとなった［千秋 2008；JPF 2009b：7］。その後もＵＭＦＣＣＩとの連携は、ミャンマー政府との各種調整、現地コミュニティとのパイプ作り等、円滑な支援活動を行う上で重要な役割を果たしたという［JPF 2009b : 7］。

この事例も、個人的二者関係に基づく「親しさ」が有効に機能した好例といえるだろう。政府と現地の非営利組織であるＵＭＦＣＣＩ、日本・ミャンマー商工会議所とＵＭＦＣＣＩといったさまざまなエージェントの間にみられる親密な二者関係の連鎖を抜きに、新規国際ＮＧＯの早期受け入れは実現しえなかったと考えられるが、こうした個人的二者関係に基づく「親しさ」を優先する状況は、一般市民の支援活動の中でも見られる。

事例２　職場や地縁的関係等を介した支援の輪

右では現地組織が国際ＮＧＯ活動の足がかりとなる事例を述べたが、現地の人々のあいだではこうした組織を介した支援以外にもさまざまな支援ネットワークが構築・活用されていた。その主な基盤となったのは、学校や職場、地縁といった顔の見える関係性である。

例えば、ヤンゴンで医師をしているあるムスリム女性は、仕事のない土日を利用して仲間と共に被災地に入り、医療活動を行うという生活を発災から三カ月以上続けていた。休日しか活動できないため遠隔地まで行くことができないが、活動中に重症の患者を見つけると、同じく支援活動に理解を示すヤンゴンの医師仲間のところに連れて行き無償で治療を行うと同時に、近隣の人々や活動を聞きつけた人々から預かった支援物資や義援金を被災地に届ける役割を個人的に担っていた。

また、被災地から数百キロメートル離れた地方都市に住むある公務員の仏教徒女性は、発災当初、周囲には被災地の惨状を聞き、すぐにでも現地に駆けつけようとする人が非常に多かったと話す。家庭の事情で被災地入りのできない彼女は、代わりに支援物資や義援金を地域の人々や親しい友人などから募り、衣類等を洗濯して男性用、女性用、子供用と性別や身長、体型別に分類して袋詰めし、中には金銭も入れてそのまま配布できるようにパッキングした生活必要物資キットを作成し、被災地入りする知人に託すという活動を数カ月間行っていた。当時は、誰もが何らかのかたちで被災者を支援しようとしており、直接被災地に行く者や同様の支援活動を行う人の情報も頻繁に入っていたが、彼女は休暇を取り被災地に行くという同僚や、被災地で実際に支援活動を行う僧侶等限られた人にしか自分の準備したキットを託さなかった。その理由は「支援物資を本当に困っている人々に届けるため」だったという。

これらの事例は、一般市民のあいだの支援の輪が、友人や近隣の人々、職場など顔の見える関係性の中で、「親しさ」を基盤に構築されていたことを示している。また、支援者と被災者の間に直接的接触がなく仲介者を要する後者の事例の場合、支援者による仲介者の選択は、支援者が有する個人的二者関係に基づいていることもわかる。こうした行為の背景には、支援の実効性を高めるとともに支援のアカウンタビリティを人によって担保するという側面があるが、これは同時に支援者が誰を介し、誰とともに支援をするかを重視していることも示している。[21]

このような有志の個人的活動は枚挙に暇がなく、当時被災地へと向かう道は車に現金や食料、生活物資を搭載し、入域制限をかいくぐりながら遠隔地にまでボートで向かおうとする人々で常にあふれかえっていた[22][Myanmatainm 2008a : 7 ; 2008b : 23, 25; 2008c : 5, 24 等]。こうした事例は当時の一般市民が被災者支援に対していかに高い意識を持っていたかを示しているが、顔の見える関係性における「親しさ」を軸とする支援は個人的二者関係を基盤とするため、ともすれば小規模かつ散発的でまとまりのないものとなりがちである。こうした中、以前から市民の間で知られていた冠婚葬祭互助組織や次に扱う僧侶らの宗教家等の活動は、個人的二者関係に基づく支援をまとまりあるものへと変える機能を果たしていた。

事例3　宗教的ネットワークの活用と新たな動向

ＮＧＯという新たな西洋の概念を導入するまでもなく、ミャンマーではさまざまな宗教組織が孤児院経営や学校運営をはじめとするさまざまな非営利的活動に従事してきたが、こうした宗教組織は僧院や教会、モスク等の宗教施設という基盤を持ち、そこで人々に宗教的サービスを提供することを本義としている。

デルタ地帯を含むエーヤーワディー管区人口の九割が信仰する上座仏教を例にとると、仏教徒が多く集住する村には必ず一つ以上僧院が存在し、僧院は村落コミュニティの中心として村人の精神的支柱となってきた。村人と僧侶の関係は相互依存的であり、在家の村人は出家した僧侶の食事や身の周りの世話をすることで、功徳というより良い来世を保障する象徴財を獲得する。そのため僧院等の宗教施設には、暴風雨や高潮に対する耐久性の高いレンガや漆喰、コンクリートなど上質で高価な建材が用いられることが多い[23]。また、僧院は社会のセーフティーネットとしての役割も持っており、村人の生活困窮時等には文字通り「駆け込み寺」となってきた。被災地において残された堅牢な宗教施設が、村人の避難所となっただけでなく、被災孤児の受け入れ場所としても機能していたのは、当然の流れといえる［Myanma tainm 2008g : 7］。

こうした宗教施設の活用のあり方は、従来の文脈に則って理解できるものであるが、ナルギス被災時の新たな動向として、世俗の事柄には関わるべきでないとされる僧侶が、支援活動に積極的に関わるという事例を指摘できる。例えば、ミャンマー第二の都市マンダレーでは、発災から一週間後の五月九日を皮切りに、説法師として高名な五名の僧侶による特別説法会が連日開催されたが、これは単なる説法会ではなかった。著名な説法師の場合、喜捨金の相場は一夜で公務員の最低月収の数百倍に相当する数百万チャットにも上るといわれるが[24]、五名の僧侶らは率先してこの喜捨金を全て被災地への義援金に充てただけでなく、聴衆に対し被災者への義援金や生活必要物資、食料、衣類等の提供を呼びかけ、それらを自ら被災地まで運ぶ目的で説法会を開催したと説明した［Myanma tainm 2008b : 9］。

実はナルギス被災に先立つ二〇〇七年九月に僧侶による反政府デモがミャンマー各地で発生したが、これは、急激なインフレにあえぐ一般民衆を見かねた僧侶がデモの先頭に立ったものであり、一般民衆に比べ僧侶であれば軍も銃を向けにくいという考えに基づく。この例を待つまでもなく、民衆の軍政に対する不信と仏教徒の僧侶に対する尊崇は並々ならぬものがある。そのため政府に不信感を持つ仏教徒にとって、支援活動を行う僧侶は被災者に必ず物資を届けてくれるもっとも信頼できる支援先となるが、彼らが僧侶を介して支援を行う理由はこれだけではない。というのも、僧侶への喜捨というかたちで行う被災者支援は、善行の実施によって獲得可能な功徳という象徴財をより多く蓄積するという宗教的機能を併せ持つからである［飯國 2008b］。ここから、五名の僧侶は僧籍にあることへの信頼と説法師として自らの持つ社会資源を十全に活かすことで、無数の個人的二者関係に基づく信頼関係の網の目を功徳の名の下に束ね上げ、不特定多数の在家信者から莫大な資金や物資を集めることで、一般の人々の緩やかな紐帯を作り出すことに成功したといえる。

ところがこうした活動は、実は僧侶の本義から外れる危いものといえる。というのも、戒律により出家と在家の境界が厳格に定められる上座仏教において、僧侶は世俗の事柄には関わるべきでないとされる。そのため、彼らがこうした活動を行うには、活動に対する在家信者の理解と世俗不介入の原則を打ち破るだけの「正当な」理由が必要となる。それを可能にしたのは、市民の支援主体としての意識と被災者の生命や身体への配慮であったと考えられる。未曽有の災害規模にもかかわらず、海外からの支援を拒否しただけでなく、被災地への入域制限を行い、海外からの支援物資の横流しの噂まで出る軍政の状況に対し、市民は「自分たちが何とかしなければ、誰も何もしてくれない」という支援主体としての意識を強くした。人命救助活動や被災者支援が何よりも優先されるべき公共的な関心事となったことで、僧侶による積極的な支援活動も「正当な」ものとなり、世俗不介入原則から外れることとなったと考えられる。

しかも、被災地で支援活動に従事した多くの僧侶の間では、通常ではあまり考えられないような行動も見られた。当時、僧侶が女性用腰巻や生理用品さえも厭うことなく届けたという逸話(25)や、彼らが被災者の民族や宗教の如何に関わりなく支援を行ったという話が頻繁に聞かれ、こうした行動こそが在家信者の賛辞の対象となっていた。これは、当時被災者の生命への配慮が、出家／在家、民族、宗教、ジェンダーなどさまざまな既存の差異を凌駕する最大の社会的、公共的関心事として捉えられていたことを示しているが、それは同時に被災前の状況は必ずしもそうではなかったということも示している。実際、国内の宗教組織や民族組織、冠婚葬祭互助組織等の従来の活動は、特定の宗教や民族、コミュニティなどに支援対象を限定する傾向が見られた(26)。「ナルギス以前には宗教や民族に基づく差別があったが、カレン族であれ、仏教徒であれ、ビルマ族であれ気にしない」という支援者の声が示すように［CPCS 2009: 34］、未曾有の災害は人々の意識を大きく変え、公共の関心事に対し主体的に協働する体制を作り出したといえる。

こうして、僧侶や僧院、教会やモスクといった既存の宗教的資源は、不特定多数の人々による支援の結節点として重要な機能を果たすこととなった。被災地では一般市民のみならず国内外のボランティア組織や企業が僧院と連携し、僧院を食料経由地や配布場所として使った例が多く見られるだけでなく［土佐 2008: 17; Myanma taimn 2008c: 5; CPCS 2009］、二〇〇七年の僧侶によるデモから八カ月後にして、僧院と軍が連携して救援施設を設置する様子もみられた(27)［Myanma taimn 2008b: 5］。

また、通信技術の発達による新たな紐帯の構築も見逃すことができない。世界中で報道された二〇〇七年の反政府デモの様子の多くは、一般市民の撮影した映像であったが、ナルギス被災時にも、インターネットという新たに導入されたツールを用いて、国境を越えた支援活動が世界各地で行われていた(28)。その方法は、留学生や出稼ぎ、難民として海外に出た多くのミャンマー人が居住地で募金活動を行い、自らの持つ個人的二者関係の中で信頼できる人物とネット等で連絡を取り、直接あるいは僧院や教会といった国内の宗教組織を介して、得た義援金を被災地に届けるというものであった。このほかに、ミャンマーコンピューター知識人協会が災害支援ウェブサイトや情報センターの整備を進めるといった事例も見られた［Myanma taimn 2008c: 14］。これらの事例は、通信技術の発達が従来の顔の見える個人的二者関係や地縁に基づく関係を超え、新たに登場した非対面的な関係性における協働を促す点で注目すべきものといえる。

6　下からの組織化を可能にするもの

以上、本格的な国際的支援が入る前後数カ月の間に災害支援に従事した多様なエージェントに注目し、それらが「災害支援コミュニティ」と呼べるような大規模で緩やかな支援の輪を構築する様子を具体的事例によって示した。これをまとめると図１－３のようになる。

以下では、このミャンマーの事例を受援という観点から考えるが、最初に、この事例は通常の受援に関する議論とは前提が異なることを指摘しておく必要がある。受援に関する議論は、国際機関や外国政府、国内外のＮＧＯをはじめとしたエージェントによる支援をいかに効率よく活かすかという点からなされることが多い。しかし、ナルギスの事例では災害が政治化されたことで、発災当初政府は人命救助や復興支援より情報統制を優先し、支援を全面的に受け入れる気がなかった。そのため、国際開発援助団体を中心とする開発支援コミュニティでは、既に述べたように、被災地への間接的な支援と並行して、まず現地の文脈に沿った形で政府から支援

図 1-3　ナルギス災害における「災害支援コミュニティ」

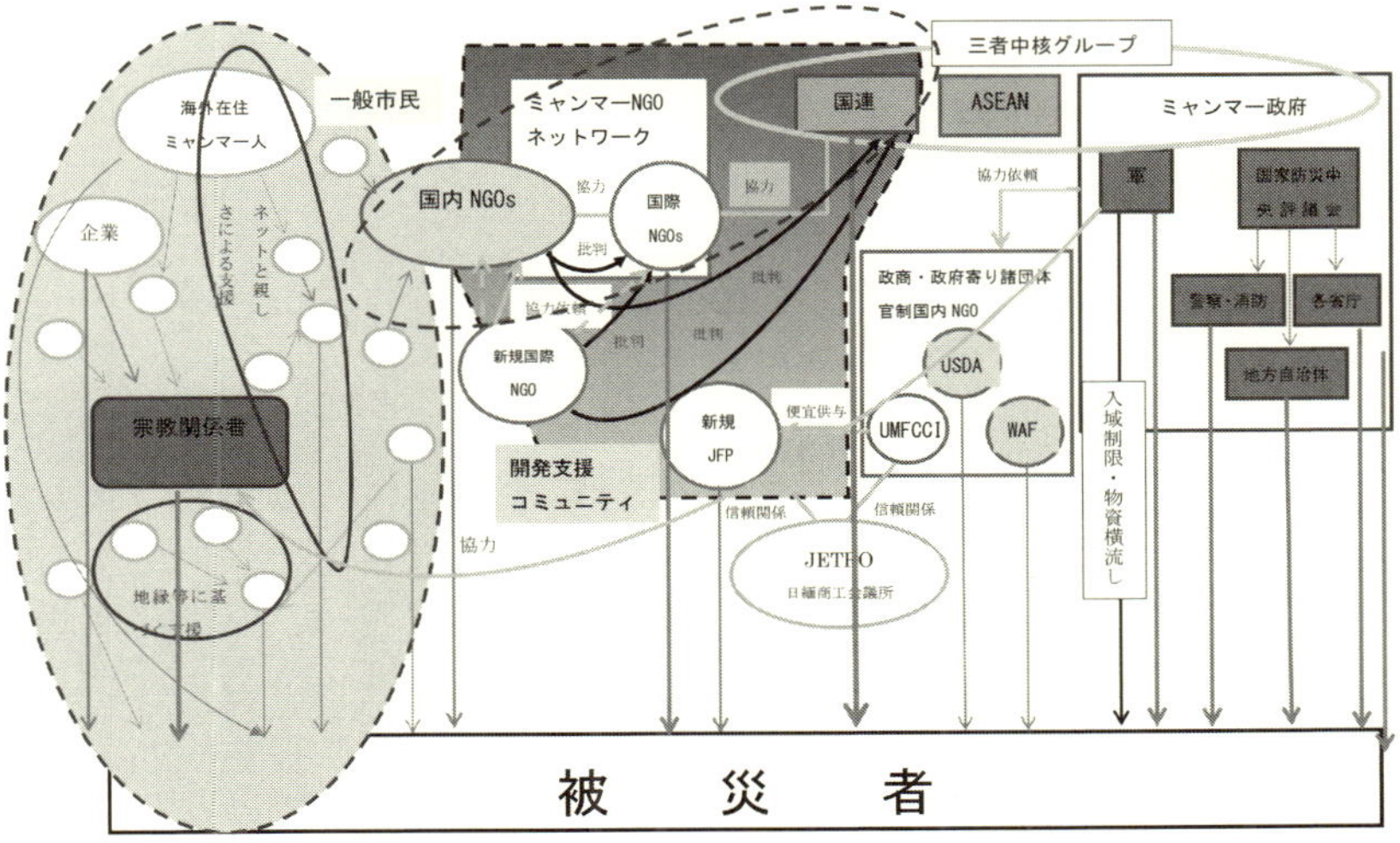

許可を引き出す必要があった[29]。

他方、行政当局は医療面等において海外で報じられるよりも地道な救援活動を行っていたと岡本が指摘するように［岡本 2008：12］、政府はこの難局を「自助努力」により何とかしようとしていた。首相をトップとする国家防災中央評議会（ＮＤＰＣＣ）が立ち上がると、政府は最も被害の大きかった市や町を中心に、各地区を担当する省庁を決定し、その地区における救援復興支援を担当省庁に全面的に任せるという方法を採った。その結果、担当した省庁や被害の程度により支援に差が出ることとなったが、一方で担当地区の支援に関する責任を各大臣が全面的に負ったことで、高官は自らの個人的二者関係に基づき、様々なエージェントに対しある程度自由な協力依頼をすることが可能となった。５節の事例１で扱った現地企業連盟と日本の国際ＮＧＯとの連携は、こうした文脈の中で可能となったものと考えられる。つまり、ナルギスの事例のように、そもそも政府や自治体の側での受援体制が公式には全く整っていない場合でも、「非公式」なルートを介することで、支援が可能となる場合もあるといえる。

以上、当時のミャンマー政府の受援体制について述べたが、三者中核グループが立ち上がり、公式なかたちで被災地における国際支援団体の活動が可能になると、多くの国際支援団体が被災地入りした。その際にはミャンマーＮＧＯネットワークを母体として立ち上げられたクラスター会議が各地で開催され、地方行政組織との連携も円滑に進むようになった[30]。

では、ボランティアの一般市民は、受援体制が整わない中、どのような活動をしていたのだろうか。ここでは市民が、自治体等による「上から」の組織化に頼るのではなく、自らの手で「下から」組織化を行ったという特徴的な点について考えてみたい。三者中核グループによる公式報告書において、賛辞を贈られるような支援が可能となった要因については複数考えられるが、ここでは①支援主体としての意識、②既存のネットワークの活用、③情報・文脈の共有と公共性、④支援の結節点の存在の四点を指摘したい。

第一の要因については、一般に人は災害の発生場所が近かったり、そこと何らかの関係性を有している場合、被災者を匿名化された存在としてではなく、具体的な個人と結び付けて考える。そのため、具体的な個人の生命や身体、彼らの置かれる不自由な環境への配慮が、個々人に支援主体としての意識を喚起し、支援という行動を促すといえるが、5節事例3で述べたように、ナルギスの事例では災害の政治化と政府に対する不信感が、市民個々の支援主体としての意識をより強く喚起していたと考えられる。いわば、「頼れないどころかいつ何をされるかわからない政府」の下で生きるという日常を皆が共有しているという意識の上に、被災者の置かれる苦境や彼らの生命や身体に対する配慮が加わることで、支援主体としての意識が強化されたといえるだろう。

第二の既存のネットワークの活用について、本事例ではまず地縁や血縁、学校や職場といった顔の見える個人的二者関係を基盤として構築された「親しさ」が、僧侶に対する寄進をはじめとする様々な利他行為を促進したことと、被災者支援が功徳という宗教的文脈において解釈されることを指摘した。親しい者同士が利他行為の実施により、功徳を共有することで、支援のアカウンタビリティと実効性を高めるという5節の事例は、被災者への柔軟な対応を可能にするため、地方のような顔の見える関係性が生きている場合有効だといえる。また「親しさ」は必ずしも顔の見える関係性に留まらず、インターネットという非対面的な関係性の中でも効力を発揮し、「ミャンマー人ディアスポラ」とも呼ばれる海外在住のミャンマー人の主体的な支援活動を下支えしていたことから、インターネットを介した支援も「下から」の組織化を考える上で重要なファクターとなる。

また、インターネット上における災害関連情報の共有と状況を改善するための討議は、③情報・文脈の共有と公共性とも密接な関連を持つ。というのも、インターネットは募金等の海外における活動と国内被災地における支援活動を結びつける結節点となるだけでなく、そこにおける討議を通して、①で扱った他者の生命や身体に対する配慮を、公共的関心事へと育てる上で重要な役割を果たすからである。[31] もし被災者の生命や身体に対する配慮が、他の何事にも勝る公共的関心事にならなければ、既存の差異を超越することも、僧侶が女性の腰巻や生理用品を運ぶといった事柄も起こるはずがなかったといえる。

上記の三点は、いわば個々の市民の支援意識を高める上で重要な要因といえるが、個々の支援活動は全体像が見渡せない中で行われるため、ともすると、場当たり的かつ散発的で、支援の重複や計画性のなさばかりが目立つ結果となる。しかも、意識の高い人々が支援を個々に実施すれば、特にデルタのように交通手段がかなり限定される場所では、人命救助等で致命的な影響を及ぼすことになる。そのため④支援の結節点の存在は、一般市民の支援を組織立てる上で、非常に重要な役割を果たしたといえるだろう。5節事例3では僧院やモスク、教会といった宗教施設や宗教関係者の事例を指摘したが、こうした宗教施設は一般の家屋に比べそもそも堅牢な建材を用いていることから、有事の際には人々の緊急避難所として活用されていた。そのため、宗教施設への支援はそのまま被災者支援につながる上、支援者も多く集まることから、他所の情報の集積点にもなる。遠方から辛うじてたどり着いた被災者から得た情報が支援者に伝えられ、支援の届きにくい場所での支援へとつながるという好循環が、宗教施設を介して行われていた。

また、説法会の事例では、宗教関係者が自らの持つ資本を有効に活用して、不特定多数の市民の全員の支援をまとめ上げていることを明らかにしたが、多くの場合、こうした会の実施は僧侶の発案によるものであっても、実際に主催し実施にまで導くのは僧侶本人ではない。会場の手配やマイクやスピーカーの手配、当局への許可申請、供物の準備、集まった布施の管理といった儀礼実施にかかわる事柄を一手に引き受けるのは、僧侶と「親しい」関係にある在家信者たちである。そして予期しない様々な出来事を処理し、人々をまとめ上げ、儀礼を成功に導くノウハウや儀礼実施にかかる経験を持つ人は、どの村にも必ず何人か存在する。こうした日常生活の中で培われたリーダーシップは、被災者支援といった非常時にも大きな役割を果たすといえる。

下からの支援を組織化するには、行政の果たす役割は大きい。しかし、東日本大震災のように、自治体そのものが壊滅的な被害を被る場合もある。ナルギスの事例は、日常的に顔を合わせ親密な関係を多方面に築いておくことこそが、災害時の支援と受援の双方の鍵となることを伝えているのではないだろうか。

7　おわりに

ナルギスの事例では、災害の政治化に伴い、本格的な国際支援の到達に大幅な遅れが見られた。本稿ではいくつかの事例を取り上げながら、発災後数カ月の間に現地でどのような支援が行われていたのかを見てきたが、そこでは政府や国連機関、国内外のNGOのみならず、勤務先や学校、親しい友人、近住の人々、宗教家、海外在住ミャンマー人といった多様なエージェントが、互いに交渉しあいながら被災者支援という実践を行う様子が見られた。その際、顔の見える関係性や個人的二者関係に基づく「親しさ」といった私的領域における既存の関係性だけでなく、通信技術の発達がもたらした非対面的な関係性等が、効果的な支援を行うための有効な資源として活用されていたことがわかった。そして民族、宗教、ジェンダーなどさまざまな差異を超越したこの新たな紐帯は、被災者の命を助けるという共通した一つの目的によって支えられていたことを示した。

こうした支援を介した人々のつながりは、地域社会のような明確な基盤を持たないため、個人的二者関係が網状に延びたネットワークのようにもみえる。しかしその根底には、被災者の生命や身体に対する配慮という公共的な関心が共通して存在した。ここからナルギス災害支援では、自らを支援の主体と位置づける人々の意識と被災者の命や身体への配慮が、「災害支援コミュニティ」と呼べる多層的で大規模な人々の緩やかな紐帯を作り上げていったということができる。

ところが、こうした大規模かつ緩やかな「災害支援コミュニティ」は、被災者の生命への配慮を基盤としていたために、支援のフェーズが発災直後の緊急人道支援から復旧・復興支援へと向かうのと歩調をあわせるように小さくなっていった。多くの一般市民が支援の輪から退く一方で、支援を継続する市民のあいだでは新たな国内NGOの結成が進み、既存の国内外のNGOによる支援内容も緊急支援物資の配布や緊急医療支援から、家や学校等の再建、被災者の精神的ケア、小規模融資などの生計支援、教育や人材育成、シェルター等の防災技術支援等へと移行していった。

その過程において、支援に対する問題点も指摘されるようになった。一つは支援に依存する被災者の問題である。二〇〇八年の年末頃には既に自立しようとしない被災者に対する批判が国内メディアにおいて取り上げられていたという。一方で、支援の内容に関する問題もあがっている。ヤンゴン管区で最も大きな被害を出したクンヂャンゴンに住み、自らも被災したある人物は、被災から一年数カ月を経た段階でも複数の国際ＮＧＯが同地でトタン屋根等の配布事業を行うことに言及しながら、「被災者としてはもらえるものはもらうけれど、物を配るだけではいつまでたっても元の生活に戻れない、本当にほしいのは自活していくための援助だ」と語っていた。

災害を機に、市民のあいだでＮＧＯ活動や防災への意識が高まったことで、既存の国内ＮＧＯ等からは今後の災害支援も見据え、より効果的な支援活動の方法や組織運営、コミュニティ・リーダーなどの人材育成や能力開発に関するノウハウを国際開発援助組織に求める声もあがっている［CPCS 2009］。「私たちが求めているのは魚を与えられることではなく、釣り方を学ぶことだ」というある国内ＮＧＯスタッフの声は、国際開発援助機関に対する期待の高さを示す一方で［CPCS 2009 : 49］、上記のような主体的に困難に立ち向かおうとする人々の気持ちを代弁し、支援する側とされる側という二項対立的な開発支援のあり方を問い直すものといえるだろう［飯國 2009b］。

一九六二年以降の集会の自由の制限により「ミャンマーの『市民社会』は消滅した」とスタインバーグが論じるように、これまでミャンマーにおけるＮＧＯやコミュニティに関する議論は、主に「国家」に対抗し、民主化を成立させるために必要な要件としての「市民社会」を構成するものという文脈から論じられてきた［Steinberg 1999 : 2-39 ; 2009 : 126-128］。こうした「国家」対「市民社会」という二元論の図式では、しばしば垂直的に築かれた国家権力に対抗するには、「公共性」という言説を駆使し自由な討議に支えられた水平的な原理が必要であるといわれる。つまり、ミャンマーにおける「市民社会」の消滅という議論では、ＮＧＯのような水平的な組織の成立に不可欠な、議論による言説の共有という「公共性」の不在が問題視されているといえる。

ところが、市民社会論における自由な議論に基づく「公共性」のみが国家権力に対抗し得るという考え方は、田辺が指摘するように明らかに西欧近代的バイアスを持つものといえる［田辺 2005: 7］。実際、この「災害支援コミュニティ」の事例でも、政府は支援に限りなく後ろ向きの姿勢を示していたが、新規国際NGO参入の事例が示すように、大規模な活動を展開する上で国家は必ずしも対抗するものではなく、交渉の対象であり、ときに協働するものともなっていた。つまり、公共性とは単に議論を通して言説を共有することではなく、直面する問題を解決するために国家や関連機関、NGOなど多方面に働きかけながら、新たに交渉可能な公共空間を作り上げていくことの中から立ち上がるものということができる［田辺 2005: 7］。「災害支援コミュニティ」でみられたような、多様なエージェントやコミュニティが被災者という具体的個人の命や身体への配慮を核に接合し、交渉可能な空間を作り上げるという公共性のあり方は、市民社会論が想定する西洋的な討議に基づく「公共性」とは異なるものである。

ナルギスは未曽有の人的・物的被害をもたらした。その一方で言論統制下にあるミャンマーにおいても、他者への配慮を媒介として、既存の差異を超越した紐帯を築くことで、従来の市民社会論の文脈とは異なる新たな公共的空間を主体的に創造できることを示していた。他方、「民政移管」後の軍と少数民族との衝突や仏教徒とイスラム教徒の対立が激化する状況を考えると、災害を機に緩やかに構築された「災害支援コミュニティ」は夢のようにも思える。他者の生への配慮に満ち、既存の差異を超越した紐帯によって構築された「災害支援コミュニティ」に代わるものはミャンマーで今後も出現し得るのか。そのために必要な要件とは何なのか。国際社会はそこにどのような貢献ができるのか。ナルギスを契機とする「災害支援コミュニティ」の事例は、災害支援のあり方だけでなく、多くの事柄をわれわれに問いかけている。

注

（1）二〇〇七年九月、インフレにあえぐ民衆の苦境を見かねた僧侶らが、経典を唱えながら平和的にデモ行進を行ったことから、衣の色を取り「サフラン革命」とも呼ばれる。軍による発砲を伴うデモ隊の強制排除により、日本人ジャーナリストを含む数十名の死傷者と多くの逮捕者が出た。

（2）当時のミャンマーの地方行政単位は大きいものから順に、州または管区、県、郡、市または村落区、町区または村となっており、ここでいうタウンシップとは上記行政区分のうち村落区に相当する。二〇一一年一月の新憲法発効後、「管区」は「地方域」という名称に変更されたが本稿では発災当時の状況に鑑み、管区を用いる。

（3）推定値の理由は、全国的なセンサスが一九八三年から二〇一四年までの三〇年間実施されていないことによる。二〇一五年一〇月現在、「民政移管」に伴って行われた二〇一四年のセンサスの結果は、民族と宗教に関しては出されていない。

（4）内訳は、全壊家屋が四五万棟、半壊家屋が三五万棟となっている［TCG　2008 : 14］。

（5）被災地域の主生業である稲作のナルギスによる被害と、以後三年間の水稲耕作の回復状況については［松田　2012］を参照。被災から三年を経た段階でも稲作への悪影響が継続し、復旧は程遠い地域も存在した［松田 2012 : 2］。

（6）但し、国営テレビの事前の放送では、大型サイクロンがデルタ地帯とヤンゴンに上陸することは伝えられていたが、強風、波浪、高潮などに関する警報はなく、避難指示もなかったという［斉藤　2008 : 1］。

（7）ナルギスの教訓を受け、二〇〇九年には災害対応機関の枠組みづくりが進められ国、州・地方域（管区）、県・郡・村落区の各レベルで災害準備中央評議会が立ち上げられた。

（8）デルタ地帯は、増水期には五二〇〇平方キロメートルの土地が河水面より低くなり、更に五二〇〇平方キロメートルの土地が三〇センチメートル以下となる［酒井 1982 : 45］。

（9）パテイン近郊の村落で現地調査を行った高橋は、植民地時代に隣接して異なる村落をつくっていた仏教徒ポー・カレンとビルマ族が、宗教施設の共有や婚姻により混住する傾向が出てきたと報告している［高橋 2000 : 68］。一方で、民族と宗教はミャンマーが抱える諸問題を考えるうえで非常に重要なファクターであり、二〇一一年の「民政移管」後も、カチン州における国軍と少数民族武装勢力との衝突や、ラカイン州を発端とする仏教徒とイスラム教徒の対立など様々な問題がおきている。

(10) 一九八八年の反政府運動に伴い、国軍は武力により政権を掌握し、国家法秩序回復評議会（ＳＬＯＲＣ）を設置した。その後一九九七年にＳＬＯＲＣは国家平和発展評議会（ＳＰＤＣ）へと名称変更した。

(11) 新憲法採択のための国民投票の実施は、二〇〇三年に軍事政権が発表した「ロードマップ」と呼ばれる民主化プロセス案の中で謳われている。ロードマップの詳細については［伊野 2008］を参照。

(12) 但し、ミャンマー政府は、軍政に理解を示すとともに、災害救助や復興支援活動に際し、政府のイニシアティブを保障する国々の支援は限定つきながらも受け入れていた。ナルギス災害に対するタイ政府ならびに国際社会の動静については、［青木（岡部）2008］を参照。

(13) この取りまとめに際し、タイの果たした役割に関しては［青木（岡部）2008］を参照。

(14) このとき寄付を行った国は、バングラデシュ、日本、タイ、インド、中国、ラオス、シンガポールの七ヶ国であった［Myanma taimm 2009a : 3］。

(15) 国連難民高等弁務官事務所（ＵＮＨＣＲ）、国連世界食糧計画（ＷＦＰ）、国連児童基金（ＵＮＩＣＥＦ）の三機関［Myanma taimm 2009a : 3］。

(16) World Vision, Save the Children Myanmar, Forciv Myanmar, シンガポール Mercy Relief の四団体［Myanma taimm 2009a : 3］。

(17) 二〇一一年三月現在、国連機関が一三、国際ＮＧＯが九九（うち四四はフィールド事務所）、国内ＮＧＯが一一八（うち九つはフィールド事務所）、赤十字が五つ、ＪＩＣＡなどのドナー機関が五つとなっている。

(18) 後述するように、最近では政府のみならず国内のＮＧＯとＭＯＵを結んで活動を行う国際ＮＧＯも増えつつある。

(19) 二〇〇六年一月以降、国際ＮＧＯの活動は政府の監視下に置かれ、旅行の制限、政府との連携、銀行業務等ＮＧＯ活動実施に際して統制が加えられるなど、厳しい状況に置かれていた［Steinberg 2009 : 127］。

(20) 当時は届け出なく五人以上の集会を開催することは禁止されており、また結社の自由も認められていなかった。そのため、国内ＮＧＯの組織化は国際ＮＧＯとはまた違った意味での難しさがあるが、こうした規制は主に西洋の新たな文脈の下で組織された団体に対して適応されることが多く、宗教組織や冠婚葬祭互助組織、民族組織など現地の慣習的な文脈に沿って作られた団体は、政治的活動に関与しない限り、ある程度自由な活動を行うことができた。実際、上述のウェブサイトの国内NGOに登録された団体の大部分は、こうした慣習的な文脈に沿って作られたものである。また、こうした慣習的な団体とは異なり、国内NGOの中には、女性問題連盟（WAF）、ミャンマー母子福祉協会（MMCWA）といった半官制の「NGO」も含まれる。

(21) 仏教的価値観では、来世は現世で積んだ功徳の多寡で決まると考えられる。そのため、同量の功徳を積むことで来世においても近しい間柄でいられるよう、家族や職場の同僚、親しい友人と共に喜捨行為を行うことが多い。仏教徒にとっては、被災者支援もこうした積徳行為の一環と捉えられるため、支援に際しても人選が重視される可能性が高くなる。

(22) 例えば、当時の市民の活動を伝えるタブロイド紙の見出しには次のようなものがある。「市民による木の撤去作業」[Myamma tainm 2008a: 7]「ナルギス被災者のために国民の愛する芸術家たちも全力で喜捨」[Myamma tainm 2008b: 23]「クンヂャンゴン市で喜捨を行う若者」「被災地に向かうシティマート従業員」[Myamma tainm 2008b: 25]「シティマートのダラ市ダノウッ村での喜捨の様子。エムバ及びオンライン・エムビーエーからは学生、AAメディカルプロダクツ株式会社社員、オリンピック株式会社社員が集まり被災者に支援物資を喜捨」「ドレミファミリークラブとロペラレストランがボーガレー市近郊の村落にて被災者に薬、栄養剤、衣料品を喜捨」「チャイラッ市被災者のためにナッレイ会社の取締役社長が消耗品を喜捨」「ミンガラータウンニュン地区一二七番通とナウンヨー通在住の有志、デーダイェー市の被災者のために二〇〇〇万チャット相当の物資を喜捨」[Myamma tainm 2008c: 5]、「危機に頼れるボーガレーの若者たち」[Myamma tainm 2008c: 24]。

(23) 実際、サイクロン前のデルタ地帯では、レンガやコンクリート製の建物は一五パーセントに留まり、それ以外は植物性の建材が用いられていたと報告されている［TCG 2008: 13］。

(24) 首都移転に伴う不満抑制のため、二〇〇六年四月に政府は公務員の給与を六倍から一二・五倍に引き上げた。それにより公務員の最低給与は五〇〇〇チャットから一万五〇〇〇チャットに、省庁の次官クラスでは一万五〇〇〇チャットから一九万チャットになった（二〇〇八年四月の実勢レートは一USドルが約一一〇〇チャット）。

(25) 女性用腰巻や経血に象徴される女性の再生産能力は、男性が多く有するポンと呼ばれる仏教的守護力の対極に位置し、それを減ずる危険な力と考えられている。そのため、男性はもとよりポンを最も多く有する僧侶がこれらに触れることはまずない［飯國

2009 : 113-114、2011 : 142-144]。ところが、災害という非常時における僧侶のこうした行動は、穢れをも厭わない尊崇に値する行動として人々から逆に高い評価を受けていた。これも、被災者の生命への配慮が、最大の社会的、公共的関心事として捉えられていたことの証左といえる。

(26) 但し、マイノリティであるイスラム教徒や中国系の人々が運営する教育支援団体等では、宗教や民族を問わず、受け入れを行う傾向がみられる。バマー・ムスリムと呼ばれるビルマ人ムスリムが実施する教育支援に関しては［斎藤 2010］を参照。

(27) 最も被害の大きかった地区の一つボーガレーでは、五月四日から国軍兵士の救援活動が開始され、その一環として七日に僧院収容の救援施設を五九箇所開設している［Myanma taimn 2008b : 5］。

(28) 二〇〇七年の反政府デモでインターネットが果たした役割についての分析は［Chowdhury 2008］を参照。

(29) 発災から数日後には、一般市民の被災地への入域制限はほぼなし崩し的に解かれたが、外国人に対する入域制限は、発災から一カ月後に復興支援の窓口としてミャンマー政府とＡＳＥＡＮ、国連によって設立された三者中核グループ（ＴＣＧ）が設立されるまで続いた。

(30) 但し、各地で多くのエージェントがオペレーションを開始すると、同一地区内での情報共有や支援の重複を避けるための会議は頻繁に開催されるようになったが、今度は逆に「開発支援コミュニティ」全体として、各地での支援の全体像を把握しようという試みはほとんどなくなったという。

(31) ナルギスの事例ではないが、ミャンマーにおけるインターネットを介したコミュニケーション（ＣＭＣ）が、民衆の意思表明の場である「批評空間《ウェーパンイェネーペー》」にいかなる影響を及ぼすかを分析したものに、［テッテッヌティー 2013］がある。

参考文献

Adas, M　1974　*The Burma Delta: Economic Development and Social Change on an Asian Rice Frontier, 1852-1941*. Wisconsin : The

University of Wisconsin Press.

青木（岡部）まき

2008　「ミャンマーのサイクロン災害とタイの緊急支援外交：タイの対外行動パターンに関する一考察」IDE-JETRO（最終閲覧日二〇一五年一〇月一二日）
http://www.ide.go.jp/Japanese/Publish/Download/Overseas_report/pdf/aokiokabemaki_0805.pdf

CPCS（Center for Peace and Conflict Studies）

2009　*Listening to Voices from Inside: Myanmar Civil Society's Response to Cyclone Nargis.* (Internet,12th Octber 2015,
http://www.centrepeaceconflictstudies.org/fileadmin/downloads/pdfs/Cyclone_Nargis_and_Myanmar_Civil_Society_Response__1_.pdf).

Chowdhury, Mridul

2008　The Role of the Internet in Burma's Saffron Revolution. Internet & Democracy Case Study Series. Berkman Center Research Publication No.2008-08.(Internet,12th Octber 2015,
http://cyber.law.harvard.edu/publications/2008/Role_of_the_Internet_in_Burmas_Saffron_Revolution).

飯國有佳子

2009　「フェミニズムと宗教の陥穽：上ビルマ村落における女性の宗教的実践の事例から」『国立民族学博物館研究報告』34(1) : 87－129。

2011　『現代ビルマにおける宗教的実践とジェンダー』東京：風響社。

IMD（Immigration and Manpower Department）

1987　*Irrawady Division, 1983 Population Census.* Rangoon: Immigration and Manpower Department, Ministry of Home and Religious Affairs, The Socialist Republic of the Union of Burma.

伊野憲治

2008　「新憲法とミャンマー政治のゆくえ」『アジ研ワールド・トレンド』155 : 4-9。

伊東利勝

1994 「風土と地理」綾部恒雄・石井米雄編『もっと知りたいミャンマー』（第2版）pp.43-72, 東京：弘文堂。
神谷秀之・桜井誠一
2013 『自治体連携と受援力―もう国に依存できない』東京：公人の友社。
松田正彦
2012 「サイクロン・ナルギスによる稲作被害とその回復過程：イラワジデルタにおける被災後3年間」『熱帯農業研究』5（2）：88-96.
松田素二
2004 「変異する共同体―創発的連帯論を超えて」『文化人類学』69（2）：247-270.
MOI（Ministry of Information）
2009 *Constitution of the Republic of the Union of Myanmar (2008)*. n.d.: Ministry of Information.
岡本郁子
2009 「ミャンマー・サイクロン被災（2008年）―政治化された災害と復興支援」『アジ研ワールド・トレンド』165：11-14。
小田亮
2004 「共同体という概念の脱再構築―序にかえて」『文化人類学』69（2）：236-246。
斎藤紋子
2010 『ミャンマーの土着ムスリム―仏教徒社会に生きるマイノリティの歴史と現在』（ブックレット〈アジアを学ぼう〉21）東京：風響社。
齊藤純一
2000 『公共性』東京：岩波書店。
斉藤照子
2008 「ナルギスと国民投票」『アジ研ワールド・トレンド』155：1。

酒井敏明

1982　「気候と風土」綾部恒雄・永積昭編『もっと知りたいビルマ』pp.39-69, 東京：弘文堂。

Steinberg, David I.

1999　A void in Myanmar: civil society in Burma, In Burma Center Netherlands and Transnational Institute (eds.) *Strengthening Civil Society in Burma: Possibilities and Dilemmas for International Ngos.* Chiang Mai: Silkworm Books. pp. 1-14.

2009　*Burma / Myanmar what everyone needs to know.* Oxford: Oxford University Press.

高橋昭雄

2000　『現代ミャンマーの農村経済―移行経済下の農民と非農民』東京：東京大学出版会。

Tamura, Katsumi

1983　Intimate Relationship in Burma, *East Asian Cultural Studies.* 1(4):11-36.

田辺繁治

2005　「コミュニティ再考―実践と統治の視点から」『社会人類学年報』31:1-30。

テッテッヌティー

2013　「ミャンマー社会におけるインターネット技術の導入と『ウェパンイェネーペー』の再編：２００９年の医療ミス問題を巡って」東京外国語大学大学院『言語・地域文化研究』2013（3）: 259-278.

土佐桂子

2008　「軍政下の宗教政策と宗教をめぐる状況」『アジ研ワールド・トレンド』155 : 14-17。

〈新聞〉

Myanmá álìn（ミャンマーの光）

2008a　２００８年５月１日

2008b　２００８年５月２日

2008c　２００８年５月５日

2008d　２００８年5月30日

Myanma tainm（the Myanmar Times）

2008a　19（361）（２００８年5月9日―15日）

2008b　19（362）（２００８年5月16日―22日）

2008c　19（363）（２００８年5月23日―29日）

2008d　19（364）（２００８年5月30日―6月5日）

2008e　19（365）（２００８年6月6日―12日）

2008f　19（366）（２００８年6月13日―19日）

2008g　19（367）（２００８年6月20日―26日）

（オンライン文献）

ADRC（アジア防災センター）

「メンバー国防災情報ミャンマー」（最終確認日二〇一五年一〇月一二日）http://www.adrc.asia/nationinformation_j.php?NationCode=104&Lang=jp&NationNum=17）.

穂高健一

2008　「巨大なサイクロン、小さな子供たちの災禍（上）」（最終確認日二〇一一年三月八日）

http://www.pjnews.net/news/260/16690/）

飯國有佳子

2008a　「①脆弱な土地：サイクロン『ナルギス』による被害拡大の要因について」（最終確認日二〇一一年三月八日）

http://www.minpaku.ac.jp/img/0806_myanmar.pdf

2008b　「②功徳の効用：サイクロン『ナルギス』による被害拡大の要因について」（最終確認日二〇一一年三月八日）

http://www.minpaku.ac.jp/img/0806_myanmar2.pdf

2008c　「③復興の鍵を握るもの：サイクロン『ナルギス』による被害拡大の要因について」（最終確認日二〇一一年三月八日）

http://www.minpaku.ac.jp/img/0806_myanmar3.pdf

JPF（ジャパンプラットフォーム）

2009a　「ミャンマー・サイクロン被災者支援　進捗状況報告」（最終確認日二〇一一年三月八日）

http://www.japanplatform.org/area_works/myanmar/index.html

2009b　「支援の進捗状況報告」（最終確認日二〇一一年三月八日）

http://www.japanplatform.org/area_works/myanmar/0905myanmarreport.pdf

神戸市

2013　『神戸市災害受援計画：総則』（最終確認日二〇一五年一〇月一二日）

http://www.city.kobe.lg.jp/information/press/2013/04/201304juenkeikaku.pdf

内閣府

『防災ボランティア活動の多様な支援活動を受け入れる地域の「受援力」を高めるために』（最終確認日二〇一五年一〇月一二日）

http://www.bousai-vol.go.jp/juenryoku/juenryoku_bw.pdf

NGLM（NGOs in the Golden Land of Myanmar）（Internet, 8th February 2011,

http://www.ngoinmyanmar.org/index.php）

Relief Web

2006　Flash floods kill 18 in cyclone-hit Myanmar-report

（Internet,12th Octber 2015, http://www.reliefweb.int/rw/RWB.NSF/db900SID/VBOL-6PGCYM?OpenDocument&rc=3&emid=TC-2006-000054-MMR）

2004　Myanmar breaks silence over killer cyclone, says many dead and missing（Internet,12th Octber 2015,

http://www.reliefweb.int/rw/rwb.nsf/db900sid/SODA-5ZH9C5?Open
Document&query=myanmar%202004)

Security Council, United Nations

2008 Statement by the President of the Security Council. S/PRST/2008/13. (Internet,12th October 2015, http://daccess-dds-ny.un.org/doc/UNDOC/GEN/N08/326/62/PDF/N0832662.pdf?OpenElement).

千秋健

2008 「ミャンマー（ビルマ）・サイクロンＰＷＪ被災地報告」（最終確認日二〇一一年三月八日）
http://www.pjnews.net:80/news/260/1690/

TGC（Tripartite Core Group）

2008 *Post-Nargis Joint Assessment.*（Internet,12th Octber 2015, http://www.aseansec.org/21765.pdf）.

第2章

インド洋津波災害からの復興課題：スリランカ南岸の事例から

高桑史子
TAKAKUWA Fumiko

1　はじめに

二〇〇四年一二月二六日の朝に発生したインド洋地震津波から一〇年以上が経過した。アジアからアフリカ東部の海岸線にまで甚大な被害もたらし、その規模の大きさで世界中を驚愕させた巨大津波であったが、その後も世界各地で自然災害が続いている。局地的な災害と異なり、広域にわたる災害の場合、様々な現象が重層的に重なり、とりわけ災害被災地の多くは、同時に国内に政治的あるいは様々な社会経済的問題を抱えていることもあり、被災状況やその復興過程も含めて全体像の把握を困難なものにしている。

津波はスリランカの北西岸の一部を除く沿岸部に壊滅的な被害を与えた。津波被害を受けたどの国も様々な問題をかかえていたが、スリランカでは一九八三年から続いていた内戦が二〇〇二年に一時的に停止状態にあり、和平に向けた話し合いが続けられていた時に津波が襲来した。内戦からの復興に向けて活動を開始していた海外の支援機関が多数滞在し、それらの機関が迅速な行動をとり、津波後の一年間は官民一体となった活動が繰り広げられた。しかしながら、二〇〇五年後半に内戦が再燃したため、二〇〇九年五月に終了するまでの四年間は、戦闘地帯では復興活動が停滞し、また復興を支えてきた諸機関も撤退を余儀なくされた。一方で、内戦の直接的な影響を受けない西岸から南岸の地域では外国からの支援が殺到し、一部では援助過多の状況を呈しさえした。これらの地域では、被災者への住宅支援は二〇〇六年度中に完了したことになっており、生活再建に向けた新たな政策が実施されている。この復興支援政策には貧困対策や産業振興策も盛り込まれ、大規模な開発計画をリンクさせた復興計画もたてられ、津波災害からの復興が開発政策を進展させる計画にすりかえられてしまった。

二〇〇五年一一月から二〇一五年一月の総選挙で敗北するまで政権を掌握した当時の大統領は、反政府勢力に対して軍事決着を全面に出した対決姿勢を強化し、国民の関心は内戦の行方に向けられ、津波からの復興は徐々に忘れ去られていった。とくに内戦終了後はこの傾向が加速していた。東岸や東北岸の戦闘地帯はまた、津波被害が最も深刻な地帯でもあったが、津波被災者の生活再建が進まぬうちに、内戦中の避難民の帰還問題が発生している。当該地域の人々は津波災害と戦闘による重層的な被害を受けているが、加えて当該地域は内戦中に外国人の立ち入りがほぼ不可能であったため状況把握は現在でも依然として困難である(1)。

本稿では、筆者がほぼ三〇年にわたって訪問を続けている南岸の主にマータラ県とハンバントタ県を中心に報告し、緊急支援後の支援の実態とそこから生じる問題、被災後の生活の再建を阻害する要因について考える。なお、内戦復興と津波復興が複雑に絡み合った結果、復興過程そのものが不鮮明になってしまった東部や東北部の状況にはふれない。

2　スリランカにおける津波被害の概要

多文化共生の国であったスリランカにおいて内戦が激化したのは一九八〇年代以降である。この間、戦闘地帯では多くの避難民を生み出す一方で、非戦闘地帯では海外からの様々な支援が行われることで、経済発展が進み、都市部では中間層の成熟も見られたものの、軍事優先による物価の上昇は国民の生活を圧迫していた。かつての基幹産業であった紅茶やゴム等農産物の輸出は伸び悩み、かわって女性の中東出稼ぎと輸出用衣料の生産が外貨獲得に重要な役割を占めるようになった。また、非戦闘地帯の海岸部や仏教遺跡が点在する内陸においてはリゾート開発が進められ、大型ホテルの建設も進んでいた[2]。

都市近郊では海際まで家が建ち並ぶようになり、海浜リゾート地では、オーシャンヴューを目的に訪れる観光客の視界をさえぎらぬように海岸砂丘を崩し、海岸部に生育していた樹木を伐採したために津波の被害がより増大した。沿岸保護局（Coast Conservation Department）では近年の海面上昇や潮害・風害に向けた対策を模索していたものの、津波襲来は想定外であり対策は行われていなかった[3]。

スリランカでは津波により、三万人以上の命が奪われ、約八〇万人が住宅を失った。漁業海洋資源局（Department of Fisheries & Aquatic Resources）の発表では約一五万人の漁民のうち約八〇パーセントが被災し、漁民とその家族員を含めて約五〇〇〇人が死亡もしくは行方不明になっている。また漁船（動力船、無動力船を含む）の七五パーセント以上が損害を受けた。水産業振興策によって最近できた国内の一二の大型漁港つまり大型動力船の接岸可能な漁港の内、一〇漁港が被害を受けた。被災状況の統計は何度か修正され、また調査機関によっても異なるが、国立災害管理センター（Disaster Management Centre of Sri Lanka）と漁業海洋資源局では、表2－1、表2－2のように発表している[4]。

表 2-1　津波被災状況（スリランカ全体）

州 (Province)	県 (District)	死者数	負傷者数	行方不明者数	全壊家屋数	半壊家屋数	避難キャンプ数
北部	ジャフナ	2,640	1,647	540	6,084	1,114	不明
	キリノッチ	560	670	1	1,250	4,250	2
	ムラティウ	3,000	2,590	552	3,400	600	23
東部	トリンコマリー	1,078	N.A.	337	5,974	10,394	42
	バティカロア	2,840	2,375	1,033	15,939	5,665	45
	アンパーラ	10,436	120	876	29,077	N.A.	82
南部	ハンバントタ	4,500	361	963	2,303	1,744	4
	マータラ	1,342	6,652	613	2,362	5,659	30
	ガッラ	4,214	313	554	5,525	5,966	46
西部	カルタラ	230	400	148	2,572	2,930	16
	コロンボ	76	64	12	3,398	2,210	28
	ガンパハ	4	3	5	292	307	2
北西部	プッタラマ	4	1	3	23	72	2
合計		30,920	15,196	5,637	78,199	40,911	322

(Disaster Management Centre of Sri Lanka 2005 年 1 月 23 日現在)

表 2-2　漁民と漁民家族員の死者と行方不明者数ならびに被災漁家

州 (Province)	県 (District)	死者数	負傷者数	行方不明者数	全壊家屋数	半壊家屋数	破壊されなかった家屋数
北部	ジャフナ	856	ー	0	2,227	1,242	1,646
	キリノッチ	11	ー	0	8	不明	2,081
	ムラティウ	858	ー	0	1,.399	462	2,224
東部	トリンコマリー	328	ー	0	2,156	1,751	8,796
	バティカロア	684	ー	23	3,705	2,830	10,354
	アンパーラ	908	ー	0	2,148	1,378	6,479
南部	ハンバントタ	438	ー	44	630	1,083	5,467
	マータラ	378	ー	23	739	1,135	7,023
	ガッラ	376	ー	39	1,451	1,111	5,612
西部	カルタラ	21	ー	6	1,027	1,231	3,142
	コロンボ	6	ー	0	762	792	2,607
	ガンパハ	5	ー	1	146	152	5,649
北西部	プッタラマ	1	ー	0	36	162	6,987
合計		4,870	未調査	136	16,434	13,329	71,544

表は 2009 年 1` 月 5 日現在の漁業水産資源省の HP より
なお、津波前（2003 年度）の発表では、漁民数 :148,167　漁民とその家族員数の合計 : 547,523
漁家数 :126,819

3　支援の実態と課題

漁家や漁民への支援をめぐる問題

津波直後の被災者支援は迅速に行われたといえよう。それは第一に、村の宗教施設が被災者を受け入れ、支援機関が必要物資を供給する以前に近隣住民が支援の手をさしのべ、仮設住宅建設の前に、多くの被災者が近隣の親戚に頼ることが可能なインフォーマルなネットワークが存在したからである。地域によっては仮設住宅の建設が遅れたり、あるいは劣悪な環境の仮設住宅が建設されたが、その場合も近隣の親戚宅に身を寄せることで逆境を乗り越えることができた。宗教施設はその後も宗教儀礼や行事のあるときに人々が集まって情報交換をする場を提供するなど地域公民館のような役割をはたした。第二に、二〇〇二年二月に政府と反政府勢力とが無期限停戦に合意し、大小の多様な支援機関がスリランカ各地において内戦からの復興に向けた活動を行っていたからである。各地で活動していた支援機関がいち早く道路や橋の復旧活動に着手した。道路が早期に修復されたことで支援物資を被災者が受け取るのにさほどの時間がかからなかった。第三に、無期限停戦による平和の可能性と、国土の海岸線の三分の二以上が被災し、多数の死者と行方不明者を出した未曽有の大災害にみまわれた危機感により、国内に民族や政治党派の壁を超えた連帯感が生まれたからである。特に激戦地であった東部や東北部では政府側と反政府勢力側との緊密な連携が見られた［Mooneshinhe 2007］。この災害ユートピアのような状況は一年後の戦闘再開により潰えたのであるが。

しかし、以上のような緊急支援が一段落すると、多くの問題が顕在化した。それは内戦の再燃に加えて、被害があまりにも広範囲にわたるため、個々の家族の被害状況の把握がきわめて困難であったことに起因する。また、すでに述べたように、仮設住宅に居住しているはずの家族が親戚宅に身を寄せるなどして、常時在宅しているとはいえない状況は、被災状況把握の遅れとなり、仮設住宅居住者を対象に支援や生活再建政策が実行にうつされる際に、情報伝達が行きわたらないなどの課題も生じた。

海岸地形の微細な違いにより、地域ごとの被害状況が異なる上に、津波で働き手を失った家族、家屋が被災した家族、漁業手段（漁船や漁具）や生産手段あるいは働く場を失った家族などがあり、それぞれ被災状況も必要とする支援も異なるはずである。しかしながら、沿岸村落の多くが漁村であると想定した支援政策は、多くの混乱を引き起こすとともに、住民の間に軋轢を生み出すきっかけとなっていった。スリランカの水産業を管轄する漁業海洋資源省は、誰が漁民であるか、どの家族が漁家であるか特定しないまま支援を開始した。

沿岸部に住む人々は地先の海と様々な関係を築き上げてきたものの、必ずしも漁民や漁家とは限らない。世帯構成員が漁協のメンバーとなり、漁船を所有して漁業収入で暮らす漁民・漁家を除くと、定職をもたないまま時折親戚や友人が所有する漁船に乗船したり、漁業の手伝いのみに従事する人もいる。家計の多くが漁業収入によるものであっても漁協に未加入、あるいは幽霊会員になっている世帯もある。とくに漁船を所有せずに、親戚や友人の漁船に乗船して漁業に従事している人は漁協に加入しているとは限らないし、他に就業の機会があれば漁業に従事しなくなる。漁家に生まれたものの、漁業に従事しない人や、親の代まで漁業に従事していたが、子世代では非漁民となった家族もある。家に親の代まで使用していた漁具や関連部品（網や魚加工用の道具など）が残っていても、子世代が漁業に無関係な仕事に就いている場合がある。しかし、この子世代も不安定な雇用環境にあり、将来再び海に出る可能性もある。

地域のことに不案内な外部調査者が、漁協設立時の加入者名簿と聞き取りを頼りに短期間で仕上げた報告をもとに被災者名簿が作成され、漁民や漁家が特定できないまま、漁家として補償金あるいは漁船・漁具の支給や住宅支援が行われた(5)。そのため不要な援助、過剰支援がある半面、必要な家族に支援が行き届かない状況が生じた。この間に非漁民へ漁船や漁具が提供されたことや、過剰な支援、不要な支援の見直しも政府機関によって行われた。しかし、このことで継続して行われていた支援が停滞し、結果的に行政や支援機関への不信感のみならず、家族間に疑心暗鬼の機運が生じた。これは村内での家族間の確執となるとともに、近隣の村落に対する憤りともなった[6]。

また、スリランカの漁民のもつ移動性という特質も被害状況把握を困難にさせている。従来からモンスーンの風の方向によって移動し、操業していた漁民は、国内に大型漁港が整備されると、それら設備の整った漁港を基地に操業する機会が増えた。つまりモンスーンによる移動に加えて、漁業基地のある町にも移動するようになった。漁業基地には多数漁船が集まっているため乗船機会もあり、また漁業に関連する仕事もある。被災者の中には操業のために遠方の漁業基地に滞在していた人が多い。彼らの多くは漁船登録をしていた県とは異なる漁港に漁船を停泊させている。例えば南岸のマータラ県に住む漁民は住所のあるマータラ県の県漁業振興局に漁船の登録をする。しかし東海岸にある施設の整った国内有数の漁業基地であるトリンコマリー港に水揚げをするとともに漁船を停泊させていることが多い。トリンコマリー港が津波の被害を受け、停泊していた漁船も被災すると、被災した県であるトリンコマリー県で被災証明を発行してもらい、この被災証明を再度住所のあるマータラ県に提出して補償手続きをする必要がある。南岸の漁民は大半がシンハラ語を母語とする。彼らが東海岸で被災した場合、その被災証明がタミル語で書かれる場合もあった。東海岸にはタミル語を母語とする人々が多く、係官がタミル語を母語とするならば被災証明書はタミル語で書かれる。この証明書をもって南岸の役場で補償手続きをした場合は翻訳が必要で手続きに時間がかかった。さらにいえば、津波により漁船登録の原簿や身分証明書が失われた漁家も多く、めんどうな再発行の手続きを取らなくてはならなかった[7]。また漁船を所有していない漁民は乗船の機会を求めて各地の漁港に出かけるが、行方不明者の家族にとってそもそも夫（あるいは父や息子）がどこの港に出かけていたのか判明しない場合もある。この場合も死亡証明書発行のための手続きに時間がかかり、実際の証明書発行まで多くの時間を費やした。遺体が見つからないまま、仲間の証言を集めて手続きをしなければならないのである。

住宅支援をめぐる問題

津波後の住宅再建をめぐる混乱も、その後の軋轢を生む要因となった。津波後に沿岸部での住宅の再建には制限が設けられた。海岸から一定の距離を緩衝地帯（バッファゾーン）とし、緩衝地帯内での住宅再建は禁止された。ただし観光施設と漁業関連施設は例外とされた。緩衝地帯は一〇〇メートルから二〇〇メートルであるが、県によって異なり、しばしば変更も行われた。緩衝地帯内に建っていた家が全壊ならば補償金で他所に家を建てることができるが、半壊であれば補償金額は少額（損壊の程度によっては補償金無しの場合もある）であり、修理を予定していても受け取れる補償金の額が不明である。そのために将来の生活設計がたてられずに親戚宅か仮設住宅に住み続けた。南西岸から南岸の被災地では二〇〇六年に再定住地への移転がほぼ完了し、仮設住宅の大半が閉鎖された。家屋が全壊した家族は再定住地に移転したことになっているが、津波から数年後には行政が緩衝地帯内の居住に厳格でなくなったこともあり、もとの居住地に戻ってしまった家族もある。また半壊家屋の場合、早期に仮設住宅からもとの住宅に戻っている。津波への恐怖は払しょくされたわけではないが、住み慣れた土地が便利であることや、沿岸漁業従事者は海岸近くに居住する必要があるからだ。余裕のある家族はピロティのある家を新築しているが、大半が応急修理後の家屋にそのまま住み続けている。

政府が支援機関に求めたものは迅速な住宅再建とインフラ整備であった。沿岸部が壊滅状態になったことと、今後の津波の再襲来を前提に内陸部に政府が提供した土地に複数の支援機関が住宅を建設した。住宅建設、内装、インフラ整備など支援機関で任務分担をすることもあった。土地が広い場合は分割し、複数の支援機関がそれぞれに割り当てられた区画に環境を整備して住宅建設を行うこともあった。工事が遅れている場合も、仮設住宅を出ると住宅取得の機会が得られなくなるため、不自由で時に劣悪な環境の仮設住宅で仮住まいを続けなければならなかったが、この場合も親戚の家や実家が避難場所になったのである。

また後述するように、支援機関により住宅の規模・間取り・建材・外装や内装に違いがあり、時には被災地の文化への配慮がないまま支援者の理念や価値を優先させた住宅も建設された。希望する再定住地の申請は可能であるが、住宅の選定はできず、あらかじめ決められた住宅に入居することになる。そのために同じ再定住地にあっても、どの支援機関が建てた住宅に入居するかで当たり外れの感情が芽生えてしまう。また被災者への住宅供給が急務とされたため、多くの住宅では土台の建設や普請に不備が見られた。支援機関の多くは住宅建設が終了すると手を引いたため、入居者自身が修理せざるを得ず、資金がない場合はそのまま欠陥住宅に住み続けるしかない。

各支援機関の支援内容の格差が、再定住地間のみならず再定住地内にも軋轢を生んだことについては、ハンバントタ県の事例を実際に現場で活動した山田が詳細に記述している。山田によれば、ハンバントタ県内の津波被災者の再定住地の八割が一カ所に集中しており、その格差がそこにいる住民には一目瞭然であり、このことが定住地内の住民のしこりとなっている［山田 2008: 8-9］。

当時の大統領の出身県であるハンバントタ県では土地取得と住宅建設が順調に進展したことが発表されている。また、実際の被災家屋数よりも多くの復興住宅建設の申し出があった(8)。そのため政府は、支援を津波被災者のみならず住宅困窮者への住宅提供という政策に拡大させた。また当時の政権は県内に大型の多目的港湾設備の建設を勧めており、この港湾建設の計画地にある地区の家の立ち退き後の代替地として、津波被災者の再定住地を選定した。港建設のための移転家族には代替地とともに移転によって失う土地と同価値の補償金が支給されたため、自由に好みの家を建てることができた［Perera.Weerasooriya.Karunarathne 2012: 5］。このため、津波被災者、住宅困窮者、港湾建設予定地からの移転者、という異なる背景をもつ家族が同じ再定住地に居住する結果となった(9)。

4　支援の限界と克服

復興のための課題

スリランカ政府が津波被災者の支援に取り組むにあたり、それを一時的な救援という枠で終わらせるのではなく、貧困者撲滅や産業振興という新たな道を開くことにまで配慮しようとしたことは評価できなくもない。しかし、この政策の実施により、個々の家族状況に対する細かい配慮なしに一律に支援を行い、住居という器のみを用意し、その後の生活再建にはほとんど関心を示さない支援機関や公的機関への不満が鬱積していくのは当然のことである。住居の確保という緊急性の高い支援を求められた支援機関も限られた期間内で住宅建設を急ぐあまり、付近の環境整備や質の高い住宅への配慮に割く時間がなかった。移転先の新居で、それぞれの家族は様々な不満をかかえながら住宅からの退去を模索するか、我慢して住み続けるかのいずれかを選択している。実際、不満の多い再定住地には空き家が目立っている。

移転者の不満は大きく三点に集約できる。第一に、住宅の場所である。浜や漁港から遠方の土地に住宅が供給された漁民には、出漁する場所までの交通手段の確保が問題となる。内陸の荒野や灌木地帯を造成して造られた住宅地の大半はバス路線も整備されていない。井戸もなく、新居の屋上に設置されたタンクに給水される日まで水を節約しながら使用している。スリランカでは海岸線に沿って鉄道や道路が建設され、また沿岸はもともと人口が集中しており、学校、市場、診療所などの建物が隣接して建てられていることが多い。便利な沿岸部から内陸に移転した家族は新天地の不便さを克服することができない。また、小規模な沿岸漁業に従事していた漁民にとっては、慣れ親しんだ民俗知が集積した地先の浜からかけ離れた場所からの出漁・操業は不便であるだけでなく、海難事故の可能性もあり得る。朝、地先の海の様子を見て出漁のタイミングや操業場所を決定する、という最も基本的なことが奪われたことになる。その対策として、かつて居住していた浜に漁船を置き、移転先から通う漁民が多い。

第二に、文化に対する配慮がないまま住宅が建設されたことである。トイレを室内に設置するか室外に別棟として設置するかも非常に重要な問題であるが、これらに対する配慮がないまま建てられた住宅もある。環境に配慮した支援者の建てた住宅がスリランカの伝統的な建築資材以外で建てられた場合も多くの問題をかかえることになる。[10]

宗教を持ち込むことが紛争の原因になるという観念からであろうか、再定住地内に宗教施設建設を容認しない支援機関もある。スリランカでは村に必ず宗教施設があり、それらの施設は単に宗教儀礼を実施する場である以上に、村統合の核となり、心理的安定感を住民に与える重要な場である。住民たちが生活再建に向けて新たな歩みを始める場は、無機質な集会場ではなく生活にとけこんだ宗教施設であることが考慮されていない。

再定住地に開校する学校も時に大きな問題を突きつける。例えば、イスラム教徒の人口比率が比較的高いハンバントタ県のS再定住地に建てられた公立学校ではシンハラ語で授業が行われることになり、シンハラ語を母語としないイスラム教徒にとっては民族アイデンティティにかかわる問題となっている。公立学校は無料であるため、就学児童の親たちは、ここでシンハラ語による教育を受けさせるか、バス代を払って遠くのムスリムスクールに通わせるか悩んでいる。津波前の居住地はイスラム教徒の多い地区にあったため、公立学校ではタミル語教育が行われていた。タミル語で授業を行っていた公立学校は閉鎖され、再定住地ではタミル語教育が行われないため、モスクに敷設されたムスリムスクールで授業を受ける選択肢もある。しかし、再定住地近辺にはモスクがないため、遠方まで子供を通わせることになる[11]。

第三に、すでに述べたが、建築を急いだあまり、入居後に欠陥が明らかになった住宅が多いことである。ドアや窓の立て付けの悪さ、雨漏りする天井、壁や天井のひび割れなどが目立つが、補修する部品を近くで手に入れることは困難であり、また補修費を捻出できない家族も多い。欠陥住宅の多い再定住地ではとくに空家が目立つ。

住宅建設とともに重要なのが、生活再建のための新たな産業の振興である。このために、津波災害で中断していた産業の復活も必要である。沿岸部に住み、漁業に従事していた漁民にとって津波前から漁業は大きな問題となっていた。大型漁船で沖合の回遊魚を捕獲する漁業と、沿岸域で操業する漁業とは漁船のサイズや設備や漁法も異なる。水産省は大型漁船が停泊する漁港の復興を急いだが、沿岸漁に従事する漁民が小型漁船で出漁する沿岸の水揚場復興は後回しにされた。津波で破壊された小規模な港の復旧の遅れは小規模漁民の操業の遅れとなっている。また、支援者から贈られた漁船が使い慣れた漁船と異なり、操縦に不慣れな漁民による海難事故も続いた。近年では内戦終了後に加速した海浜部リゾート開発によって沿岸漁業に支障が生じている。また燃料費の高騰も操業を困難なものにしている(12)。

真の復興とは

スリランカの津波復興は様々な問題をかかえたまま、被災者の再定住地への移住完了をもって当初の目的を終えた。今や国民の関心は内戦終結後の経済の立て直しであり、国連をはじめ国際機関の関心は民族和解による平和構築と避難民の帰還促進である。国民の間で津波災害は毎年のようにスリランカを襲うサイクロンや洪水のような自然災害の一つとして、忘却のかなたに押しやられようとしている。統計上では戦闘地帯以外では、被災者のほとんどが再定住地の新居に転居したことになっている。しかし、移転後の生活再建にバラ色の未来を描いている家族はない。真の復興について議論されることなく多くの支援機関は被災地から撤退してしまっている。これは支援側の責任だけではなく、政府の外国支援機関に対する姿勢にも起因している。多くのNGOが政府との連携やNGOどうしの調整を行わずに支援活動を行い、現場に混乱がおこったため、政府はNGOへのビザ発給を制限したり、NGOの登録を厳しくした。そのため地道に活動をしていたNGOが活動しづらくなったことも指摘できる(13)。

スリランカでは、独立以降から村落つまりコミュニティレベルの発展を是とする政策が実施されてきた。多くはもともとある自然村をもとにコミュニティがつくられたが、沿岸部では人為的にコミュニティがつくられた場合もある。漁協をつくり漁協を単位に漁村（fishing community）を組織しようとしたのである。つまり、海とゆるかな関係を保ちながら暮らしてきた家族やその成人男性を「漁家」・「漁民」とし、漁協に加入させ、漁協を中心に漁村をつくり、村落開発を進めたのである。しかし、漁協に加入することのメリットが明らかではないため、加入率は低いままであった。むしろ、魚商や漁業資本家など、地域の有力者を核としてつくられた漁協をもとに漁村が形成されることが多かった。有力者が漁協の幹部となり、彼らのリーダーシップにより「漁村」つまり漁業コミュニティとして自立するのである。このように、コミュニティを新たにつくりあげ、コミュニティ単位の発展計画を実施しながら生活向上を進めていく理念は津波後の復興支援でも採用された。再定住地では津波前のコミュニティがそのまま新規のコミュニティとして成立する例はあまり多くはない。それは再定住地に複数のコミュニティ出身者が居住するか、あるいはもとのコミュニティが分割されて再定住地に移転したからである。

津波後の復興支援で多くの支援機関や研究者が、緊急支援の次の段階、つまり復興段階に移行する際の被支援者の組織化の遅れを指摘している。支援機関には、短期間で救援のための資金を消化することが求められ、形のある、つまり目に見える支援を行わねばならない。そのため多くの支援は当初から被災者の参加なしに行われた。

支援側は住宅建設にあたり、被災者とのディスカッションの機会をもったと主張するが、津波直後の半ば放心状態にある被災者は、支援者の申し出に従うことが暗黙の了解であったと主張する。村の代弁者的存在であるような有力者やリーダーがいなければ、被災者の願いを盛り込んだ住宅やコミュニティの設計は容易ではない。いったん住民の非参加型支援が開始されると、それは継続され、その結果被災者は自ら行動を起こして生活の立て直しを計画する機会を奪われ、多くの被災者がなす術もなく、むなしく支援者からの次の働きかけを待つだけの状態が多くの被災地の現状であった［Samarasinghe 2006: 74-75］。これを克服するためには、コミュニティレベルで生活再建ができるような支援策を提示し、コミュニティが単位となる復興計画を提示しなければならないというのが多くの支援関係者の姿勢である。コミュニティの自立と強化が、脆弱性を克服する唯一の手段であると主張する。

ハンバントタ県で活動した山田は、コミュニティで複数のＮＧＯや支援団体が活動を展開した結果がひきおこした混乱を報告している。どの支援団体も、自らのプログラムやプロジェクトを実施するために最初にコミュニティ委員会（community based organization）を立ち上げたため、いつしかコミュニティ内に無数の委員会ができてしまい、しかも委員会ごとに会費を徴収しているという［山田 2008: 10-11］。

筆者の調査でも、マータラ県で再定住地内につくられたコミュニティの脆弱性克服と自立を促進するために女性の組織化を呼びかけ、その基金のために少額ではあるが会費を徴集したまま活動を停止した支援機関がある。スリランカの多くの村落発展計画で実施されているマイクロクレジットを組織しようとしたのであろうか。多くの再定住地では村落発展計画の一環としてマイクロクレジットの組織化が行われている。しかし、この計画も住民への説明が十分であるとはいえない。前田はマータラ県ウェリガマ村近くの再定住地でマイクロクレジットによる村落の自律性が進行している例を丁寧に分析している［前田 2011］。この再定住地ではＮＧＯが持続性のある支援を続けている。ＮＧＯだけではなく政府機関によるプロジェクト開始においても、よりきめ細やかな住民への説明が必要である。前田の報告からはスリランカのＮＧＯ組織が持続的な支援を続け、またマイクロクレジットが女性たちを中心に活発に行われることで住民の自発的な生活再建の動きが見られることが確認できる。

5　津波から一〇年が経過して

新ダクヌガマ村の再定住地

複数の村落や地区から移動してきた家族の集合体である新コミュニティが自立するまでの支援については、山田が指摘するように、コミュニティ内の状況が落ち着くまでの間は支援機関が責任を持つべきであり、またコミュニティ内に強力なリーダーシップを持った住民がいれば、一定の自律性が生まれてくる可能性がある［山田　2008：12］。

スリランカのコミュニティレベルの津波復興の現状は、政府の思惑通りには進んでいないものの、ゆっくりではあるが変化がみられる。これは、長期的展望にたち継続的な支援を続けている支援機関がわずかながら存在することと、人間の潜在的能力ともいえる回復力つまりレジリエンシー（resiliency）として考えられる。そしてスリランカの場合、それを可能にしているのは縦横無尽に張り巡らされた親族・姻族のネットワークの存在である。二〇〇九年の内戦終了も復興促進に影響を与えている。

マータラ県にある「新ダクヌガマ村[14]」は、ダクヌガマ村の西方にある小高い丘を登ったところにある。もともとこの村は村落開発計画の一環として、貧困世帯・住宅困窮世帯に住宅を安く提供するために一九八〇年代から開発された住宅団地である。ダクヌガマ村の貧困世帯・住宅困窮世帯を対象に宅地の供与と住宅建設資金の貸し付けを行い、選定された世帯は同じ規格の住宅を建設することになっていた[15]。二〇〇一年には同村出身の六四世帯が居住していたが、その後も開発が進められ、同村以外の出身世帯が住む区画も整備されていた。また縫製工場も誘致され、仏陀像が建立された広場も造られていた。津波後は開発途上であった新ダクヌガマ村に、津波被災者用再定住地建設を前提に仮設住宅が建てられ、続いて、再定住地としてさらに森林を伐採して宅地整備を行い、複数の支援機関が住宅を建てた。幼稚園や小さな公園も造られた。以前からあった同じ規格の住宅とは異なり、各支援団体がそれぞれのデザインで住宅を建てた。先述のハンバントタ県の再定住地と同様に支援機関によって規格や外装と基礎普請が異なり、どの支援機関の住宅に入居できるかで、当たりはずれ意識が当初から存在した。二〇〇六年から入居が開始されたが、数年後には空き家の目立つ区画と居住者がいる家が集まっている区画が一目瞭然でわかるようになった。二〇〇九年一一月現在で新ダクヌガマ村には二一七三人、三七四世帯が暮らしている。

この新ダクヌガマ村に移転してきたある家族の事例は、スリランカ漁家の一般的な状況を物語っている。ダクヌガマ村から移転したG（一九三七年生まれ）の家族は二〇〇六年に仮設住宅から移転してきた。波打ち際に建てられていた家の家財は津波によってすべて流された。家は全壊ではなかったが、緩衝地帯内にあったため全員が新ダクヌガマ村に建設された仮設住宅に入居することになった。Gは妻、長女夫婦、長女夫婦の子供四人の計八人家族である。長女は津波の七年ほど前から中東にハウスメイドとして出稼ぎに行っており、数年に一度帰国する。ちなみに次女も同様に中東に出稼ぎに行っており、次女夫妻の子供たちも頻繁にこの家に滞在する。同じ村出身の長女の夫は漁船を所有しておらず、親戚や友人の漁船に乗船して操業している。以前の家は台所と二間だけの家であったが、この再定住地では二階建ての３ＬＫの住宅に住むことになった。仮設住宅に住んでいたときにＮＧＯから支給された調理器具、洗面具等もそのままもってきた。中東出稼ぎをしている長女が新しい家具に加えて、テレビ、ビデオデッキ等を購入してくれたため新居で使用している。

Ｇ夫妻はこの新しい住宅に満足しているという。他の支援機関が建てた住宅は安普請で空き家が目立つが、Ｇたちが住む住宅を建てた支援機関は丈夫な見栄えの良い住宅を建ててくれたからだ。隣家は別の村出身であるが気にならない。なぜならＧたちと同様に日中はもとの村に滞在していることが多いからだ。Ｇは動力船を所有していたが、現在は彼の動力船を息子が継いで使用している。Ｇの家族は仮設住宅に居住していたときは、その劣悪な環境に耐えられず、今もダクヌガマ村に住む三女の夫の実家（緩衝地帯の外に住宅があったため村に残っている）で過ごしていた。仮設住宅を離れると支援対象からはずれるとのことで昼間は家族の誰かが仮設住宅に滞在するようにしていた。

Ｇの三女夫妻もダクヌガマ村のＧ宅近くの海岸に近い家に住んでいたが、夫妻はＧたちとは別の場所にできた再定住地に移動した。三女の夫は動力船を所有しており、再定住地から漁港に通う生活をしている。誰かの漁船に乗船することで漁業に従事する長女の夫も、漁船を所有する三女の夫もともに沖合漁業に従事しているため浜近くに住む必要はない。自宅から離れた漁港から出漁するのは津波前からのことである。浜から離れた場所に移転しても、出漁するために遠くの漁港まで出かける生活は変わらない。地先海域で操業しない漁民にとって、毎日家の前の海の具合を見て操業計画をたてるわけではないので、浜から少々離れた場所に転居しても大きな影響はない。Ｇ夫妻や孫たち、Ｇの三女と子供たちは、男性が出漁中は頻繁に三女の夫の実家に通ってそこで過ごす。なぜなら、ともに村内婚であり、夫の実家ともなじみがあるからだ。また村の漁家の中では比較的広く部屋数も多い。夫の実家には夫の両親と夫の姉夫婦と子供たちが住んでいる。姉の夫は東南岸の漁港で魚の卸売商をしており、この家には一か月に一回程度戻り、普段はこの家にはいない。

Gの三女夫妻は、二〇〇六年から約四年間は再定住地に住んでいたが、やがてGの長女の娘が結婚することになり、新婚夫婦にこの家を譲り(新婚夫婦は持参財を使用して購入)、二〇一〇年からは夫の実家であるこの家に同居するようになった。

新ダクヌガマ村という、もとの村から離れた再定住地の新居に移った被災家族は、落ち着くとともに、津波前と同じ生活を開始した。日常の買い物は不便であるものの、日曜市が開かれる時に家族総出で、バスで二〇分ほどのところにあるマータラ市内に出かけてまとめ買いをすることもできる。時間がたつにつれ再定住地内に小さな商店も開店し、日用品は手に入る。

スリランカでは親戚や友人が頻繁に訪問し合い、また滞在する習慣があり、再定住地に転居後もこの習慣は維持されている。新ダクヌガマ村と呼ばれる再定住地では新たな近隣同士のつきあいはあまり見られないものの、以前の村との関係は緊密である。幹線道路から山頂に開かれた再定住地へ続く道路も建設されたが、以前より山頂から旧居住地であるダクヌガマ村へと続く小さな踏み分け道ができており、この道を通ると比較的容易にもとの村に到達できる。

再定住地の現在

再定住地では不満をもちながら支援団体の提供した家に住み続けている家族もいれば、すでに親類等に譲っている場合もある。津波から一〇年が経過し、子供も成長し、新たな家庭を持つようになった。再定住地の新居に親世帯と子世帯が同居していた場合、子世帯が新居を離れ、親世帯のみが残っている例もある。とくに緩衝地帯付近に建てられていた家がもとの場所に残されたままであると、戻ってくることもできる。再定住地の家を子供に譲ったり、他人に貸したりすることも可能であるし、逆に親世代が再定住地に残り、子世代がもとの家に戻ることもできる。緩衝地帯の内側に建てられ、かつ全壊した家の家族も規制が厳格でなくなってきたこともあり、再び戻って小さな家を建てて住んでいる場合も見受けられる。支援機関から提供された家には一定期間は手を加えることは認められない。そのため、その期間が過ぎ去るのを待ち、その間は親類宅に頼る、我慢をして住み続けるなど工夫をしている。この場合も親族ネットワークの存在が意味をもっているのである。以前の住地とさほど離れていない再定住地に、被災者の満足するデザインの丈夫な家が提供されている場合はそのまま住み続けている。(16) この場合は多くの報告がある「被災していない近隣村落の住民が羨む」津波被災者住宅団地が形成されていることになる。しかし、被災者が望んでいるのは単に家だけではない。住環境以外の環境整備とりわけ生産活動の復興状態は満足のいくものでないことが多い。

新ダクヌガマ村は広大な土地に、津波以前から居住していたダクヌガマ村出身世帯、ダクヌガマ村の津波被災世帯、他の村出身世帯が混住しており、自律性のあるコミュニティ自治の形成は進まない。行政も様々な村落開発計画を練り上げているものの、戸数が多すぎて活動を軌道に乗せることができない。

異なる事例もある。同じマータラ県の再定住地であるR再定住地は、複数の隣接した漁村から一一九の被災世帯が移転してきた比較的小規模な再定住地である。小規模であることに加え、若干の非漁家があるものの、ほぼ全世帯が漁家あるいは漁業に関連した仕事に従事しており、以前より村を超えたつきあいがあったため、全戸が互いに知り合いであり、環境整備に向けて統一行動をとりやすい状況にあった。さらにR再定住地近くにもともとあった寺の境内が集会の場となっている。行政の復興政策は進んでいるとはいえないが、若者層を中心に生活改善に向けた試みを、行政を巻き込み実施している［高桑 2013］。新ダクヌガマ村には寺がなく、ごく最近集会場が建てられたものの、鍵の管理等の制約があり使用ができないままである。住民は以前の村の寺に関わりをもっているため、再定住地では寺を中心とした組織化は望めない。結局のところ新ダクヌガマ村と呼ばれる再定住地は現在のところは住宅の集合体であり、ここから新たな村落自治が展開する可能性はないともいえよう。

大規模災害の全体像の把握と復興については、再定住地に移転した世帯がどのように生活を再建していくのか、あるいはもとの村に戻ってしまう要因は何か、など長期間の調査により個々の事例を丹念に集めることで復興の可能性や方向性を考えるヒントとなるであろう。行政の描く青写真のようなコミュニティ単位での復興が成功しなくても、個々の家族がネットワークを有効に使いながら新たな生活を模索しており、家族という単位では一〇年という時間の中で少しずつではあるが生活を軌道に乗せていると思われる。沿岸部に住む人々の巧妙な生活戦略を可能にしているのが沿岸部に縦横無尽に張り巡らされた親族や姻族のネットワークである。

6　おわりに

すでに指摘されていることであるが、大規模災害が多数の人々の生活を根底から変えてしまった場合、復興とは何かあるいは表現を変えるなら、何をもって復興というのかを決定するのは容易ではない。また復興の結果、人々あるいは社会は何を望んでいるのかということも個々の家族によって個人によって異なるであろう。スリランカの場合は、内戦からの復興と大規模開発計画が津波復興をも取り込み、津波からの復興が不可視化されてしまった。しかし、個々の家族を見ると様々な問題や課題を抱えながらも生活再建を感じ取ることができる。ここでいう生活再建とは日常を取り戻したということである。具体的にいえば、漁家では漁業を開始し、子供たちが学校に行くという、以前からのごく当たり前の生活である。漁家でなかった世帯では、たまたま提供された漁船を他人に譲って新たに商売を始めるなど、少々の変化があった。新たな命の誕生もあれば、あの世に旅立った命もある。以前と同じようないとなみが再定住地ともとの村とで観察できる。先にもふれたが、これを社会に内在する自己快癒力・レジリエンシー（resiliency）という語で単純化するのは若干の抵抗を覚えるものの、スリランカの場合はこの言葉は妥当性をもっと思う。この言葉が有効なのは、これまでも親族や姻族のネットワークを駆使した様々な生活戦略をたてながら困難を乗り越えてきたという経験があるからである。

スリランカでは村落における自治性や自律性が明瞭には見られず、コミュニティと称する最小の行政単位も、結局は国家による管理・統治機構の最小単位でしかない。行政の上意下達の受け皿でしかない村落（コミュニティ）の自治機能が希薄であることは、村落自治に頼らなくとも快癒する力をもつ社会であったともいえる。むしろ寺をはじめとする宗教施設が公民館のような存在として地方自治の形成に貢献している。多民族多宗教国家であるスリランカでは、概して宗教ごとに住み分けが行われており、それぞれの宗教施設ごとに住民がまとまることも可能である。カトリックが信仰されている地域では民族を超えてカトリック教徒としてまとまることもできる。人と人、家族と家族が広範にネットワークをはりめぐらし、その縦横に張り巡らされた関係性の中から状況に応じて適宜有用な関係を取り出し、有効活用しながら生活戦略をたてている。

最後に住民の間で沿岸保護の動きも見られることを指摘しておきたい。沿岸保護の大切さを認識した地域のリーダーがまとめ役となり、植林活動を行ったり、ウミガメ保護などと連携させた観光資源としての浜の見直しも行われている。沿岸保護が防災につながるし、観光資源になるという認識も徐々に芽生え、これらの小さな動きが大きな動きとなる可能性もあるといえよう。しかし、このような住民の主体的な動きが、大規模な海浜リゾート計画で反故にされる可能性が危惧される。

被災地の人たちは「津波の水は黄金の水だ。多くの人が犠牲になったおかげで、家や漁船を手にした人もいる」と語る。にわか被災者を装った人たちのことや、これまで仲良くしていた隣人に対する疑心暗鬼が生じたという話も聞いた。村がバラバラになってしまったのは、移転によってではなく被災者支援の不均衡によるものであると冷静に分析する人たちもいる。これまでも貧困対策の実施の過程で、このような不均衡は存在し、貧困世帯に平等に支援の手が差し伸べられていたとはいえない。津波支援も同様である。しかしその分を補う緊密な人間関係を効果的に使いながら、被災地の人たちは新たな歩みを始めている。

津波後、スリランカのホテルは満室状態が続いている。地方の安価なゲストハウスも同様である。観光業が落ち込んでいた内戦時には考えられない状態である。津波後の数年間は客の多くは支援関係者と研究者であった。観光業を重点開発分野とした二〇一〇年以降は、ホテルの建設ラッシュが続き、現在では周年満室状態が続いている。巨大な津波の威力の研究結果はいずれ防災や減災に役立てられるはずであった。しかし、沿岸部の保全は進んでいるとはいえない。二〇一三年五月末には大規模なサイクロンが南西岸を襲い多数の死者が出ている。スリランカでは津波後も絶えずどこかでサイクロン、豪雨、洪水による被害が出ており、沿岸部の環境整備は進んでいない。

大規模な自然災害が起こった場合、直接には支援に結びつかない人類学の調査を疑問視する声がある。実際に多くの研究者が比較的容易に入国できるスリランカに出かけ、被災地の写真をとり、いくばくかの義捐金を集め、伝手を求めて被災者に手渡した。このような研究と支援のバブルが「第二の津波」とも揶揄された。さらに、津波直後から実施され、内戦終了後に拍車がかかった大規模リゾート開発は、まさに惨事便乗型開発政策としてナオミ・クラインが警鐘を鳴らしているが、このような状況に関して、本来ならば抵抗勢力としての役割をはたすべき人類学者の声は届かない。これは二〇一一年三月一一日の東日本大震災でも同様である。菅は、復興の名の下に震災に見舞われた人々を利用し、それを自らの研究の利得としていった研究者や専門家の存在を厳しく弾劾している（菅 2013 : 1-2）どさくさに紛れて過激な経済政策がなされたことは惨事便乗型の開発政策であり、それと同様に惨事便乗型「研究」あるいは「学問」「社会実践」であるという［同上 : 3］。また、トム・ギルは被災地で人類学・社会学の調査を行うことの是非があったことを明らかにしている。とりわけ日本を対象とする外国人研究者の倫理的問題をめぐり多くの逡巡があったという［2013 : 369-370］。しかし、ブリギッテ・シテーガがいうようにこのような瞬間に立ち会い、記録してきたことで、研究者は、被災者に親愛の感情をもち、それによって人としての結びつきが生まれる出会いの機会となったことも忘れてはならい［2013 : 365］。

スリランカの津波被災地は、筆者が三〇年近く通い続けている場所であった。津波で多くの友人が命をおとした。

国民の多くがすでに津波を過去の自然災害のひとつとして忘れ去ろうとしている中、村落やあるいは家族レヴェルで復興の過程を記録することが人類学者の唯一の重要な仕事となるのかもしれない。

注

(1) スリランカでは一九八三年以来、内戦が続いていた。北部と東部の分離独立を目指して武装闘争を繰り広げた反政府武装勢力LTTE(タミル・イーラム解放の虎)と政府軍との戦闘や、コロンボなど都市部での自爆テロなどがおこり、家を失ったり、戦争を逃れて多くが国内避難民だけでなくインドへの国外避難民となった。二〇〇九年五月一九日に当時の大統領は、国会にてLTTEとの戦闘終結を宣言した。また約三〇万人の国内避難民の八割を年内に再定住させることを発表した。しかし、その帰還と再定住事業は進んでいない。スリランカの概況については[杉本・高桑・鈴木 2013][高桑 2014]を参照願いたい。スリランカの津波災害を含む自然災害と復興支援のあり方を問うものとして[林勲男編 2010]がある。なお、本報告の一部は[高桑 2013]と重複する部分がある。

(2) とりわけ近年ではアーユルヴェーダを取り入れたホテルの進出が目立つようになった。もともとインドに起源を持つ土着の伝統医療であるアーユルヴェーダが欧米や日本において注目され始めると、政府観光局はこの医療実践を取り入れたツアーを企画するようになった。アーユルヴェーダと観光との関係は[梅村 2011]が詳述している。

(3) スリランカの沿岸域に生育していたマングローブやタコノキ等の樹木は古くはココヤシ栽培の拡大とともに伐採され、近年は住宅地建設や観光客を惹きつけるための浜の景観を確保するために伐採された。伐採を免れた浜の被害が少なかったことは多くの報告があり[田中・佐々木・Mowjood 2005]、また筆者も各地で実際に耳にした。

(4) 本稿では漁業海洋資源省(現在は漁業海洋資源開発省と名称変更)の二〇〇九年一一月五日閲覧のウェブサイトを参考にしている。

(5) 漁民や漁家に支援金が配付されるため、放置していた魚加工用の道具や漁具を持ち出してきて、漁家であることを演じた家族もいた。

(6) NGOの支援が氾濫し、過剰な漁船支給があった。漁民でないのに漁船を支給された例や、これまで漁船を所有しなかった漁民、あるいは近代的な動力船所有を希望していた漁民が混乱に乗じて漁船を受け取った例もある。このことが問題となり、一時的に漁船支給を中断したり、船体支給後の次の段階であるエンジン（とくに船外機）の支給を見合わせた役所もある。この決定により再操業に向かおうとしていた漁民の生活設計に混乱が生じた。
(7) シンハラ語を母語とする南岸の漁民は設備の整った東海岸のトリンコマリー港で操業することも多く、漁船を周年当該港に停泊させている。トリンコマリー港のあるトリンコマリー県にはタミル語を母語とする人も多く、タミル語で書かれた被災証明書を受け取ることもあった。また身分証明書の再発行の遅れから、漁業補償の執行が遅れたり、結果的に補償を待ちきれずに、自力で漁船を修理した漁民もいた。自力で修理した場合は、漁船の被災証明がなければ補償金が支払われないこともあり、操業再開に積極的に取り組んだ漁民が損をしたという気持ちが強い。
(8) 二〇〇五年一一月一四日の政府発表（Tsunami Housing Reconstruction Unit）では、ハンバントタ県での被災家屋は一〇五七戸であるが、その四倍以上の四五九一戸の建設が支援機関に委託されている。村レベルでも被災家屋数以上の家屋が建てられたことや実際に被害を受けた小型漁船数以上の漁船が提供されたことが報告されている。マータラ県の県漁業振興局の話では提供された漁船の数が多すぎたために沿岸域では水産資源の不足が発生している。
(9) 政府はハンバントタにコロンボ港に続く多目的国際港を二〇一〇年一一月にオープンした。また同県内にある空軍基地を拡充し、国際空港も建設中であり（二〇一三年三月開港）、林野を切り開いて巨大な住宅団地、政府の建物、スタジアムを整備するなどして副都心建設を計画している。ハンバントタ町に隣接するアンバラントタ村の海沿いの集落移転が終了している。再定住地に建設された道路際にはかつては沿岸部の幹線道路に沿って建ち並んでいた商店も移転している。以前は繁華街で店をかまえていた商店にとって、工事車が通るだけの道路際での商売に苦慮している。また代替農地の多くは灌木を伐採して開拓された農地であり、農業用水として利用してきた溜池や潟などが大規模土木工事で水枯れになり、土質も変わり、耕作に適さないと判断された農地は破棄されている。さらに、宅地開発は野生動物の生息地に及んでおり、一部では象の被害も深刻である。住民は象が出没する夕方までに帰宅する必要があり、移転農家にも様々な問題が生じている。
(10) 例えばスリランカでは木造建築や開放的な設計の住宅は好まれないため、スリランカの環境に配慮した風通しのよい木造建築の家、窓を大きくとった家などは好まれない。再定住地をまわると、住民がどのような気持ちでこのようなデザインの家に住むのか理解に苦しむデザインの住宅団地に遭遇することがある。同様に津波後のPTSD（心的外傷後ストレス障害）調査のために専門家が殺到したこと、その際の症状チェックリストにスリランカ人が心の苦しみを体験するときに使う文化固有の方法が反映されていないこと、異文化におけるトラウマのカウンセリングに無理解な専門家の存在などをイーサン・ウォッターズが報告している［ウォッターズ 2013：80－152］

（11）前政権はシンハラ化政策を推進し、多くの公立学校でシンハラ語の授業が行われている。タミル人やイスラム教徒はシンハラ語を母語としないが、多数民族であるシンハラ人との日常的接触により会話に不自由することはない。なお、S再定住地では敷地外にモスクを建てることが可能になり工事が開始され二〇一二年度中に完成予定である。またハンバントタ県のイスラム教徒の中にはシンハラ語での授業にとりたてて違和感をもたない家族も多数ある。

（12）内戦終了後のスリランカが進める大型開発計画への投資はクラインが惨事便乗型資本主義と呼ぶものである［クライン 2013］。津波がすべてを流し去った浜、人々が移転した地域の浜、かつてモンスーン期に他の地域から移動してきた移動漁民のキャンプ地などは格好の大型リゾートホテル建設用地となり漁民が地先で操業することが困難な状況を作り出している［高桑 2013］。

（13）長年スリランカで支援を行ってきた多くのNGOも復興支援をめぐり憤りを抱きながら活動を続けている。緊急支援の段階において多くの救援資金を短期間で消化せざるを得なかったため、十分な調査をせずに支援を行うことを余儀なくされた。またNGOの氾濫で、カウンターパートとして長年現地で活動し、マネージメント能力に長けた有能な職員が新たに参入した裕福なNGOに引き抜かれることが多くなった。NGO職員の給与水準のみならず事務所の家賃の値上げもあいつぎ、活動資金にしわ寄せがきている。このことから、活動を縮小せざるをえなくなり、NGOへの批判が高まり、政府は国際NGOのビザ発給に制限を行ったり登録制度を厳しくするようになった。さらに、この背後には、シンハラ人が多数を占める政府の間に国際NGOや国連が「タミル寄り」つまりLTTE寄りであるという認識の存在がある。実際に多くのNGOは二〇〇二年の停戦後に活動を開始し、もともと経済発展や復興から疎外されてきた地域で積極的に取り組んでいるが、これらの地域の多くはタミル人の比率が高い。

（14）ダクヌガマ村、新ダクヌガマ村（いずれも仮称）については［高桑 2008］でふれている。

（15）2LKの間取りと台所、戸外のトイレが標準タイプである。

（16）トリンコマリー県では、近年観光客が増加し、宿泊施設として再定住地の家をゲストハウスに改造している家族もある。漁民である家主は津波で流された浜近くに家を再建した。

引用・参考文献

クライン、ナオミ

2013　『ショック・ドクトリン　惨事便乗型資本主義の正体を暴く』幾島幸子・村上由見子訳　岩波書店

林勲男編

2010　『自然災害と復興支援』（みんぱく実践人類学９）　明石書店

前田昌弘

2011　『津波発生地の再定住地への移住と生活再建における社会関係の変容に関する研究―スリランカのインド洋津波からの復興を事例に―』京都大学大学院工学研究科博士論文

Mooneshinhe,S

2007　Politics, Power Dynamics & Disaster: A Sri Lanka Study on Tsunami Affected Districts. International Centre for Ethnic Studies, Colombo

Perera,T. & Weerasooriya, I. & Karunarathna, H

2012　An Evaluation of Success and Failures in Hambantota , Siribopura Resettlement Housing Program: Lessons Learned . In Sri Lankan Journal of Real Estate No.6 Department of Estate Management and Valuation Sri Jayawardenapura University (Open Journal System)1-15

Samarasinghe, M. J.

2006　Lessons from the Tsunami and the Necessity for a Community-based Rehabilitation Programme In Domroes, M(ed.) After the

Tsunami: Relief and Rehabilitation in Sri Lanka…re-starting towards the future. Mosaic Books. 71-94

シテーガ、ブリギッテ
2013　「こらむ　かあちゃん出てこない」トム・ギル、ブリギッテ・シテーガ、デビッド・スレイター編『東日本大震災の人類学―津波・原発事故と被災者たちの「その後」』人文書院 362-365

菅豊
2013　『「新しい野の学問」の時代へ―知識生産と社会実践をつなぐために』岩波書店

杉本良男・高桑史子・鈴木晋介
2013　『スリランカを知るための58章』明石書店

高桑史子
2008　『スリランカ海村の民族誌　開発・内戦・津波と人々の生活』明石書店。
2013　「スリランカにおけるインド洋地震津波災害からの復興―内戦終了後の生活再建」、林勲男編『大規模災害被災地における環境変化と脆弱性克服に関する研究』（科学研究費補助金　基盤研究A　研究成果報告書）21-37
2014　「津波と内戦後の漁業の現状と課題」荒井悦代編『内戦後のスリランカ経済』（調査研究報告書）アジア経済研究所 81-91

田中・佐々木・Mowjood
2005　「スリランカ南部沿岸村におけるインド洋大津波被害実態調査―ラグーン、海岸砂丘、樹林帯に注目して―」『埼玉大学紀要　工学部』第38号、埼玉大学工学部 66-73

トム・ギル
2013　「あとがき」トム・ギル、ブリギッテ・シテーガ、デビッド・スレイター編『東日本大震災の人類学―津波・原発事故と被災者たちの「その後」』人文書院 367-371

梅村彩美
2001　「エンターテインメント化する医療―スリランカにおけるアーユルヴェーダ・ツーリズムをめぐって」『人文学報』

453号（社会人類学分野5） 首都大学東京都市教養学部人文・社会系 115-131

山田貴子

2008 『〜シミワタル活動 その2〜 災害復興期の被災者再定住コミュニティ支援に関する一考察 スリランカ国ハンバントータ県ハンバントータ郡を事例として 海外青年協力隊平成18年度第2次隊 第4号報告書』国際協力機構。

ウォッターズ、イーサン

2013 『クレイジー・ライク・アメリカ―心の病はいかに輸出されたか』阿部宏美訳 紀伊國屋書店

第2部

集落移転

第3章

集落移転と土地権：一九九八年アイタペ津波災害被災地の課題

林　勲男
HAYASHI Isao

1　はじめに

一九九五年にパプアニューギニアのマダンで開催された南太平洋フォーラム（South Pacific Forum、二〇〇〇年に太平洋諸島フォーラム Pacific Islands Forum と改称）では、オセアニア島嶼国家の自然災害や環境破壊への脆弱性が議題となり、その解決に取り組む必要性が確認された。その後の各種会議においても、防災を含めた安全管理の問題が開発／発展との関係で議論されてきた。それから一〇年が経過した二〇〇五年六月、同じ会場で開催された太平洋地域防災会議（Pacific Regional Disaster Management Meeting）でも、災害に対してより安全で対応力のある国家とコミュニティを目指し、各国の持続的発展とその政策決定プロセスに防災を統合する必要の確認がなされ、二〇〇五年から二〇一五年に至る一〇年間の行動計画の概要草案をまとめた。

災害研究では、活断層や氾濫原など自然環境に条件付けられた脆弱性や建造物の脆弱性に加え、社会的な脆弱性、すなわち社会の末端あるいは周縁に置かれた人々の脆弱性に焦点を当てた研究が一九七〇年代より登場した。そして現在では、災害に対する脆弱性の低減には、こうした社会的に不利に条件付けられた人々に対し、災害の予防期、緊急対応期、復旧・復興期のそれぞれにいかなる対応措置を取るかが重要課題と認識されている。

一九九八年七月一七日にパプアニューギニア本島北海岸で発生したアイタペ（Aitape）津波災害では、災害発生直後から避難所が設置され、被災者を受け入れた内陸の既存集落では、避難してきた被災者と地元住民との間に次第に緊張・対立関係が生じた。避難所が閉鎖された後、被災者はかつて住んでいた沿岸の土地には戻らず、津波に対してより安全な内陸に新たな集落を建設し、生活の再建を図る決断をした。加えて、学校教育や医療といった公共サービスの施設も内陸の新たな集落に再建されたことから、将来の津波に対して安全な土地への定住化は促進されるものと考えられた。しかし時間の経過と共に、被害が少なかった集落であるほど、より早く、より多くの住民が沿岸の旧居住地に戻り始めている。ただ単に住み慣れた土地に戻りたいということだけではなく、そこには「慣習的土地所有」をめぐる問題が背後にある。

パプアニューギニアでは、被災地の復興計画の策定と施行において、土地権への配慮は不可欠であり、それはNGOや国際機関による支援においても例外ではない。さらには、将来起こり得る災害への対応策を講じる場合にも、土地問題を避けて通ることはできないであろう。本論文では、アイタペ津波災害被災地の継続調査をもとに、沿岸から内陸に移転した住民生活の現状と課題について、土地に焦点を当てて報告する。

2　アイタペ津波災害

災害発生

一九九八年七月一七日、現地時間の午後六時四九分、シサノ・ラグーン（Sissano Lagoon）沖約五〇キロメートルを震源とするマグニチュード七・〇の地震が発生した。午後七時二分と六分に、小さな余震があり、七時九分（マグニチュード五・六）と七時一〇分（マグニチュード五・九）にも比較的大きな揺れがあった［Synolakis et al. 2002: 763-764］。最初の揺れで、アロップ（Arop）村とワラプ（Warapu）村では地表に亀裂が生じ、シサノ（Sissano）村では数件の家が倒壊した。

最初の大きな揺れの後、マロール（Malol）村からシサノ村にかけての一帯で、雷鳴のような音が聞こえたという。さらにその二、三分から五分後の間に轟音が聞こえたとの報告がある。人々がその音源を求めて集落から海岸へやってきた時、彼らが目にしたのは干潮の時よりもさらに潮位が下がった海であった。まもなくして沖合で海面が持ち上がり、次第に大きくなりながら急速に近づいてくるのに人々は気がついた。

彼らは近づいてくる波から逃れようと走ったが、ほとんどの人々がその波に飲み込まれてしまった。中には立ち木によじ登ったり、ラグーンに押し出したボートに乗り込んだりして、一命を取りとめた者もいた。シサノ・ラグーンの内陸側はマングローブの林に縁取られており、そこまで波に揉まれながら運ばれ、樹木に打ち付けられたり、枝や根が身体に突き刺さったり、あるいは瓦礫に埋もれて命を落とした者、トタン屋根や柱などの漂流物が当たり、身体の切断や打撲が致命傷となって亡くなった者もいた。波に飲み込まれた者たちの衣服は剥ぎ取られ、砂や小石、瓦礫などと共に流されたため、生き残った人々の多くも、多量の海水を飲み、切傷・刺傷・擦過傷・打撲傷を負った。海水は、午後七時三〇分頃までには引いていた。

アロップとワラプの村落では、住宅、教会、学校、医療施設のほとんどが津波に押し流され、アイタペ近郊で最も古い建物であったシサノ村のカトリック教会（一九二五年建造）も、コンクリートの基礎を残すのみとなってしまった。

被災地へ最初の救援がやってきたのは、災害から一六時間経過した翌日の昼近くになってからであった(1)。それまでの間、被災地では住民同士が夜を徹して、カヌーやボートを使って生存者の発見と救出活動を行っていた

[Davies et al. 2002]。

津波の発生メカニズム

シサノ・ラグーン一帯を襲った津波は、高さが平均約一〇メートル、局所的には一五メートルを超え、流水速度は秒速一〇～一五メートルであったと国際津波調査団（International Tsunami Survey Team=ITST）は推定した。津波発生のメカニズムに関しては、アーノルド（Arnold）川によって運ばれた大量の土砂が海中に柔らかな堆積層を形成し、これが地震によってニューギニア海溝（水深約四〇〇〇メートル）に向かって海底地滑りを起こし、その質量の移動による水面の低下が波高の増幅をもたらしたものと考えられている［Kawata et al. 1999］。

一九九九年には、海洋科学技術センターの調査船「かいれい」と潜水探査艇「ドルフィン－3K」による深海調査によって、アーノルド川からの堆積物の浅瀬は二〇キロメートルから三〇キロメートル沖まであり、水深一〇〇〇メートル以浅では緩勾配であるが、以深では急勾配となっている海底地形を確認した。さらに、シサノ・ラグーン北東沖約二〇キロメートル、水深一五〇〇メートルから一五三〇メートルあたりの斜面上に東西方向一〇〇～二〇〇メートルに及ぶ新しい地割れを発見した。また、この地割れ地点から北方約一〇キロメートル、水深二一〇〇メートル付近にも斜面の崩壊跡が見つかった(2)。

アイタペ津波の被害域は、シサノ・ラグーンを中心として沿岸三〇キロメートル、内陸へ一・五キロメートルの範囲に及び、死者約二二〇〇名、重傷者約一〇〇〇名、そして約一万人が住宅を失った。

3 被災地域の概要

シサノ・ラグーン周辺の集落

アイタペはサンダウン（Sandaun）州アイタペ行政区の政治・経済の中心地である。人口は約四五〇〇人で、行政機関、銀行、郵便局などがある。州都のヴァニモ（Vanimo）ならびに東セピック州都のウェワク（Wewak）とは、定期便の航空路で結ばれている。ウェワクとの間には道路もあり、乗り合い自動車（PMV=Public Motor Vehicle）も運行されている。しかし、ヴァニモとは、乾季には四輪駆動車による往来は可能であるが、一〇月から三月ごろにかけての雨季には、未舗装の道はぬかるみ、途中の架橋のないヤリンギ（Yalingi）とネンゴ（Nengo）の二つの河川は増水し、交通は遮断されてしまう。

一九九八年の津波で被害が最も大きかったマロール、アロップ、ワラプ、シサノの四村は、アイタペの西方に位置していた。マロール村はアイタペから約一六キロメートルにあり、さらに西へ約一二キロメートル地点にアロップ村、約二二キロメートル地点にワラプ村とシサノ村があった。シサノ・ラグーンは周囲約二六キロメートル、面積は約三〇平方キロメートル、水深一メートルから四メートルの汽水湖である（地図3－1）。

アロップ、ワラプ、シサノの各村は海とラグーンの間に形成された、幅数十メートルから二〇〇メートルほどの細長い砂嘴上に存在した。マロール村はアイタペと道路で結ばれていたが、アロップ村、ワラプ村、シサノ村の住民がアイタペに行く場合は、エンジン付のボートで海路を取るのが一般的であった。陸路を選んだ場合、アイタペとヴァニモを結ぶ道まで歩き、そこからは非常にまれにしか通行しない自動車に便乗させてもらうか、さらに歩くかしかない。シサノ・ラグーンからアイタペまで、エンジン付ボートで約一時間であり、州都ヴァニモまでは天候次第で三時間から四時間かかる。

マロール村は、テレス（Teles）、ランブ（Lambu）、アイポコン（Aipokon）、アインドリン（Aindrin）、タイニアピン（Tainiapin）、ウイアン（Uian）、マイニェウ（Mainyeu）の集落から構成され、小学校二校と聖霊修道会（Holy Spirit）の教会そして簡易医療施設（Aid-post）があった。アロップ村は二つの集落（アロップ1と2）から構成され、小学校と職業訓練校（Vocational Centre）がそれぞれ一校と簡易医療施設があった。ワラプ村には小学校一校と簡易医療施設、シサノ村はマインドロン（Maindron）、ニマス（Nimas）、マイニャール（Mainyar）、アムソル（Amsol）の集落からなり、小学校一校とフランシスコ修道会（Franciscan）の教会、保健医療サブセンター（Health Sub-Centre）、行政支所そして災害前の数年間はほとんど休校状態の職業訓練校があった。マロールからシサノまでの集落には、約一万二〇〇〇人が暮らしていた。

これらの村の住民は、主に漁業と畑作によって生計を立てていた。海とラグーンに挟まれた砂嘴上に形成されたアロップ村、ワラプ村、シサノ村では、ラグー

地図 3-1　1998 年アイタペ津波被災地

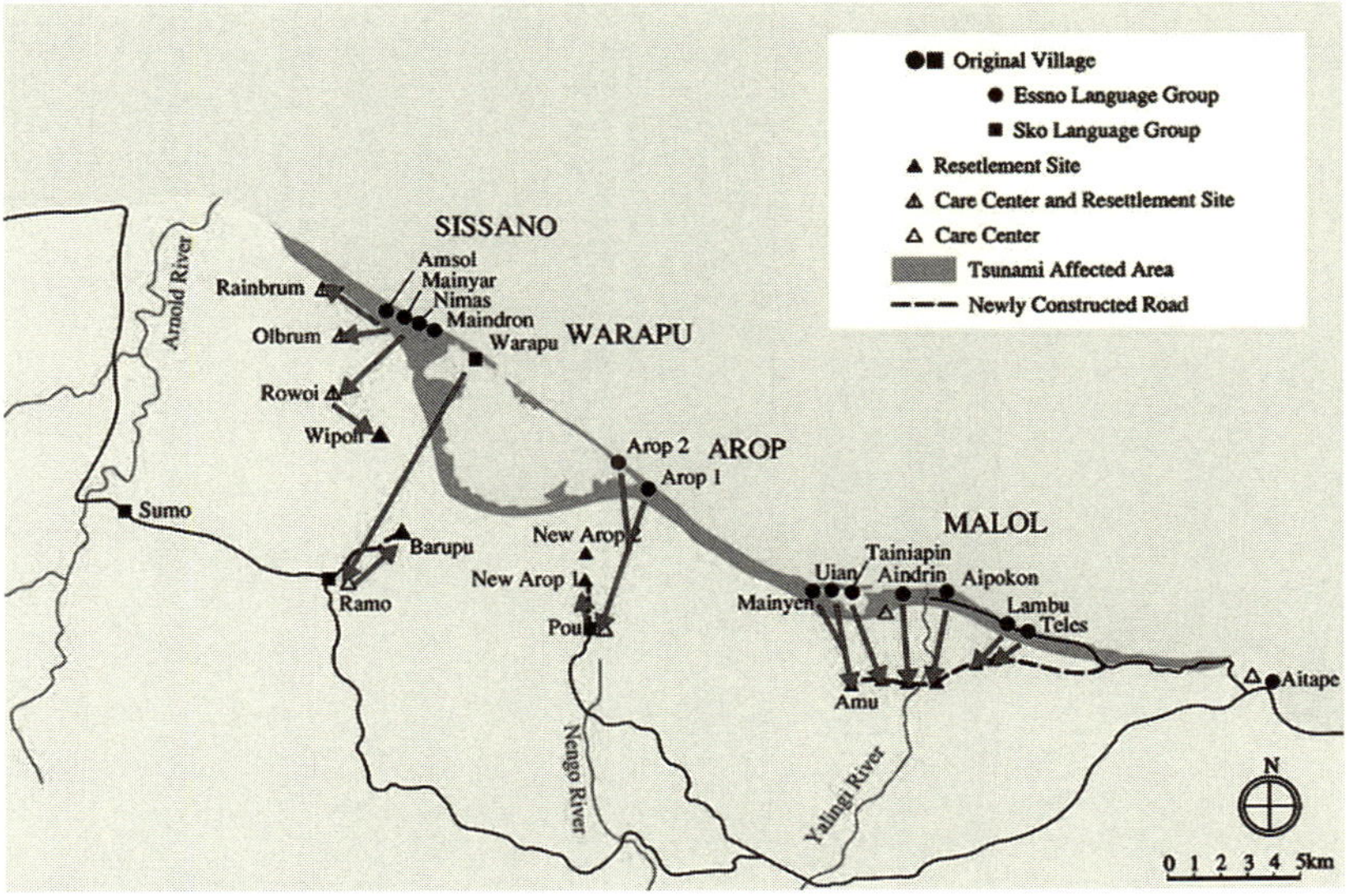

矢印は人々の集落間の移動を示している

ンの内陸側のいくつかの川を少し遡ったところに畑を作っていた。マロール村でも、畑は海岸線から二～三キロメートル離れた後背地にあった。畑ではタロイモ、キャッサバ、バナナ、サトウキビ、葉野菜、パパイヤなどと共に換金作物としてのカカオを栽培し、その他にも淡水の湿地帯に育つサゴヤシから採取する澱粉（サゴデンプン）や、狩猟によるブタや鳥類も重要な食糧であった。

ラグーン内では、仕掛網、カヌーを用いての釣漁あるいは集団での追い込み漁をおこない、海では安定性のある小型のアウトリガー・カヌーによる釣漁を行っていた。また、マングローブに多く生息する貝や蟹も重要な食糧である。集落や父系出自集団（以下、クランと呼ぶ）といった単位ごとの漁場が特に決まっているわけではなく、自由に漁ができる。ただし、クランによっては、特定の漁獲物を食料とすることや漁労自体が禁忌によって制約されている場合もある。ラグーン内での漁業に従事するのは主に女性であり、外洋では沖に出るほど男性の漁師が多い。しかし漁業活動や漁場が性別によって制限されることはない。

各クランは固有のトーテムとタブーを持ち、現在も行われている男性の成人儀礼では、自分のクランに関わる知識が教授される。婚姻は、このクラン間での女性の交換と認識されている。夫の所属するクランの土地に居住することが原則であるが、何らかの理由で妻のクランあるいは母親のクランに庇護を求めて移動したり、クラン間での交換婚が成立するまでの間、妻方居住するケースも少なくなく、交換婚成立後もそのまま妻のクランの土地に住み続ける場合もある。クランの土地での住宅建造や畑の開墾、狩猟などの権利は、その成員のみに厳格に限定されているわけでは決してない。また、土地の境界もさほど明確に引かれているわけでもない。それだけに、土地をめぐる問題は常に潜在化しているといえよう。

言語集団

ドイツ帝国植民統治下（一八九九年－一九一四年）、一九〇六年にアイタペ地方役所が開設され、一九一一年にシサノにカトリック宣教団神言修道会（SVD=Societatis Verbi Divini）宣教所が設置された。これ以降、この地域一帯にも共通語としてのピジン語（Tok Pisin）が急速に普及していった。しかし現在でも、日常生活の中ではそれぞれの母語は使用され、年配の女性の中にはピジン語での会話を苦手とする者も少なくない。

　被災地のうち、マロール、アロップ、シサノの各村では、オーストロネシア語に分類されるエスノ（Essno）語が話されていた(3)。しかし、ワラプ村ではパプア語のひとつスコ（Sko, Skou）語が村内での日常語であった。ワラプ住民は、自分たちの祖先は現在のインドネシア領側からの移民であり、元来「海の民」であることを強調する。そして、災害後に内陸に建設した集落バルプ（Barupu）の名称は、「ba 鳥＋ru 魚＋pu 風」を表しているという。Donohue のスコ語の研究によると、同言語話者の祖先は、まず西パプア（イリアン・ジャヤ）の山間地からジャヤプラ（Jayapura）とウトゥン（Wutung）との中間地域へ移住し、さらに東進し、その東端がワラプであると指摘している［Donohue 1999, 2004］。スコ語は、ワラプ以外では、被災地より少し内陸にあるポウ（Pou）、ラモ（Ramo）、スモ（Sumo）の三村においても使用されている。

　エスノ語とスコ語をそれぞれ母語とする人々の間では、他方の言語を話すことができない場合、共通語のピジン語を使用するのが一般的である［Laycock 1973, Wurm 1982］。スコ語を話す人々と、エスノ語を話す人々の間では、婚姻が特に意識的に忌避されたり、好まれたりということはないが、これら二つの言語集団の相違の認識は、時には社会的な問題に対処する際の枠組みとなることもある。

　スコ語を話す人々の間では、彼らの祖先は今から約三〇〇年前に、ニューギニア島の西半分であるインドネシア領パプア州から、現在の国境東側の町ウトゥン付近に移住し、さらに東進し、一八五〇年代にシサノ・ラグーン地域に移ってきた、と伝えられている。ただし、当時はまだラグーンは形成されてはおらず、彼らはシサノとアロップの間に河口があった川の中洲に集落を形成したといわれている。この地域は、一九〇七年一一月に発生した地震により、地盤が徐々に沈下し始め、スコ語を話す人々が住んでいた中州は水没し、約二〇〇〇人の住民は内陸へ移動した［Laycock 1973: 250; Davies 1999: 43］。(4) 現在のポウ、ラモ、スモの各村は、この時に移動した人々が内陸にとどまって形成した村々である。また、この一九〇七年の地震の時には、海岸にあったアロップ村の住民も内陸へ避難した。余震は二カ月間続いた。アロップの村があった砂嘴は、地盤沈下と翌年にかけてのモンスーン・シーズン中の波による浸食で、土地面積の三分の二を失ってしまった［Welsch 1998: 128-130］。

中州からラモに避難した人々の中には、一九三〇年頃にラグーンからアロポロ（Aroporo）川を遡った土地（やはりアロポロと呼ばれている）に再移住したグループがいた。しかし、彼らは第二次世界大戦中、ニューギニア島北岸で連合軍と日本軍が戦闘を繰り広げるようになると、再び内陸に入った。その時、このグループはラモまでは戻らず、ラモとアロポロの中間地点に村を作った。そこはラモの土地であった。戦火が収束した一九四四年頃に、彼らはラグーンの西側砂嘴に新たにワラプ村を築いた［Laycock 1973: 250］。アロップの住民も、大戦終了後に東側砂嘴上の旧村に戻った。これら二つの村の住民は、一九九八年の津波災害に遭うまで、それぞれの土地に住み続けていたわけである。

4　移住と土地問題

避難所の設置

アイタペ津波災害からのアロップとワラプの二村の生存者たちは、内陸にあるポウとラモの村までそれぞれ避難していった。人口四〇〇人ほどのポウへは、アロップから約二〇〇〇人の被災者が、そして人口約四五〇人のラモへは、ワラプから約一六〇〇人の被災者が避難した。これらの村では、被災者のみならず先住の村民にも救援食糧は配布されたといわれているが、被災者への配布量よりも少なかったとの報告もある。また、ブッシュナイフや斧などの救援物資は、森林を開墾し畑を作ったり住宅を建てたりするためのもので、被災者のみに配布された。多数の被災者を受け入れたことと、被災者への大量の援助物資の配給をきっかけとして、ポウとラモの二つの村では被災者との対立が発生した。そこには長年の歴史的背景があった。

すでにシサノ・ラグーン一帯に住む言語集団について述べたが、今一度簡単に集落と言語について整理しておこう。ワラプ、ラモ、スモ、ポウの集落には、現在のインドネシアとの国境以西より祖先が移住してきたといわれるスコ語を話す人々が住んでおり、アロップ住民はエスノ語の話者である。

アロップ住民の言い分によると、現在のポウがある場所は本来アロップ1の土地であり、ポウの村はかつて、さらに西方に位置していた。したがって、出て行くべきはポウの村人たちである、と主張した。しかし避難所の閉鎖後、アロップ1と2の両集落の住民たちは、自分たちの土地権が明確な場所であるラグーン寄りに少し移動していった。アロップ1は旧アロップ小学校に通じる道沿いに同じアロップ1という名を残し、アロップ2はその道から湿地帯の中を三〇分ほど歩いたワウロイン（Wauroin）という自分たちの畑地に、それぞれ新たな集落を建設した。ワウロインとラグーンはプパ川とワウロイン川によって結ばれている。

ワラプからラモに避難した被災者たちは、避難所の閉鎖に伴って、ラモからアロポロに通じる道沿いに住宅を建造することに取りかかり、そこをバルプ（Barupu）と名づけた。そして小学校と医療施設用地は、州政府がラモ住民から借り上げた土地を当てることとなった。しかし、州政府からラモ住民への借地料は支払われず、ラモとバルプの両住民間にしこりを残している。

災害発生の翌月である八月上旬までに、緊急援助に駆けつけた各国からの支援者のほとんどは引き上げ、避難所では被災者自らによる生活再建に向けての活動が始まりつつあった。帆布や防水シートを用いた仮設のキリスト教会や小学校校舎が建てられ、九月には礼拝や授業も再開された。しかし、被災者にとってどこを定住地とするかは、自分や子供たちの今後の生活に重要な小学校や医療施設などがどこに建設されるかにかかっていた。

道路と学校の建設

災害直後の救急救命段階では、救援物資は、陸上輸送が困難な避難所（ウィポンも含め）にヘリコプターによって空輸されていた。しかし、救急救命から復旧・復興の段階へと移行していくに従い、アイタペと被災地とを結ぶ道路の建設が急務となった。そして、災害以前に開通していた道路を、被災者の新たな定住地まで延長する工事が計画された。オーストラリア国際開発庁（Australian Agency for International Development　以下 AusAID）は八月二四日から九月四日まで現地調査を実施し、それに基づいて策定した復興計画の中で、雨季に入る前に道路建設の着工が必要であることを強調した［AusAID 1998: 5, 15-17］。

AusAID が行った調査によって、再定住地に関する被災者の希望はおおよそ把握されていた。一九九八年九月中ごろの段階で、ワラプ村の被災者は、ラモ避難所の北東約二キロメートルにあるバルプと呼ぶ土地に定住することを決め、すでに住民たちは住宅の再建を始めていた(5)。ポウに避難していたアロップ村の被災者は、ポウ住民との土地をめぐっての対立から、ラグーン寄りの自分たちの土地に移動していた。シサノ村からオルブルムへ避難した人々のうち、後にウィポンやロウォイ、レインブルムに移っていった人々以外は、ここを新たな定住地と決めて住宅を建て始めた(6)。ウィポンには、ニマスの住民以外にもマインドロンやアムソルからの避難者もいたが、オルブルムやロウォイに一旦避難していたニマス住民が次第に集まってくるにしたがって、それぞれの土地へと移動していった。発災直後は、緊急避難のために他の集落の土地に身を寄せていた人々も、時間の経過とともに自らの集落の土地へと移動していったわけである。しかしながら、ほとんどの被災者たちは、道路の建設ルートに加え、小学校や診療所などの公共サービス施設の再建場所の決定を見極めてから、再定住地を決めよう考えていた。道路建設の着工が急務であるとの AusAID の報告にもかかわらず、その最終的なルートはなかなか決定をみなかった。

パプアニューギニア政府の労働・運輸局（Dept. of Works and Transport）は、アイタペのナワエ建設（Nawae Construction Pty）とワントク・セルフリライアンス建設（Wantok Self-Reliance Pty Ltd）の二社と道路建設の契約を交わした。まず優先されたのは、マロール村の被災者が住む集落をアイタペと結ぶ道路と、ラモからバルプまでの道路、そしてポウからアロップ1までの新たな道路の建設であった。当初の計画では、砂利を敷き詰めた全天候型の道路とするはずであったが、着工した後になって、当初の予算を大幅に上回ることが判明し、道路の開通は見たものの、砂利が敷かれたのは一部分にすぎず、雨季には自動車の使用が不可能なほどのぬかるみと化す道路となってしまった。すでに存在したアイタペからラモやポウに至る道路でも、状況は同じであった。

図 3-1　アロップ 2（ワウロイン）の住民による架橋工事

バルプからウィポン、ロウォイを経てオルブルンに至る道路は、復興計画には盛り込まれたものの、道路建設予算は三年ですでに使い尽くされ、新たな予算措置もなく、未だに着工のめどすら立っていない。アロップ1まで開通した道路をさらにアロップ2（ワウロイン）へと延長する工事も手付かずのままであった。ワウロインでは、政府による道路延長工事の実施に見切りをつけ、二〇〇四年に住民が自力で森林を伐採し、湿地帯に排水路を作り、アロップ1まで幅数メートルの道路を作るための基礎作業を行った（図3－1）。

各避難所では、一九九八年九月中に仮校舎での小学校の授業が再開された。九月初旬に屋根を覆う防水シートが配布され、教材も中旬までに到着した。しかし、恒久的な校舎をどこに建設するかが大きな課題となった。サンダウン州政府は、被災地の小学校建設の決定は行政の責任によってなされるべきと主張した。そして、アイタペ行政区災害対策委員会（Aitape District Disaster Committee、以下、行政区委員会）内で小学校再建事業を担当したのは、アイタペ行政区教育担当官であるロバート・ミロイであった。彼は自ら避難所を訪れ、小学校再建に関して被災者たちの要望を聴取した。その結果、被災者たちが再定住地として考えている集落の数は災害前よりも多く、それぞれの集落の中に小学校が建設されることを強く望んでいることが判明した。ミロイは、そうした要望になるべく沿う形で、中央政府の担当官とともに小学校再建計画を立案した。しかしその立案には、財政的裏付けが全く欠けていた(7)。

それに対して、過去約一〇〇年間にわたってこの地域の教育に貢献してきたカトリック教会は、アイタペ司教区災害復興委員会（Aitape Diocese Rehabilitation Committee、以下、司教区委員会）の活動の一部として小学校再建計画を立案した。司教区委員会は津波で被害を受けた五校のうち一校を政府に託し、残り四校をカトリック教会が再建する計画を提案した。すなわち、災害以前の五校を内陸の安全な土地に移すかたちでの再建計画であった。政府の立案と決定的に異なるのは、司教区委員会は独自の復旧予算額五二〇万キナのうち、早くも一九九八年末の時点で、三七〇万キナを既に寄付などによって確保していた点である。

サンダウン州政府、司教区委員会そして被災者の三者間で最も調整が難航したのは、旧シサノ村の小学校再建をめぐってであった。旧シサノ村の被災者は、オルブルム、レインブルム、ロウォイ、ウィポンの四カ所に避難していた。そして将来もそれぞれの避難地を再定住地と定め、各集落内に小学校その他の公共施設の建設を望んでいた。このことは、ミロイの調査によって行政区委員会を構成する各組織にも知られていた。しかし司教区委員会は、旧シサノ村全体の児童の為にオルブルムに大規模な小学校を建設する計画を独自に立てた。すなわち、オルブルム以外の避難地に住む旧シサノ村の児童は、毎日オルブルムまで通学するか、家族と共にオルブルムに移り住むことが求められるわけである。最も遠いウィポンからは、大人の足でも二時間ほどの道のりである。この大規模な小学校と被災地全域の中心的保健医療施設がオルブルムに建設された背景を、多くの住民たちは、オルブルムは司教区委員会委員長のタス・マケトゥのクランが所有する土地であるためと理解した。

災害発生後、いち早く被災地への緊急医療支援活動を開始した神戸のＮＧＯは、その年の一二月から翌年の一月にかけ、その後の支援内容を検討するために現地調査を実施した。そして小学校建設をめぐるウィポン住民の期待と懸念を知り、司教区委員会、サンダウン州政府、そしてパプアニューギニア・キリスト教協議会（Papua New Guinea Council of Churches、略称ＰＮＧＣＣ）と協議の結果、ウィポンに小学校を建設する支援の実施を決定し、ＰＮＧＣＣに義捐金の一八〇〇万円を寄託した。ウィポンは旧ニマス集落の畑地であったため、旧ニマス集落からの被災者が大多数を占めていた。公式の避難所とは認定されていなかったが、被災当初は約五〇〇人が生活し、実質的には他の公式避難所と同等の救援活動の対象となっていた。そして、ロウォイに避難していた旧ニマス集落の住民も次第にウィポンに移動してきたため、人口は徐々に増加していた［牧ほか 1999: 199］。

一九九九年九月には、ウィポン住民たち自身の手によって、建設予定地の整地が開始され、ほぼ同時に建設資材も到着した。ウィポンで小学校建設の指揮に当たったのは旧ニマス集落出身の当時州議会議員であったポール・サロヤであった。彼の双子の弟ピーター・サロヤが、ウィポンでの建設工事の様子をアイタペから、あるいはポート・モレスビーまで出かけていってＰＮＧＣＣに報告していた。そして、神戸のＮＧＯは、ＰＮＧＣＣを介して小学校建設の進捗状況を把握した。災害発生からちょうど二年目の二〇〇〇年七月一七日、ウィポンの小学校はニマス・コウベ（神戸）小学校という名称で開校式を迎えた（表３－１）。

表 3-1　小学校の再建

学校名	場所	再建後の学校名	再建場所	建設主体
セント・マイケル	シサノ	セント・マイケル ロウォイ * ニマス - コウベ	オルブルム ロウォイ ウィポン	カトリック教会 カトリック教会 PNGCC**
ワラプ	ワラプ	マリエール・ヴェントレ	バルプ	カトリック教会
アロップ	アロップ	コーパス・クリスティ ワウロイン	アロップ 1 ワウロイン (Arop2)	カトリック教会 州政府
マロール	マロール	アム セント・ガブリエル	アム ライニキール	州政府 カトリック教会
ヤリンギ	マロール	セント・ベネディクト アレキ	アイポコン アレキ	カトリック教会 州政府

［牧ほか 1998:198 表 3］と［Aitape Diocese Rehabilitation committee Report］から作成
*　後にオルブルムのセント・マイケルに統合された。
** 神戸 NGO の支援による。

集落移転と土地問題

すでに見たように、津波で被災した人々は避難所生活の後、内陸に新たな集落を建設した。そのほとんどの場合、災害以前に居住した集落が所有する土地への移転であった。他の集落の土地へ移住したのは、ワラプから内陸に移住したバルプのケースと、旧アムソル集落が所有するオルブルムに移住した、シサノの他の集落からの被災者である。これまで「集落の土地」と現地の人々の表現を踏襲してきたが、より厳密にいうならば「集落の土地」はさらにいくつかの「クランの土地」から構成されている。すでに述べたように、クランとは父系出自集団を指しているが、そのクランの土地の利用をはじめ、儀礼への参加や秘匿の知識の修得などへの資格は、厳密に父系出自を確認できるメンバーだけに限定されているわけではない。時には、母系、妻方、自分や父親の誕生地などにより、これらクランの所有する土地をはじめとする資源を利用する権利を得ることもある。ここではバルプ、オルブルム、ワウロインの三つの集村移転について詳しく見てみることにする。

（1）バルプのケース

スコ語の話者の祖先は、一八五〇年代にシサノ・ラグーン地域に移ってきたといわれている。現在のシサノ・ラグーンは、一九〇七年の地震によって地盤が徐々に沈降して出来たものであり、彼らの祖先が定住したのは、シサノとアロップの間に河口があった川の中州であった。この中州も一九〇七年の地震で水没してしまい、住民は内陸に移動せざるを得なかった。

アイタペ津波災害後、ワラプの人々は、過去数十年間狩猟場や畑地として使用してきたアロポロに新たな集落を建設することの是非を、土地所有集団であるラモに住むクランに打診した。ラモ住民の多くは、今回の津波の原因はワラプの住民にあると考えていた。ワラプの男たちが海に関わる呪術を誤用したために津波が発生し、ワラプの住民も含む多くの犠牲者を出してしまったと非難した。新集落の建設許可をワラプの代表者から打診されたとき、当該の土地を所有するラモのクランの有力者たちは、ワラプからの代表者たちに「カストム」[8]を捨てるよう警告を伝えたうえで、アロポロに加えアロポロとラモとの間の土地に新たな村を作ることを認めた。しかし同時に、それらの土地の所有権は自分たちにあることを強調した。これを受け、ワラプからの避難者たちは、災害からわずか一〇日ほどで、この新たな土地バルプに集落の再建を開始した。

八月に入り、再定住地にとりあえずは土地を確保しようとする人々によって、救援物資として配布されたブルーシートを用いた仮小屋が多く建てられるようになった。土地の区割りは基本的にはクランごとにブロック化された。砂嘴上のワラプでもそうであったように、土地をクランごとに割り振っても、それぞれのブロックに暮らす男性たちは一つのクランのメンバーに限定されているわけでは決してない。

国際赤十字が、バルプ内の三カ所に井戸を掘り、手こぎ式のポンプを設置した。ワールド・ヴィジョンが、雨水貯蔵タンクの支給をすでに表明していたため、雨季を迎える一〇月頃までの間、生活用水を確保するのが目的であった。ただ、バルプ一帯は地下水脈が浅いために井戸掘りが容易である反面、その地下水が人間の活動によって汚染されやすい。あくまでも当面の策としての井戸であった。この支援によって設置された井戸水の利用をめぐって新たな問題が生じた。

人口一〇〇〇人強の集落に設けられた井戸はわずか三カ所で、さらには土地の所有権は被災者であるバルプ住民には無い。雨季を迎える以前に、水をくみ上げるポンプ二基は破壊され、井戸の中にはゴミが投げ込まれて使用できなくなってしまった（図3－2）。住民自身が多くを語りたがらないため、直接の原因と経緯について明らかにすることはできなかったが、水不足と水の使用をめぐっての小競り合いが頻発していたとのことである。正確な人口の把握や集落内での地域割りについて理解せずに、アロップ1やアロップ2と同様に、一律三基の井戸を提供した支援者側にも問題が無いとはいえないが、土地を持たないが故に、他者の土地に用益権を得て、畑作や狩猟そし

図 3-2　壊されたまま放置された井戸

て今回の災害では居住地を移さなければならないバルプ住民（ワラプ村からの避難者）という背景が色濃く影を落としているようである。

ワラプからの被災者の一部はアロポロにも移住しており、川によってラグーンと結んでいるアロポロはバルプ住民にとっても船着き場の役割を果たしている。アロポロとバルプ間は徒歩で三〇分程度である。しかし漁業のための利便性と、他者の土地に住むことで生じる問題を忌避して、ラグーン沿岸のマングローブ林の奥に小さな集落を構えた人々も現れ始めた。さらには、ごく少数ではあるが、砂嘴上のワラプに家を再建して帰還した者もいる。ランパグ・クランのローラ・アヴェラの家族は、砂嘴上の旧集落に戻った一つの例である。

彼女の家族は災害後に他の村人たちと一緒にラモまで行った。避難所が閉鎖されてしばらくは、アロポロに住んでいた。津波でカヌーを失ってしまったため、ラグーンで漁業をするには誰かのカヌーを借りるか、一緒に載せてもらうしかない。その相手の都合で漁ができたり、できなかったりする。また、他人の土地に住むことは、例えば畑の開墾などにも常に何をして良いのか悪いのかの判断をしなければならない。そうした理由のため、彼女は夫と二人の子供たちと共にワラプに戻ってきた。子供たちはバルプではなくオルブルムの小学校に通わせているという。

人口の三分の一以上を津波で失ったため、生存者はより安全な場所への定住を選択するだろうと考えがちであるが、他集落が所有する土地に住むことに伴って顕在化した問題を忌避する以外にも、住み慣れた場所であることや、亡くなった親族との思い出の場所であることが、旧集落の跡地に生存者を再び引き寄せる理由ともなっている。ライノ・クランのクリス・モアレは、二〇〇一年にアロポロからワラプに戻り、自宅を再建した。「死んだ兄弟姉妹の世話をする」ためだという。「兄弟姉妹」とは同じクランの同世代メンバーを指す。彼らの墓はワラプにある。

（2）オルブルムのケース

すでに述べたようにオルブルムは高台にあるため、シサノ村から約二〇〇〇人の住民が、続く余震と津波を警戒して避難してきた。カトリック教会は、シサノ・ラグーン一帯の中心的機能をオルブルムに与えるべく、ほぼ地理的中心地となる二つの丘に小学校と保健医療サブセンターを再建した。アムソルに住んでいた九つのクランが、オルブルムからロウォイにかけての一帯にそれぞれの土地を所有しているため、他の集落からの避難者は別のクランの土地に住むことになった。やがてニマスからの生存者はウィポンへ、ロウォイに土地を持つアムソルからの生存者も転出し、マインドロンとマイニャールの一部の人々がオルブルムに残った。アムソルからの避難者が大多数を占めるが、二〇一二年末の時点で約一〇〇〇人が暮らしていた。

オルブルムは高台であることから生活用水の確保が難しいうえ、村内の移動には斜面を上り下りしなければならない。雨が降れば道はぬかるみ、移動はさらに容易ではなくなる。ここでも姻族関係を中心とした社会関係の中で、他のクランの土地に住んでいる場合がかなりある。ほとんどが傾斜地であることもあって、新たに畑を開墾することはほとんどなく、それぞれ自分たちの土地にある畑まで出かけていかなければならない。災害直後は、地震や津波に対する警戒心から高台にあるオルブルムへ大勢の人々が避難してきた。そしてそこには被災地では最大規模の学校と医療施設も建設された。しかし、時間の経過と共に日常生活の利便性を求め、また土地をめぐっての争いを回避するため、自らのクランの土地や、災害前に同じ集落で暮らしていた人々の土地へと多くが移っていった。

シサノのマインドロン集落からオルブルムに避難した人々のほとんどは、二〇〇三年八月までに沿岸の元の集落

図 3-3　沿岸のマインドロンまでカヌーで下校する小学生たち

に戻っていった。マインドロンの子供たちはオルブルムの小学校に毎日カヌーを使って通学している（図３－３）。マプクアン・クランのバイス・アコイは、土地が平坦でないことと、地主との関係がうまくいかなかったことを、沿岸の旧集落へ戻ってきた理由に挙げている。しかし彼はここを永住地とは考えてはおらず、津波に対してより安全な土地を州政府が与えてくれることを期待している。

オルブルムに土地を所有する旧アムソル村のクランと、他集落からの被災者との間だけでなく、学校教師や医療スタッフたちも、勤務する施設に付随した住宅が建つ土地の所有者たちとの関係が悪化していることを嘆いている。借地料の要求に対しては施設の所有・管理者であるカトリック教会が対応すべき問題ではあるが、その要求を直接向けられるのは教師や看護士そしてその家族である。さらには、校舎の増築にも地主から借地料が求められているとのことである。

（３）ワウロインのケース

ワウロインの住民は、災害前にはアロップ２の集落に住んでいた。災害直後、生存者たちはアロップ１の住民と共にポウに避難したが、避難所の閉鎖に伴って自分たちの畑があるワウロインに移動した。ワウロインは、シサノ・ラグーンからはプパ川を経てワウロイン川を遡上した両岸に広がる一帯を指している。ここに再定住したのは、災害以前も同じ集落に暮らす人々であるため、先に述べたバルプやオルブルムのように、住民間に土地をめぐっての問題は発生しないと考えられがちであるが、状況はそう単純ではない。

まず、砂嘴上にあったアロップ2の土地区分について見てみよう。アロップ2の集落は四〇メートルから八〇メートルの幅で各クランに割り当てられており、住民が住まなくなってからもその土地権は保持されている。それぞれの境界の目印として海側とラグーン側に樹木があり、中には切り株だけが残っているものもある[9]。このようにクランの土地は明確化されているわけであるが、それぞれのブロックに住んでいたのはそのクランのメンバーとその配偶者に限られていたわけではない。アロップ2に土地を持たないクランのメンバーが、別のクランの土地に住んでいた例や、クランの土地がありながら、妻や母親のクランの土地などに住む例はかなりあった。

ワウロインの再定住地は、畑地として利用していた一帯のうちの川沿いの限られた範囲である。クランの中には、この新たな集落内には土地を持たないため、別の集団の土地に住宅を再建したケースも少なくない。例えば、イヨウ・クランの土地は川から離れているため、川に隣接するヤクバル・クランの土地に住み、セリエール・クランの場合、土地はさらに上流にあるため、マイケレ・クランの土地に住んでいる[10]。そしてこの新集落から自分たちの土地にある畑まで農作業のために通っている。

二〇〇四年八月から九月にかけて二週間、私はワウロインに滞在した。八月に入ってから雨はほとんど降っていなかったため、集落内の雨水を濾過する六基の貯水タンクの水の残量はもうわずかしか無かった。小学校にある一〇基の貯水タンクの水を住民も使うことはできるが、こちらも残量がかなり減ってきていた。集落内の貯水タンク六基は、災害復興支援としてワールド・ヴィジョンやその他の国内外の組織・団体から寄付されたものである。これら以外にも、雨水を集める部品が欠如しているタンクが、使われないまま放置されていた。赤十字社が掘った井戸も三箇所にあったが、ポンプが壊れたり水が溜まらなくなったりして、既に放棄されていた。私が滞在していた家の近くにある貯水タンクの蛇口には、水の無駄遣いをなくすために錠がつけられており、その鍵の管理は職業訓練校の地元出身の教師に任されていた。

滞在中のある日の午後、その貯水タンクの近くで数名の男女の言い争うような声が聞こえた。水を取りに来た少し下流に住む女性が、蛇口に錠がかけられて使用できないことに対して、「どの貯水タンクの水を使おうと何ら制限は無いはずなのに、錠をかけているのは自分たちの占有を主張することであり、それは間違っている」と鍵の管理をしている教師の家族を批判し、それに対してこのタンクの近くの住民たちが、貯水タンクは集落内に分散しているのだから、それぞれの近くのタンクを利用すべきだと反論していたのである。この時に、小学校の貯水タンクの水は誰でも使ってよいが、集落内のタンクはそれぞれが建つ土地の地主であるクランに管理が任されている以上、誰もが勝手に使えるものではないことや、問題の貯水タンクがマエケレ・クランの土地にあり、鍵を管理している教師はこのクランの成員であること、あるクランの土地に畑を作るにはそのクランの成員から了承を得なければならないのと同様に、貯水タンクの水を使うにもそれが設置されている土地の所有クラン、少なくともタンク近くの住民の了承が必要であることなどが意見として出された。それらに対し、水を汲みに来た女性は、集落内の貯水タンクはそれぞれが特定のグループに寄贈されたものではなく、すべて集落に寄贈されたものであるのだから、住民の誰もがどの貯水タンクを利用するのも全く自由である、と主張した。結局この女性は、さらに上流にある小学校まで水をもらいに行った。この貯水タンクの利用をめぐる問題は、私の知る限り、これ以上、議論されることはないまま、数日後の夜間に降り出した雨が翌日の昼頃まで降り続き、蛇口の錠も取り外された。

乾季の水不足は、災害後の再定住地ではじめて現れたことではなく、かつてラグーンと海の間の砂嘴に集落があった頃も深刻な問題であった。万が一、貯水タンクの水が無くなった場合は、ワウロイン川を現在の集落よりもさらに上流まで遡り、川の水を汲み、それを煮沸して飲んでいた。

換金作物としてのバニラの導入

ワウロインに限らず、土地の所有権に関連して新たに生じた問題に、バニラの栽培がある。換金作物としてのバニラ栽培は、住民にとっての現金収入源を確保し、災害からの生活再建そして地域経済の自立的発展まで視野に入れた支援策として導入された。しかし、栽培技術指導や販路の開拓などが伴わず、むしろバニラ畑の急速な拡大により、土地の権利に関わる問題を深刻化させたといわざるを得ない。

アイタペ津波災害が発生する以前、被災した集落ではコプラやカカオが重要な収入源であった。そして、災害後に新たに導入され、被災者の関心を強く引いたのがバニラであった。バルプやアロップの集落で聞いた話によると、一九九八年後半にバルプに住むエリアス神父がバニラの苗木を最初に被災地にもたらした。その翌年、ワールド・ヴィジョンが被災者の生活再建策の一環として、再定住先となった内陸の集落を巡り、栽培意欲を示した世帯に苗木を配布した。

換金作物としてのバニラは、パプアニューギニアでは、既に一九九〇年代始めから東セピック州を中心に栽培が開始されていた。全世界の収穫量の七割から八割を占めるマダガスカルが、二〇〇〇年三月から四月にかけてサイクロンの被害を受け、収穫量が大幅に減少した。それを受けて、パプアニューギニア、ウガンダ、インド、コスタリカ、コロンビア等で作付けが増大していった。しかしバニラは、苗木を植えてからいわゆる「バニラビーンズ」が十分な大きさに成長して収穫できるまで、三年から四年かかる。その間、市場価格は高騰し、多少品質は劣っても高値で取引される状況にあった。ウェワク近隣の集落で、バニラ栽培で成功した者の羽振りの良さを語る話が、噂として被災地にも到達した。バニラの国際市場での高値が続いているときであり、被災地ではほとんどの人々がバニラ栽培に強い関心を示すようになった。

サンダウン州の第一次産業局もバニラ栽培を奨励し、栽培技術の講習会をアイタペやヴァニモで開催した。し

図 3-4　バニラの人工授粉

図 3-5　成長したバニラビーンズ。これを乾燥させて出荷する

かし受講料や会場までの交通費を出してまで、講習に参加する者は被災地からはほとんどいなかった。ワールド・ヴィジョンは一世帯あたり苗木を一〇本程度配布しただけで、栽培技術指導は一切おこなわなかった。被災地の住民たちの中には、ウェワクやマダンに出かけた折に、親戚や知人から苗木を分けてもらって持ち帰る者もいたが、入手ルートは限られていた。地域内での栽培技術の普及も、おもに人づてに伝わっていく状況であった（図３－４）。

二〇〇三年七月頃には、ヴァニモに店を構えるパピンド商店は、乾燥させたバニラビーンズをキロ単価六五〇キナで買い取っていた。国境を越え、インドネシアのジャヤプラまで持っていけば七〇〇キナから八〇〇キナになるといわれていた。パプアニューギニアでは、二〇〇〇年から二〇〇四年までの間に、バニラの栽培量が一三二パーセント増加し、二〇〇三年には世界総生産の一〇パーセントを占めるまでになった。二〇〇二年から二〇〇三年頃には、被災地でも、バニラビーンズがやっと出荷できるサイズにまで成長するようになった（図3－5）。しかし皮肉なことに、マダガスカルのバニラ生産が持ち直し、低品質のパプアニューギニア産のものは国際市場価格も下がり[11]、その結果、ヴァニモでの買い取り価格も二〇〇四年にはキロあたり六〇キナから七〇キナと、一年前の一〇分の一にまで下がってしまった。こうした買い取り価格の急激な下落が、被災地ではヴァニモまでの運送費もかかることから人々の栽培意欲を削ぎ、バニラ畑の放棄も多数見受けられた。

津波災害の翌年にあたる一九九九年に、ワウロインでは最初のバニラが畑に植えられた。ワールド・ヴィジョンが配布したものであったが、一世帯あたり一〇本も無かったという。二、三名の男たちが、ウェワクなどから持ち帰った苗木を追加して植えたが、それでも数十本程度であった。これら最初のバニラは、栽培方法もわからず、ほとんどが枯れてしまったり、受粉に失敗して実を付けなかったりした。二〇〇〇年からは、毎年一〇〇本以上を植える者が増え、二〇〇四年九月初旬の調査時点では、六〇名がそれまでに一万一四四六本の苗木を畑に植えていた。バニラ畑は、家の近くの空き地を利用した小規模なものから、集落から離れた土地に新たに開墾したものまで、その作付面積やバニラの本数も様々である。中にはそれまで野菜づくりをしていた畑を、バニラ畑に転作したものもある。

バニラ用の畑を開墾するにあたり、地主との間に借地料の支払い問題が生じたケースがいくつかあった。生産者からの買い取り価格が高騰を続けている時であったため、土地を貸した側も将来の収入を見込んで、収穫したバニラビーンズを売った時点での借地料の支払いを承諾していた。売り上げの何パーセントという場合と、作付け本数で借地料が決められた場合とがあった。しかし、既に述べたように、マダガスカルでのバニラ生産の持ち直しにより、パプアニューギニア産バニラの国際市場価格が下落し、ヴァニモでの買い取り価格も急激に下がってしまった。二〇〇四年にはまだ、価格の上昇を期待して新たな作付けが行われていたが、翌年になっても買い取り価格は一向に上がる気配を見せず、二〇〇六年にはヴァニモで唯一バニラ買い取りをしていたパピンド商店も取り扱いを止めてしまった。

バニラでの現金収入を期待していた生産者の落胆もさることながら、借地料を得る見込みを失った地主たちの矛先は、「賠償 compensation」請求となって畑の開墾者に向けられかけたが、一種のあきらめムードも漂っていた。二〇〇九年七月の調査時点で、バニラ栽培は放棄され、畑は別の作物への転作や、中には放置されたままのものもあった。再びカカオ栽培に現金収入の可能性を見いだそうとする者もいた。津波災害後の復興期は、被災地の誰もがバニラについて語り、現金収入手段として期待し、将来の生活に夢を膨らませた時であった。

5　おわりに

パプアニューギニアでは、政府などの公的機関や外国人に譲渡された土地以外の、全国土の九七パーセントの所有権は個人ではなく、出自・居住・共同活動への参加などに基づいた集団所有となっている。そして土地の所有権は集団間で移ったり、集団の分裂やそれに伴う移住によって所有権そのものが曖昧であったりする。

現在のように石油や鉱物、木材などの天然資源開発や観光開発のプロジェクトが盛んになる以前より、土地をめぐる紛争はパプアニューギニア各地で頻発していた。しかし、こうした開発が進む地域では、プロジェクトが「慣習的土地所有者」に多くの利益をもたらすことが広く認識されるようになり、それまで無料で貸してきた土地に対して、借地料や賠償金を請求するケースが多発している。

本稿で取り上げた一九九八年アイタペ津波災害被災地の復興過程でも、道路建設や集落移転、さらには畑の開墾に関連して、土地の権利をめぐる対立や借地料・賠償金の請求が問題化してきた。近年では、パプアニューギニアにおける集団による慣習的土地所有を、貧困対策や経済発展の阻害要因として指摘し、土地の個人所有化と登記化を推進すべきであり、オーストラリアの太平洋諸国への開発支援もその方向性を持たせるべきとする立場と、慣習的土地所有を維持しても発展は可能であると主張する立場の間で議論が交わされている［Gosarevski, S. et al. 2004; Weiner and Glaskin 2007 など］。慣習的土地所有が被災地復興支援策においても課題であることは確かであるが、慣習的土地所有を前提として、復興支援計画や防災開発計画を策定し実施することが、これまで十分に検討されてきたとは言い難い。土地の個人所有化や登記化に短絡的に向かうのではなく、復興支援や防災開発をふくめた災害対応においても、先進国で開発されたマニュアルや技術の単なる移転ではなく、歴史的に形成された社会システムや価値観を正確に把握し、それらに適した対策を講じることが求められている。

アイタペ津波災害後、パプアニューギニア大学地質学教室が実施したワラプ村の二カ所でのボーリング調査の結果、この地域はおよそ九〇〇年前と四〇〇年前に大規模な津波に襲われていることが判明した［Davies et al. 2002］。太平洋プレートがオーストラリア・プレートの下に沈み込む南側にニューギニア島は位置し、北岸では大きな河川の河口から沖に向かって、その河川によって運ばれた土砂が海底に堆積している。今回の津波災害のように、地震が海底地滑りを引き起こし、それによって増幅した津波が沿岸を来襲したことが過去にはなかったとはいいきれない。そして、地質調査によって確認し得る以上の回数の津波がこれまでに発生し、そのたびに住民は内陸に避難し、やがて沿岸に戻るということを繰り返してきた可能性は十分あり得よう。一四世代前に大津波が発生し、多くの死者が出たとの口頭伝承と、その時に内陸山間部のルミまで運ばれていき、後に再び沿岸部の村に持ち帰ったという櫂がアロップ２（ワウロイン）の集落に存在する。このように、津波災害の頻発地帯であることは、伝統的文化の中でも伝えられてきている。

アイタペ津波災害後、災害管理局（National Disaster Management Office）[12]は、神戸にあるアジア防災センター[13]とパプアニューギニア大学地質学教室の協力を得て、英語版とピジン語版の津波防災ポスターを制作し、津波災害の危険性が高い北岸一帯と島嶼部の集落に配布した。そのポスターには、海岸から八〇〇メートル以上離れているか、小高い場所ならば、津波が発生しても安全と記されている。八〇〇メートルというと、シサノ・ラグーンの砂嘴のもっとも嗝があるところよりもさらに𠮷い。すなわち、砂嘴上に住めば、津波に対する安全性は保障されないことになる。災害直後には、沿岸の被災者は内陸や小高い丘に避難し、再定住地としてそこに建設された集落には、小学校や医療施設が再建されたことは本稿で紹介した。子供の学校教育や保健医療サービスの必要性を認め、そのための再定住地が持つ利便性と安全性が、砂嘴上に住むことの利点よりも優ると住民が考える限りは、彼らは内陸や高台に住み続け、結果として津波災害に対する脆弱性は減じられるといえよう。しかし、土地をめぐる問題や、復興と共に地域の経済的発展を促進するものとして導入されたバニラ栽培の失敗など、日常生活での利便性や安定を求めて再び砂嘴上に人々を引き戻す要因は複数存在し、すでにシサノのマインドロンのようにほとんどの住民が戻っている例すらある。単に防災の観点のみから、生活のあり方を決定し実行できないところに、防災の難しさがある。とりわけ「慣習的土地所有」をどのような観点から捉え、対処するかの重要性は高い。同時に、移住などにより土地を持たないがために、不利に条件づけられた人々がいることも、パプアニューギニアのケースに限らず、防災を含めた開発・発展を考える際に無視はできない。

注

（1）救急救命活動の遅れに関しては［林 2003: 252-254］を参照。

（2）海洋科学技術センターは、二〇〇四年四月一日に解散し、同時に独立行政法人海洋研究開発機構が発足した。二〇一五年四月には、名称を国立研究開発法人海洋研究開発機構に変更した。

（3）マロールでの使用言語はエスノ語であるが、Laycock によると、一九世紀中ごろに内陸からの難民として受け入れられたオネ

（One）語を母語とする人々の子孫も存在し、いくつかの語彙は残っているという［Laycock 1973: 252］。

（4）一九〇九年一一月にこの地方を訪れたアメリカ人の人類学者 Albert B. Lewis は、中州の水没で多くの人命が失われたと記述しているが［Welsch 1998:128］、パプアニューギニア大学地質学教室の Hugh Davies は、この沈下は緩慢なものであったため死者は出なかったとしている［Davies 1999: 43］。

（5）経緯については、「集落移転と土地問題」（九八ページ）を参照。

（6）オルブルムは、他の避難所に比べると沿岸に近いが、いくつかの小高い丘からなる土地で、津波から助かった人々にとっては安心感の持てる場所であった。そして、ヨーロッパ連合の支援を受け、被災地では最大規模の小学校と医療施設が丘の頂きに建設された。

（7）サンダウン州政府は、緊急復興予算としての二〇〇万キナを行政区委員会の裁量としたにもかかわらず、行政区委員会がこの復興資金を受け取ることはなかった。そもそもこの二〇〇万キナは、当時の首相ビル・スケイトが設立した「アイタペ津波国家救援基金」からサンダウン州へ渡されるはずのものであったが、複数の国会議員が被災地視察のために使用したヘリコプターのチャーター代に消えてしまったともいわれている（Relief Web 18 Jul 1999）。スケイトは、経済政策への批判を受けて、一九九九年七月七日に辞職した。

（8）「カストム」は広くは伝統的な文化・慣習を指すが、ここではワラプ住民が持つと信じられている呪的力について語っている。

（9）東より、メイウエ、シブロン、マイケレ、ウルヤン、（マエケレとウルヤンの聖地）、アルプーン、ノパウ、カマイル（ラビノイとイヨウの二つサブ集団から成る）、ケウェウエ、セリエール、マイエルとヤクバル、マンジェロインとノエール、そしてマイエルとヤクパルの聖地である。

（10）イヨウ・クランはアイタペ沖のトゥムレオ（Tumleo）島から、セリエール・クランはシサノのニマス集落からの移住者の系譜にあるといわれている。

（11）二〇〇五年一〇月の時点での、各国のバニラビーンズの価格は次のとおりであった。カッコ内は評価品質。マダガスカル産一一四・九九米ドル（スーパーロング）、ウガンダ産　七五・九九米ドル（ロング）、インドネシア産　五四・九五米ドル（長さ不揃い）、パプアニューギニア産　四二・一〇米ドル（長さ不揃い）。

Amadeus vanilla Beans〈http://www.amadeusvanillabeans.com/store/〉（最終確認日二〇〇五年一〇月一〇日）

（12）アイタペ津波災害後、災害危機管理庁（National Disaster and Emergency Services）は名称を災害管理局（National Disaster Management Office）さらには災害対応センター（National Disaster Centre）に変更し、スタッフも増員され、災害発生後の対応に加えて防災意識啓発の教育の推進や、他の政府機関及びＮＧＯ等の団体との連絡・調整なども活動に位置づけるようになった。

（13）アジア地域における多国間防災協力を推進し、各国・関係機関の防災専門家の交流、防災情報の収集・提供、多国間防災協力に関する調査研究等の活動を行うため、兵庫県神戸市に設けられた。同センターはパプアニューギニア防災局の職員一名を二〇〇一年六月から半年間研修員として受け入れた。

参考文献

AusAID（Australian Agency for International Development）

1998 *Plan of Action for Recovery of Tsunami-Affected Communities of Sandaun Province: Draft Plan and Report.*

Bennett, Judith A.

1994 Holland, Britain, and Germany in Melanesia. In Howe, K.B., Robert C. Liste, and Brij V. Lal eds, *Tides of History: The Pacific Islands in the Twentieth Century*. Honolulu: Univ. of Hawaii Press, pp.40-70.

Davies, Hugh L.

1998 *Tsunami PNG 1998: Extracts from Earth Talk.* Waigani: University of Papua New Guinea. Davies, Hugh L., Oliver Simeon, Jocelyn Davies

2002 *Progress in Tsunami Research: A Report to the People of Aitape.* University of Papua New Guinea.

Davies, Hugh L., J.M. Davies, R.C.B. Perembo and W.Y. Lus

2002 The Aitape 1998 Tsunami: Reconstructing the Event from Interviews and Field Mapping. *Pure and Applied Geophysics* Vol.

160, No. 10-11, pp.1895-1922.

Donohue, Mark

2003 Agreement in the Skou Language: A Historical Account. *Oceanic Linguistics* Vol. 42, No. 2: 479-498.

Gosarevski, S., H. Hughes and S. Windybank

2004 Is Papua New Guinea Viable with Customary Land Ownership? *Pacific Economic Bulletin* 19(3): 133-136.

林　勲男

2003 「災害対応に見る脆弱性―１９９８年アイタペ津波災害からの復興支援と被災者―」山本・須藤・吉田編『オセアニアの国家統合と地域主義』（JCAS 連携研究成果報告６）239-274。

Huber, Mary Taylor

1988 *The Bishops' Progress: A Historical Ethnography of Catholic Mission Experience on the Sepik Frontier.* Washington, D.C.: Smithsonian Institution Press.

1990 The Bishops' Progress: Representations of Missionary Experience on the Sepik Frontier. In Nancy Lutkehaus et al, eds, *Sepik Heritage: Tradition and Change in Papua New Guinea.* Bathurst: Crawford House Press, pp.197-211.

Kawata, Y., Y. Tsuji, H. Matsutomi, F. Imamura, M. Matsuyama and T. Takahashi

1999 *Field survey on the 1998 tsunami in the northwestern area of Papua New Guinea*. Report for Grant-in-Aid for Scientific Research (B)(1), Ministry of Education, Science, Sports and Culture, Japan.

Laycock, Donald C.

1973 Sisano, Warapu, and Melanesian Pidginization, *Oceanic Linguistics* 12:245-277.

1973 *Sepik Languages: Checklist and preliminary Classification*, Dept. of Linguistics, Research School of Pacific Studies, the Australian National University.

Lutkehaus, Nancy C.

1999 Missionary Maternalism: Gendered Images of the Holy Spirit Sisters in Colonial New Guinea. In Mary Taylor Huber and

Nancy C. Lutkehaus, eds, *Gendered Missions: Women and Men in Missionary Discourse and Practice*, Ann Arbour: University of Michigan Press, pp.207-235.

牧紀男、林勲男、林春男

1999　「１９９８年７月17日パプアニューギニア津波の災害対応―社会のフローの安定とストック回復」『地域安全学会論文集』1 : 195 – 200。

National Disaster Management Office

n.d.　*Disaster Situation in Papua New Guinea*

Parkinson, R.

1979　The Aitape Coast. In People of the West Sepik Coast (translated from German by Father John J. Tschauder, SVD). Papua New Guinea National Museum and Art Gallery Record 7:35-107.

Synolakis, C., J.P. Bardet, J. Borrero, H. Davies, El Okal, E. Silver, S. Weet, and D. Tappin

2002　The Slump Origin of the 1998 Papua New Guinea Tsunami. *Proceedings of the Royal Society* A458:763-789.

Taylor, Paul R. P., David L Emonson and James E Schlimmer

1998　Operation shaddock - the Australian Defence Force response to the tsunami disaster in Papua New Guinea, *Medical Journal of Australia* 169:602-606.

Terrell, John and Robert L. Welsch

1990　Trade Networks, Areal Integration, and Diversity along the North Coast of New Guinea, *Asian Perspectives* 29(2):155-165

1992　Language and Culture on the North Coast of New Guinea, *American Anthropologist* 94:568-600.

Weiner, James F. and Katie Glaskin (eds)

2007　*Customary Land Tenure and Registration in Australia and Papua New Guinea: Anthropological Perspectives* (Asia-Pacific Environment Monograph 3). Canberra: Australian National University Press.

Welsch, Robert L.(ed.)

1998 *An American Anthropologist in Melanesia: A.B. Lewis and Joseph N. Field South Pacific Expedition 1909-1913*. Honolulu: Univ. of Hawaii Press.

Wurm, Stephen A.
1982 *Papuan Languages of Oceania.* Tubingen: Gunter Narr Verlag Tubingen.

（オンライン文献）

Aitape Diocese Rehabilitation Committee
"Tsunami" Aitape Diocese Rehabilitation Committee Report
http://www.rtapng.com.pg/tsunami/rehab/Rehab%20report.html（最終確認日二〇一三年九月一一日）

Allen, B.J.
Frost and Drought in Papua New Guinea in 1997
http://coombs.anu.edu.au/SpecialProj/PNG/htmls/html（最終確認日二〇一三年九月一一日）

Allen, B.J. and R.M. Bourke
Report of an Assessment of the Impacts of Frost and Drought in Papua New Guinea
http://coombs.anu.edu.au/SpecialProj/PNG/htmls/AllenBrourke.html（最終確認日二〇一三年九月一一日）

Davies, H.L., J.M. Davies, R.C.B. Perembo, N. Joku, H. Gedikile and M. Nongkas
Leaning from Aitape Tsunami
http://nthmp-history.pmel.noaa.gov/its2001/Separate_Papers/2-10_Davies.pdf（最終確認日二〇一五年一〇月二六日）

Donohue, Mark
An Introduction to the Skou Language of New Guinea.
http://courses.nus.edu.sg/course/ellmd/Skou/Skouintro/Skouintro.htm（最終確認日二〇一三年九月一一日）

Hayashi, I. et al

Aitape Tsunami Disaster 1998 in EqTAP Digital City/Tool Box

http://eqtap.edm.bosai.go.jp/planning/project/section5/3/（最終確認日二〇一三年九月一一日）

海洋科学技術センター

「深海調査研究船『かいれい』によるニューギニア島北岸沖精密地球物理調査の結果及び深海探査機『ドルフィン―３Ｋ』による調査の実施について」

http://www.jamstec.go.jp/j/about/press_release/1999/19990129/（最終確認日二〇一五年一〇月二六日）

深海探査機「ドルフィン―３Ｋ」及び支援母船『なつしま』によるニューギニア島北岸沖精密海底調査の結果について」

http://www.jamstec.go.jp/j/about/press_release/1999/19990329/（最終確認日二〇一五年一〇月二六日）

ReliefWeb

http://www.reliefweb.int（最終確認日二〇一三年九月一一日）

Religious Television Association of Papua New Guinea

"Wave" A Television Documentary on Aitape Tsunami Tragedy

http://www.rtapng.com.pg/tsunami/wave.html（最終確認日二〇一三年九月一一日）

第4章

集落移転と文化的環境の再創造：

南インドのインド洋大津波被災地の事例から

深尾淳一
FUKAO Junichi

1 はじめに

地震や津波などの大規模自然災害は、被災地域の人々の生命・生活に壊滅的な打撃を与える。これらの災害により、直接的、間接的なかたちで多くの人々の生命が奪われ、また、食糧や燃料、衣服などの生活必需品の損失や、電気、水道、交通機関などのライフラインの分断により、人々の生存が危機にさらされる。さらに、農地や漁船、市場、また、流通経路などにも被害が及ぶと、被災後の生活を支える経済的基盤にも、多大な影響がもたらされることとなる。これらの物質的被害に加えて、災害の再発への恐怖や、援助への生活の依存など、被災者個々人の心理的な側面への影響も見逃すことはできない。さらに忘れてはならないことは、これらの災害は、被災した村や集落の文化的環境にも、無視することのできない影響を及ぼすということである。

ここでいう文化的環境とは、衣食住や経済的基盤などといった物質的な要素と決して対照的なものではないが、宗教や社会構造などといったより非物質的な部分に焦点を当てたものである。そして、被災地の復興を考えるとき、この文化的環境についても十分に視野に収める必要がある。

特に、村や集落を現状の場所で回復させることが困難なレベルにまで被害が達し、別の土地への住居移転を余儀なくされるような場合、まったく新たな環境の下での生活の再建をはかる上で、文化的環境に関する問題はとりわけ重要なものとなってくる。にもかかわらず、災害復興において、その重要性は十分に認識されているとはいいがたい。

本論では、二〇〇四年に発生したインド洋大津波で被害を受けたインド南部の被災地の中でも、集落のほぼ全体の移転を余儀なくされた三つの事例を取り上げ、そこで文化的環境の問題がどのように取り扱われ、いかなる課題があるのかについて、考察を加えてみたい[1]（地図４－１）。

地図 4-1　インド南部の被災地

2　災害と復旧・復興活動の概要

二〇〇四年一二月二六日、現地時間七時五八分（協定世界時で零時五八分）に、インドネシア、スマトラ島の北西約一六〇キロメートルの海底、深さ約三〇キロメートルを震源とする、マグニチュード九・〇を超える規模の地震が発生した［U.S. Geological Survey 2009］。この地震で引き起こされた津波は、時速約七〇〇キロメートルの速さで、ベンガル湾、インド洋を駆け巡り、この海域に面する一四の国に被害を与え、地震と津波をあわせて、二五万人近くもの人々の命が奪われることとなった。

本稿の対象地域となるインドでも、津波発生から二時間から四時間半後にかけて、少なくとも三波の津波が押し寄せ、ベンガル湾海中のアンダマーン＝ニコーバール諸島はもとより、インド本土の南東海岸部から南西海岸部のオリッサ州、アーンドラ＝プラデーシュ州、タミルナードゥ州、ケーララ州、連邦直轄地のプドゥッチェーリ（旧名ポンディチェリー）などの地域に多大な損害を与えた。インド全体の死者は、一万二〇〇〇人を超え、行方不明者は五〇〇〇人以上、家を失った人は約六五万人にのぼるとされている［Government of Tamil Nadu 2005c: 13］。

津波の第一波は、早い所ではインド現地時間の八時三〇分〜四〇分ごろにインドの南東海岸部に到達した。第一波以上に、第二波、第三波の方が規模が大きかったとの証言もある。場所によってかなり差はあるが、津波の遡上高は多くの場所で三〜四メートルにまで達し、最大では八メートル台となったと考えられるところも見られた。遡上距離は、多くの場所で一五〇〜四〇〇メートルを記録し、被害の大きかったナーガパッティナム（Nagapattinam）市の一部などでは、一キロメートル近く内陸にまで到達したとの記録がある。(2) 海岸から二〇〇〜三〇〇メートル圏内にある、葦や萱のような素材でつくられた簡素な住居は、そのほとんどがほぼ跡形もなく破壊された。コンクリート製の住居の場合、海岸にかなり近い所でも、外壁が姿をとどめていたものはあったが、住居内部は激しく損壊し、居住が不可能となったものが少なくない。住居そのものに大きな被害がない場合でも、基礎部分がかなり広範にわたり洗掘を受けている例が多く見られた。

犠牲者の死因を見てみると、溺死によるものよりも、津波とともに押し流されてきた木材や漁船、建造物の破片などによる打撲や圧迫が原因であるものが多かった。前日の夜から漁に出ていて、沖にいた漁師の男性たちは被害にあわずにすんだが、当日は日曜日で、漁を休んでいたため被害にあったという漁師も少なくなかった。それ以上に、家や海岸近くにいた女性や子供たちなどの社会的弱者に多くの犠牲者が出た。また、クリスマスの翌日ということもあり、折からの巡礼者や観光客にも被害が及んだ。

電気や水道などのライフラインにも大きな影響が生じ、また、道路や橋などにも通行不可能となる箇所が出たため、避難民の移動や救援物資の運搬にも支障が生じた。電気は、一部では翌日に復旧した所もあったが、一週間近くにわたり、電気も水も十分な供給が得られなかった所が少なくなかった。家を失った被災者は、学校・集会場・結婚式場などの公共施設や、内陸の民家などに一時避難することとなった。

道路の復旧などの土木作業には軍が大きな働きを見せたが、被災者に対する緊急救援活動にすばやく対応し、重要な役割を担ったのは、地域住民に密着した活動を日頃から行ってきた組織、団体であった。それは、その地域で有力な政治団体やその下部団体であったり、キリスト教を中心とした宗教組織やその関連組織であったり、地域のNGOなどであったりと、地域によって様々であったが、津波発生の直後から、負傷者の看護、食料・水・医薬品などの物資の配給など、初期段階の救援活動において、迅速で効果的な行動を見せている。犠牲者の遺体については、その数があまりにも膨大で、身元不明者の数も少なくなかったため、集団で埋葬に付されたが、遺体の収容活動においても、地域の団体の働きは目覚しかった。

インド政府は諸外国政府からの公的な援助を断ったが、外国のNGOの活動については受け入れた。一月六日には、タミルナードゥ州政府が仮設住宅の建設を決定し［Government of Tamil Nadu 2005a］、国内外のNGOが中心となって、仮設住宅の建設が行われた。仮設住宅の多くは、トタン板などでつくられた簡素なもので、室内温度がかなり上昇し住みやすいものとはとてもいえなかった。三月三〇日に、タミルナードゥ州政府は津波住宅再建プログラムを決定し［Government of Tamil Nadu 2005b］、恒久住宅の建設が進むこととなる。恒久住宅を建設する用地は、州政府の保有地や、寺院などの所有する公共用地が州政府から供与されたが、建設の主体として中心的な役割を果たしたのは、国内のNGOであった。最も早いところでは、二〇〇五年一二月に新しい恒久住宅が被災住民の手に引き渡された。被災者の大半を占める漁民は、国内外のNGOから無償で漁船やエンジンなどの供与を受けたが、多くの場所で約六カ月近く漁に出ることはなかった。その理由としては、被災者が海に出ることに対して依然として恐怖を抱いていたことと、仮設住宅での生活が長期にわたり、日常生活の面で将来への希望が持てるような状態に戻っていなかったこと、一部の住民が無償での金品の供与に慣れ、労働への意欲を失っていたことなどが挙げられよう。

恒久住宅への移転も進み始め、新しい集落で村祭りが再開されるようになるのは、約一年半後からである。このころには、ようやく日常生活が再び軌道に乗るようになってきたことの表れであるということができよう。恒久住宅の建設も、二〇〇九年末ごろにはほぼ計画を完了する方向に向かっていたと見受けられる(3)。しかし、生活用水の確保に困難を伴う例があること、住居の構造が被災者の生活に必ずしも適したものでなかったことなど、依然として多くの問題点が残っている［BEDROC & Jordan 2012］。

3　集落移転と文化的環境——住民の対応と戦略

今回の津波により、海岸にほど近い村や集落では、そのほとんどの建造物が壊滅的な被害を受けた。被災者のための恒久住宅は、国内のＮＧＯが中心となり建設されたが、その用地の提供は州政府を介してなされ、政府の方針により、基本的に海岸線から二〇〇メートル以上離れた土地が選択された[4]。そのため、これまで海岸近くにあった漁民を主体とする集落の多くが、集落ごと内陸へと移転することになった。

漁民としては、海岸のすぐ近くに居住したほうが漁に出るためには便利ではあるが、新たに内陸につくられた集落には、一定の建築基準を満たした防災力の高い強固な住居が建設されており[5]、しかも、それが無償で提供されたため、結果的に、新しい集落への移転を受け入れる者が多かった。

災害復興のために集落移転が行われる際、衣食住など基礎的な生存に必要な環境や、生計を支える経済的環境に変化が生じるが、それにもまして、まったく新たな土地で生活する上で、文化的環境も新たにつくり直す必要が生じることも見逃せない。しかし、移転集落における生活再建において、文化的環境にまで十分な関心が払われることはあまりないといえよう。ここでは、タミルナードゥ州において集落移転を行った三つの津波被災地の例を取り上げて、住民が文化的環境の問題にどのような対応を見せたのかを考察してみたい。

（1）ウイヤーリクッパム（Uyyalikuppam）

南インド、タミルナードゥ州の州都チェンナイ（旧名マドラス）から南に約六五キロメートルの所に、原子力発電所や核関連実験研究施設の存在で知られるカルパーッカム（Kalpakkam）という町がある。このカルパーッカムに隣接して、タミルナードゥ州カーンチプラム県ティルカルクンドラム郡に属する、二五四世帯、人口一〇一五人［Kanchipuram District, Government of Tamilnadu 2005a］の小さな漁村ウイヤーリクッパム（北緯一二度二九分、東経八〇度九分）がある。

調査によると、カルパーッカムでは、津波は遡上高四・一メートル、遡上距離は三六〇メートルに及んだと報告されており［Yeh, Peterson, Chadha, Latha & Katada 2005: 6］、海岸から二〇〇メートル程度しか離れていないウイヤーリクッパムでも、九人の村人の命が失われ、村は壊滅的な被害をこうむった。

仮設住宅は、州政府とNGOの手により、あわせて二〇〇戸が建設された［Kanchipuram District, Government of Tamilnadu 2005b］が、二〇〇五年七月にはこの仮設住宅が火災にあうなど、被災者にとっては二重の災難に見舞われている。恒久住宅は、その建設用地として海岸から二五〇メートル以上内陸の土地が州政府から供与されたため、かつての集落からは約一キロメートル離れた新しい場所に集落を移転することとなった。建設を担当したのは、ワールド・ビジョン・インディアであり、二〇〇六年一〇月二一日に二七八戸の恒久住宅からなる新集落が完成し、住民に引き渡された［Kanchipuram District, Government of Tamilnadu 2005c］。ほかにも、ワールド・ビジョンは、この新集落に運動場や集会所を建設している。

興味深いのは、この新しい村に、ヒンドゥー教の寺院が新たに建立されたことである。それは津波から約一カ月後に、被災者救援の慈善事業を行うため個人的にこの村を訪れた、バンガロールの一人の篤志家により、住民の要望を受けて建立されたものであった。この寺院の元になったのは、かつての村にあったウーットゥカーッタンマン寺院（Uttukattamman Temple）であった。ウーットゥカーッタンマン寺院は、津波発生の八年ほど前に金の神像が盗難に遇って以来、信者も減り寂れた状態になっていた。住民は、その寺院を新しい村に再生してもらうことを望んだのである。七〇万ルピーをかけて建築された新しいウーットゥカーッタンマン寺院は、以前の小さな祀堂のような寺院（図4-1）とはうってかわって、大きな塔を持つ立派な寺院へと生まれ変わり（図4-2）、新集落の完成に先立つ二〇〇五年八月三一日に落成した。住民がこの寺院の建築を、その篤志家に要望した背景には、恒久住宅の建設に携わっていたワールド・ビジョンに、さらに寺院の建設まで要望することは過度の期待であり、ましてや、ワールド・ビジョンはキリスト教系NGOで、ヒンドゥー教寺院の建設は望むべくもないことであるとの考えがあったためである。同時にワールド・ビジョン側も、恒久住宅とともに運動場や集会所をつくることはあっても、寺院の建設にまでは視野が及ばなかったという側面もあろう。ところが、住民にとっては、新たな村での生活再建

図 4-1　旧ウーットゥカーッタンマン寺院

図 4-2　新ウーットゥカーッタンマン寺院

に不可欠な文化的環境として、ヒンドゥー教寺院の存在が求められたのである。

新しいウーットゥカーッタンマン寺院では、毎日の礼拝も定期的に行われるようになり、新しい集落の生活再建のシンボルとなっている。十年近く行われていなかった年に一度の寺の祭りも、二〇〇六年から再開され、祭りの時期には、村外に住む親戚たちもこの村に呼び寄せて盛大に祝うようになった。かつては、こうして親戚が一堂に会する機会はほとんどなかったという。この寺院は、新たな土地に移転した集落にとって不可欠な要素である集落の内外の人々の結びつきを再生、再構築する重要な役割を果たし、コミュニティ再生のひとつの核として機能しているということができる。

一方で、ワールド・ビジョンは、住民中のキリスト教徒は少数であるにもかかわらず、この村に三つの小さなキリスト教教会を新設している。村で大多数を占めるヒンドゥー教徒の中にも、以前から近隣の教会へ通うことを習慣としているものは少なくなかったが、新しい村では、日曜日ごとに教会の牧師が各家を回り礼拝を行うという、これまでにはなかったかたちでのキリスト教の活動が見られるようになった。村では、このような活動に嫌悪感を示す人の声は聞かれなかった。住民の話からは、新たな村を建設してくれたＮＧＯに恩義を感じその行動を黙認しているというよりは、むしろ、ヒンドゥー教徒としてのアイデンティティは保ちながらも、キリスト教にも親近感を抱くようになった様子がうかがわれる。

集落移転により生まれた、これまでと大きく異なる環境のもとで新たなむらづくりを進めていく中では、基礎的な生存に必要な環境や、経済的環境だけでなく、慣習や宗教などと結びついた文化的環境にも大きな変化が生じることとなる。それは、ここウイヤーリクッパムの場合、ヒンドゥー教寺院の復興というかたちで、住民が能動的に創造した新たな文化的環境もあれば、集落移転に関わった援助団体から受動的に受け入れた新たな文化的環境もあった。集落移転によって、決して以前と同様な文化的環境が再構成されるのではなく、文化的環境が、様々な条件に基づいて「再創造」されるというべき状況を、ここに見て取ることができよう。

（2）サーマンダンペーッタイ（Samanthampettai）

チェンナイの南約二六〇キロメートルに、タミルナードゥ州ナーガパッティナム県の県庁所在地ナーガパッティナム市がある。この付近は、津波によってインド本土では最も多くの犠牲者を出した地域である。このナーガパッティナム市から北へ約二・八キロメートル（北緯一〇度四七分、東経七九度五一分）に位置する漁村、サーマンダンペーッタイも、津波により壊滅的な被害を受け、集落移転を余儀なくされた村である。かつての村では、ほとんどの住居が海岸から一〇〇～三〇〇メートルの範囲に分布しており、遡上高約二～三メートル、遡上距離一五〇～一七四メートルに及ぶ津波［Ilangovan et. al. 2005: 7］により、六九人の死者を出し、住居の被害も、全壊一三五棟、半壊一九三棟、計三二八棟に及んだ［NGO Coordination and Resource Center 2005］。

仮設住宅、恒久住宅とも、ケーララ州を本拠とする、ヒンドゥー教系の新宗教団体であるマーター＝アムリターナンダマイー教団（Mata Amrithanandamayi Math）が受け持って建設を行った。仮設住宅は、二〇〇五年一月一三日に建設され、恒久住宅も、同県内では最も早い段階の二〇〇五年一二月二〇日には完成し、住民への引渡し式が行われた。新集落はかつての集落から西南西へ約四〇〇メートル内陸に入った場所に設けられ、ほぼ同一のサイズのRC造りの住居三四二軒が、規則的に列を成し立ち並ぶ中に、集会所や運動場、保育所、ゴミ焼却場などの施設も建設された（図4－3）。村の人口は一七〇〇人となっている。

集落移転により災害復興を進める際、大きな問題のひとつが、住民への住居配分の方法である。従来の伝統的な集落では、住居配置などの空間構造に、その集落のカースト関係などの社会構造が反映される。しかし、移転後の集落はそれらを反映するような空間構造でつくられることはまずありえず、サーマンダンペーッタイの場合も、画一的な住居が整然と並ぶ新しい集落では、以前と同様の集落の空間構造の再現は不可能であった。

ただ、サーマンダンペーッタイの場合は、ほとんどの住民が同一の漁民カーストであるという均質的な構造であったため、比較的問題は大きくなかったといえよう。しかしそれでもなお、住居の配分をめぐって問題がなかったわけではない。大多数を占める漁民カーストの住民が、新しい恒久住宅に入居する際、村の指導者層が恣意的に決めてしまっては、思うようなところに入居できなかった住民から不満が出る可能性がある。そこで、この村の自治組織であるパンチャーヤトは、くじ引きによって住居を分配することにした⑥。ほぼ均一のカースト構造を持つ集落であるがゆえに可能となった方法だったといえようが、移転集落における住居配分の問題に対して、このようにある意味民主的な方法で対応した点は注目に値する。

一方で、新しい村には一〇家族のダリットと呼ばれる被差別カーストの住民も住んでいる。彼らは、他の住民たちと同じくじ引きによる住居配分には加わることができず、あらかじめ彼らのために用意されていた集落北西端の区画に居住することとなった。

以前とは全く異なる集落の空間配置に対して、一方では住民間の軋轢を避けるため、かつての住居配置にこだわらない方向で解決策を図ろうとしたのに対し、

図 4-3 サーマンダンペーッタイ新集落（写真の人物は教団の教祖）

他方では被差別民というカースト制度の枠組みを温存する形での住居配置を維持しようとしていることがうかがえる。災害後の集落移転に伴う住居配置の変化という局面で、社会構造という文化的要素をいかに表現するか、被災地住民の対応には様々な側面が見られる。

もう一つこの村で注目されることは、ウイヤーリクッパムの例と同様に、援助団体とのかかわりがもたらす文化的環境の変化が見られることである。例えば新しい集落は、ここを建設した教団、マーター＝アムリターナンダマイーの名にちなみ、「アムリタークッパム」と住民の間で呼ばれており、その教団教祖の誕生日には毎年、住民有志多数が貸し切りバスで教団本部のあるケーララ州までお祝いに出かけるとのことである。また、この集落ではほとんどの住民がヒンドゥー教徒であるが、多くの家では、神棚にヒンドゥー教の神々とともに、教団から贈られた教祖の写真を飾り、毎日拝んでいるという人が少なくなかった。さらに、村の集会所では定期的に教団主催の礼拝が行われて、多くの住民が参加している。本来、移転集落の建設に当たって行政側は、建設主体となるNGOと住民が直接深い関わりを持たないように配慮していたと思われる。それは、恒久住宅の住民への引き渡しが、建設したNGOから直接行われるのでなく、行政側に一旦引き渡した後で住民へ手渡されるかたちになっていることからもうかがわれる。しかし実際には、サーマンダンペーッタイでの恒久住宅引渡し式の際に教団教祖が現地を訪れ、住民の目の前で大々的に引き渡しが行われたことからも、被災住民にとって、自分たちに新しい集落を与えてくれたのが誰であるかは明らかであった。このように、新たに移転した集落における文化的環境の形成には、援助に参加した団体、組織も、何らかのかたちでかかわりを持つことは避けられない。

（3）アーランバライ＝クッパム（Alambarai Kuppam）

アーランバライ＝クッパム（北緯一二度一六分、東経八〇度零分）は、先述のウイヤーリクッパムの南西約三〇キロメートルに位置する、カーンチプラム県シェイユール郡の漁村である。村は人口九四〇人、二三五世帯からなっていた［Kanchipuram District, Government of Tamilnadu 2005a］。村のはずれには、海岸に面してタミルナードゥ州考古局の保護遺跡となっているアーランバライ城塞がある。アーランバライ城塞は、一七世紀後半にムガル朝の地方高官により建設されたレンガ造りの城塞で、砂洲によって外海から隔てられた内海に面し、天然の良港となっているため、その後も国内勢力の拠点として使用され、英仏を交えたカルナーティク戦争でも武器庫として使用されている。しかし、州考古局による整備は十分ではなく、長らく荒れ果てた状態のまま放置されてきた。

この村を襲った津波は、遡上高四・五メートル、遡上距離二一〇メートル以上に及ぶものであったと記録されている［Ilangovan et. al. 2005: 7, Jayakumar, et.al. 2005: 1742］。津波により、村は壊滅的打撃を受けた。恒久住宅の建設は、NGO団体ハビタット＝フォー＝ヒューマニティー（Habitat for Humanity）のインド支部と、インド福音ルーテル合同教会（United Evangelical Lutheran Church in India/UELCI）が主体となって行われ、村の南側に一四六戸の新集落が建設された［Kanchipuram District, Government of Tamilnadu 2005c］。

恒久住宅の建設は、遺跡との関係で大きな問題を抱えることになった。恒久住宅の一部が、本来なら建設が許されないような、遺跡にごく隣接した場所に建設されたのである。文化財法規上では、政府の指定を受けた考古遺跡から一〇〇メートル以内の範囲では一切の建築物の建設が禁止されており、また、二〇〇メートル以内で何らかの建築物を建設する場合は、当局の許可が必要となるとされている。しかしながら、その理由は明らかではないが、津波被災者のための恒久住宅の一部が、県の担当者も知らないうちに城塞のすぐ近くに建設されてしまったのである。当時、州考古局は州指定の保護遺跡のうち、津波で被害をこうむった六カ所の文化遺産について保存修復事業の計画書を作成し、アーランバライ城塞の復旧のためにも七五〇万ルピーの予算が割り当てられていた。しかし、州考古局の職員の話によれば、すでに荒廃が進んでいたこの遺跡の状態が大きく改善することは見込めないという理由で、実際には修復作業が行われることはほとんどなかったとのことである。遺跡に隣接して建設された恒久住宅によって、遺跡に今後何らかの悪影響が及ぶ可能性が懸念されるという状況にあったことも、考古局が遺跡の修復に消極的であった理由の一つだったようである。

二〇〇五年八月にこの城塞を訪れた私に対して、この村の漁民たちは城塞の目の前の内海をボートで観光しないか、と熱心に誘ってきた。津波の直後、深刻な不漁に陥り、生計の糧を求めて苦慮していた漁民たちにとって、風光明媚で静かなたたずまいにあるこの内海の環境を利用した観光事業は、新たな収入源として十分期待を寄せるに足るものであったのだろう。しかし、翌年この地を再訪した際には、ほとんどの漁民が漁へと戻り、ボート観光に取り組む者は見受けられなかった。漁民たちにとって、もともと慣れ親しんだ本来の生業の方がやはり都合がよかったからということもあるのだろうが、一方ですでに述べたとおり、城塞の修復が進展することなく、遺跡を巡る環境の整備も一向に進まなかったことにより、観光資源として期待した潜在力が十分に発揮されないまま、生業としての観光が定着するには至らなかったという側面もあるであろう。

災害の復興過程において、被災地の生業構造に変化が生じることは時として起こり得ることである。この大津波の被災地の中にも、例えば、ナーガパッティナム県北部に位置するタランガンバーディ（Tarangambadi）では、かつてデンマークの拠点であったころの面影を残す町並みや開放感に満ちた海岸線の趣などが、津波後の復興過程の中で注目を集めるようになり、観光客が増加したという。タランガンバーディの例は、集落移転に関連したものではないが、災害に伴って被災地の文化的環境に変化が生ずることで、住民の生業をめぐる環境にも変化が生まれた事例と見ることができる。アーランバライ＝クッパムの場合でも、城塞を中心とした文化的環境に十分配慮した復興活動が行われていたならば、被災後に新たな生計の創出につながっていたかもしれない。災害復興において、文化的環境への視点が重要であるのは、単にその象徴的な意味だけのためではない。アーランバライ＝クッパムの事例にみるように、文化的環境の復興は被災住民の生計という経済的問題と深い関わりを持つこともあるのである。

4　まとめ

ローヒト＝ジギャースは、一九九三年のインド西部地震の復興過程における文化遺産の問題について扱った論文において、災害に対する既存の方策の多くが、論理経験主義という客観主義的、実証主義的で、決定論的、還元主義的な仮定に基づいた「技術中心主義的」で、外部から操作が可能だとする「道具主義的」なパラダイムによって形づくられていると指摘している［Jigyasu 2000: 119］。被災した文化遺産についても、この考え方に基づいて個々の建造物などの修復・再建が主な課題となることが多いが、ジギャースが論じているように、文化遺産とは単に、すでに命を失った、空間的、物質的実体ではなく、人と場所、時間が複雑に関係しあって生み出されるものであり、現実の生活と結びついた全体的な存在と考えるべきものである。ジギャースのいう文化遺産とは、単に学術的に重要な建造物や遺構などのことではなく、例えば伝統的家屋なども含めた、より広い意味合いを持ったものなのである。彼は、文化遺産は「単なる静的な機械的実体ではなく、非常に動的な、その地域の社会的、経済的、文化的パタンと内在的に結びついた連続的なプロセスの結果である」［Jigyasu 2000: 119］と述べているが、本論で述べてきた「文化的環境」についても同様の見方をすることができるであろう。本論で、「文化的環境」という言葉を用い、文化的要素という言い方を使用しなかったのも、寺院や遺跡などといった個別の要素のみに着目するのではなく、それらを取り巻く環境を含めた文化的営みの複合的全体として包括的にとらえることが、災害からの復興を考える上でも重要だと考えるからである。

災害復興の過程では常に、経済的、社会的な生活環境の基盤としての物質的な要素が中心的な対象として扱われることが多い。無論、被災者の生命や生活を第一義に考える必要があることはいうまでもない事実である。しかしそこにさらに、生活環境の重要な一側面として文化的環境への視点を付け加えることで、より豊かな被災地の復興や住民の生活再建への道筋をつけることが期待できるのである。特に、集落移転を伴う災害復興においては、まったく新たな環境の下での復興が必要となるため、この視点はいっそう重要な意味を持つということができる。

これまで見てきたように、災害復興の過程で、文化的環境に関わる問題への取り組みは、様々な意味で重要性を持っている。まず、被災地がコミュニティとして復興する上で、そのアイデンティティを回復するための核として、文化的環境を整備することが不可欠となってくる。また、文化的環境が整備されることで、被災地の復興にとってもひとつのシンボルとなり、それは集落外の人々にも復興の象徴として理解されやすいものともなる。さらに、単に象徴的な意味だけでなく、文化的環境の復興は、観光への寄与など、被災地の生計を支える経済的復興とつながる可能性も持っている。

集落移転に伴う新たな集落での災害復興において、文化的環境は、かつてと同様のものとして再建されるものではないことは、すでに指摘したとおりである。むしろ、新たな環境の中で、文化的環境は「再創造」と呼べるようなかたちで新たに作り出される。被災住民は、様々な条件に対応しながら、新たな文化的環境を作り出していくのである。

注

(1) 本論文は、以下の資金を得て行われた現地調査に基づいている。

文部科学省科学研究費補助金(特別研究促進費)課題番号16800055「2004年12月スマトラ沖地震津波災害の全体像の究明」(研究代表者　京都大学防災研究所河田恵昭教授)

文部科学省科学研究費補助金(基盤研究A)課題番号16251012「アジア・太平洋地域における自然災害への社会対応に関

する民族誌的研究」（研究代表者　林勲男）
国立民族学博物館機関研究「災害対応プロセスに関する人類学的研究」（代表者　林勲男）

（2）本論文で言及されている津波の遡上高、遡上距離は、次の資料を参考としている。
Chitibabu & Baskaran 2009、Ilangovan et. al. 2005、Jain 2005、Jayakumar, et.al. 2005、Narayan, Sharma & Maheshwari 2005、Yeh, Peterson, Latha, & Katada 2005、Oyo Group 2006、Shishikura Group, Kato Group & Sato Group 2006、Yeh Group 2006

（3）タミルナードゥ州で最も被害の大きかったナーガパッティナム県の場合、二〇〇八年の時点で、一万九七六八棟の建設予定に対して約七三パーセントに当たる一万四四二四棟が完成されている［NGO Coordination and Resource Center 2008］。その後、同県のウェブサイトによれば、最後に残った未完成分約三・六パーセントが二〇〇九年末までに完成予定となっている（Nagapattinam District, Government of Tamil Nadu n.d.）。二〇一二年の報告では、当初の計画を上回る二万〇三七二棟の恒久住宅が完成したとあり［BEDROC & Jordan 2012: 2］、同県では恒久住宅の建設はほぼ完了した状態にあるとみられる。しかし一方で、地域によっては建設の遅れが目立つところもあり、二〇一三年九月にようやく引き渡しが行われた恒久住宅の例も報道されている［NDTV.com 2013］。

（4）二〇〇五年三月三〇日の州政府による通達［Government of Tamil Nadu 2005b］では、津波住宅再建プログラム（Tsunami Housing Reconstruction Programme）に従い、海岸規制地帯のために、満潮線から二〇〇メートル以内への家屋の新設は認められず、現在この範囲に住居を所有する者は、二〇〇メートル以上海岸から離れた場所に移住すれば、無償で住居を提供されるとされている。

（5）タミルナードゥ州政府は、インド規格局の基準に基づいて恒久住宅の建築基準についてガイドラインを提示している［Revenue Administration, Disaster Management & Mitigation Dept. Govt. of Tamil Nadu [2005?]］。そこでは、基礎の施工方法、RC構造の詳細、セメント材料の品質などについて望ましい基準が定められており、それに準じた住居のモデルプランの例がいくつか挙げられている。

（6）一般にインドの村では伝統的に、村の有力者が代々権力を持ってきた。一方で、住民の中から選出されるパンチャーヤトも村の自治制度として存在している。パンチャーヤトが伝統的な有力者層の影響を強く受ける場合もときにみられるが、この村では比較的民主的に機能しているといえよう。

〈付論〉

大規模自然災害について論じるとき、今や我々は二〇一一年にわが国に甚大な被害をもたらした東日本大震災に触れることなしには済ますことはできない。この災害によって、集団移転を余儀なくされた人々は少なくない。集落全体を新たな土地に移設する計画も一部で進められているが、必ずしもその進展は順調とはいえないであろう。そこには、今後の被災地の状況が、地震・津波に伴って起こった福島第一原子力発電所の事故の影響と相まって、今もなお不確実であるという複雑な事情も大きく関わっている。

東日本大震災被災地の文化的環境を考えるとき、被災した寺社などの宗教的施設の復旧が思うようにはかどっていないことに注視しなくてはならない。そこでは、政教分離の原則を理由に、行政側が寺社などの宗教的施設の修理や再建のため公的資金を活用することに、消極的な姿勢を示していることが一つの原因となっている。民間団体からの資金供与や既存の法的制度の枠内での支援などにより、被災地の文化遺産に対する取り組みもなされてはいる。しかし例えば、集落の高台への移転計画をめぐって、寺社が宗教施設であるがゆえに計画の対象外とされているという問題なども生じている［中外日報 2013］。新潟県中越地震の際には、復興基金の中にコミュニティー再建という項目が設けられ、地域の中小の宗教的施設の再建にその基金が活用された。当時とは災害の規模や経済的状況など様々な条件も異なり、同様の方策をとることは必ずしも容易ではないかもしれない。しかしながら、中越地震の復興基金で示された、コミュニティー再建という枠組みの中で被災した宗教的施設を取り扱うという視点は、単に個別の建造物に焦点を当てるというよりも、被災地の生活再建と結びつけて総合的にとらえようとしている点で、これまで述べてきた「文化的環境」の考え方と軌を一にするものであり、被災地の復興において欠かすことのできない考え方であるということができる。災害復興の過程で、文化的環境についても配慮を加えることで、より豊かな生活再建への道を開くことができるのである。東日本大震災の復興事業においても、文化的環境への視点を組み込んだかたちでの進展が図られることに期待していきたい。

参考文献

Chadha, R.K., G. Latha, Harry Yeh, Curt Peterson & Katada, Toshitama

2005 The tsunami of the great Sumatra earthquake of M 9.0 on 26 December 2004 - impact on the east coast of India. *Current Science* vol. 88, no. 8: 1297-1301.

Chittibabu, K. & R. Baskaran

2009 Inundation mapping - a hazard study based on the December 26, 2004 tsunami along the Karaikal coast of India. *Science of Tsunami Hazards* vol. 28, no. 1: 75-85.

2007b 「インド被災地の現状と今後の課題―復興の現状と文化財の被災」『２００４年インド洋地震津波災害被災地の現状と復興への課題』（国立民族学博物館調査報告 73） pp.27-50, 吹田：国立民族学博物館。

2008 「災害復興と文化遺産―南インド、タミルナードゥ州における２００４年インド洋大津波被災地の例から」 林勲男編 『アジア・太平洋地域における自然災害への社会対応に関する民族誌的研究』（平成16年度～平成17年度科学研究費補助金基盤研究（A）研究成果報告書）pp.119-135, 吹田：国立民族学博物館。

2010 「災害復興と文化遺産―南インド、タミルナードゥ州の例から」 林勲男編 『自然災害と復興支援』（みんぱく実践人類学シリーズ第９巻）pp.109-126, 東京：明石書店。

Government of Tamil Nadu

2005a *Government order* G.O. no.10.

2005b *Government order* G.O. no.172.

2005c *Tiding over tsunami*, Chennai: Government of Tamil Nadu.

2008 *Tiding over tsunami,* part-2, Chennai: Government of Tamil Nadu.

Ilangovan, D., et.al.

2005 *Inundation, run-up heights, cross-section profiles and littoral environment along the Tamil Nadu coast after 26th December*

2004 Tsunami (NIO Technical Report no. NIO/TR-03/2005). Goa: National Institute of Oceanography.

Jain, Suhir K., et. al.

2005 The Great Sumatra earthquake and Indian Ocean tsunami of December 26, 2004. *EERI Special Earthquake Report* Apr. 2005: 1-12.

Jayakumar, S., et.al.

2005 Run-up and inundation limits along southeast coast of India during the 26 December 2004 Indian Ocean tsunami. *Current Science* vol. 88, no. 11: 1741-1743.

Jigyasu, Rohit

2001 From 'natural' to 'cultural' disaster: consequences of post-earthquake rehabilitation process on cultural heritage in Marathwada region, India. *Bulletin of the New Zealand Society for Earthquake Engineering,* vol. 34, no. 3 (Proceedings of the ICOMOS Conference on the Seismic Performance of Traditional Buildings): 119-127.

Narayan, J.P., M.L. Sharma & B.K. Maheshwari

2005 Run-up and inundation pattern developed during the Indian Ocean tsunami of December 26, 2004 along the coast of Tamilnadu (India). *Gondwana Research (Gondwana Newsletter Section)* vol. 8, No. 4: 611-616. Kochi: International Association for Gondwana Research.

Satheesh Kumar, C., et. al.

2008 Inundation mapping - a study based on December 2004 tsunami hazard along Chennai coast, Southeast India. *Natural Hazards and Earth System Science* 8: 617-626.

Sugimoto, Yoshio, Sugimoto, Seiko & Fukao, Junichi

2005 Socio-cultural impact and responses in southeast India　河田惠昭編　『2004年スマトラ島沖地震津波災害の全体像の解明—Comprehensive analysis of the damage and its impact on coastal zones by the 2004 Indian Ocean tsunami disaster』（平成16年度科学研究費補助金（特別研究促進費）研究成果報告書）pp.147-166, 京都：京都大学防災研究所。

Yeh, Harry, Curt Peterson, R.K. Chadha, G. Latha, & Katada, Toshitaka

2005　Tsunami survey along the southeast Indian coast, The Great Sumatra earthquake and Indian Ocean tsunami of December 26, 2004. EERI Special Earthquake Report. Mar. 2005: 5-8.

（オンライン文献）

2004年インド洋地震津波災害被災地社会調査インド現地調査団

2005　「2004年インド洋地震津波災害 被災地社会調査インド現地調査団」 京都大学防災研究所 (Internet, 8th, Sept. 2013, http://www.drs.dpri.kyoto-u.ac.jp/sumatra/india/india.html#report)（最終確認日 二〇一五年一〇月一一日）

BEDROC (Building and Enabling Disaster Resilience of Communities) & Elizabeth Jordan

2012　*Impact evaluation of post-tsunami shelter reconstruction Nagapattinam, India.* [Nagapattinam: BEDROC]. (http://mcedc.colorado.edu/sites/default/files/Jordan%20Practicum%20Report.pdf)（最終確認日二〇一五年一〇月一一日）

中外日報

2013　「時流ワイド 『政教分離』に直面する復興」２０１３年６月27日 (Internet, 29th, Sept. 2013, http://www.chugainippoh.co.jp/rensai/jiryu/130627-001.html)。（最終確認日 二〇一五年一〇月一一日）

深尾淳一

2007a　「インド洋大津波被災地の復興と社会的文化的変容―インド被災地の例から」（国立民族学博物館機関研究「災害対応プロセスに関する人類学的研究」第３回研究集会発表要旨）(http://www.minpaku.ac.jp/sites/default/files/research/activity/project/corp/pdf/corehayashi_fukao.pdf)。（最終確認日 二〇一五年一〇月一一日）

Kanchipuram District, Government of Tamil Nadu

2005a　List of tsunami affected villages and population details. (http://www.kanchi.tn.nic.in/Tsunami%20Web%20Project/Tsunami%20affected%20villages%20and%20population%20details/population%20details.htm)（最終確認日 二〇一五年一〇月一一日）

2005b　Temporary shelters constructed by the government and N.G.Os for tsunami affected People. (http://www.kanchi.tn.nic.

in/Tsunami%20Web%20Project/temporary%20shelters%20constructed%20by%20govt.%20and%20NGO's%20for%20tsunami%20affected%20people/shelters.htm)（最終確認日二〇一五年一〇月一一日）

2005c　Tamil Nadu Tsunami Housing Projects. (Internet, 8th. Sept. 2013, http://www.kanchi.tn.nic.in/Tsunami%20Web%20Project/Tsunami%20housing%20projects/housing%20projects.htm)（最終確認日二〇一五年一〇月一一日）

Nagapattinam District, Government of Tami Nadu

n.d. Nagapattinam District, Tamil Nadu, INDIA- The District's Official Site: tsunami relief & rehabilitation. (http://www.nagapattinam.tn.nic.in/relief.html)（最終確認日二〇一五年一〇月一一日）

NDTV.com

2013　Tamil Nadu Chief Minister Jayalalitha inaugurates houses for tsunami affected people, 18th Sept. 2013. (http://www.ndtv.com/article/south/tamil-nadu-chief-minister-jayalalithaa-inaugurates-houses-for-tsunami-affected-people-420399)（最終確認日二〇一五年一〇月一一日）

NGO Coordination and Resource Center

2005　Damages: summary of shelter damage in Nagapattinam District. (http://www.ncrc.in/shelter_damages.php)（最終確認日二〇一五年一〇月一一日）

2008　Local body wise progress on construction of permanent houses - Nagapattinam District as on 21.01.2008. (www.ncrc.in/ShelterProgress.xls)（最終確認日二〇一五年一〇月一一日）

Oyo Group

2006　List of tsunami trace height. In Fujima K. (ed.) Measurement data of 2004 Indian tsunami, (http://www.nda.ac.jp/~fujima/TMD/data_fuji/IN-oyo_Edit.xls)（最終確認日二〇一五年一〇月一一日）

Revenue Administration, Disaster Management & Mitigation Department, Government of Tamil Nadu

[2005?]　*Guidelines for reconstruction of houses affected by tsunami in Tamil Nadu*. [Chennai: Revenue Administration, Disaster Management & Mitigation Department, Government of Tamil Nadu]. (http://tsunami.icsf.net/images/stories/tn0501.pdf, http://tsunami.icsf.

net/images/stories/tn0502.pdf, http://tsunami.icsf.net/images/stories/tn0503.pdf).（最終確認日二〇一五年一〇月一二日）

Shishikura Group, Kato Group & Sato Group

2006　List of tsunami trace height. In Fujima K. (ed.) *Measurement data of 2004 Indian tsunami*. (http://www.nda.ac.jp/~fujima/TMD/data_fuji/IN-Shishikura_Edit.xls)（最終確認日二〇一五年一〇月一二日）

津久井進

2013　「災害後の複雑な法制度―『誰のため、何のためか』」、中外日報、２０１３年９月５日（http://www.chugainippoh.co.jp/ronbun/2013/0905rondan.html）。（最終確認日二〇一五年一〇月一二日）

U.S. Geological Survey

2009　Magnitude 9.1 - off the west coast of northern Sumatra. (http://earthquake.usgs.gov/earthquakes/eqinthenews/2004/usslav/index.php)（最終確認日二〇一五年一〇月一二日）

Yeh Group

2006　List of tsunami trace height. In Fujima K. (ed.) *Measurement data of 2004 Indian tsunami*. (http://www.nda.ac.jp/~fujima/TMD/data_fuji/IN-Yeh_Edit.xls)（最終確認日二〇一五年一〇月一二日）

第5章

集団移転と生業の再建：二〇〇一年インド西部地震の被災と支援

金谷美和
KANETANI Miwa

1　はじめに

被災地における支援と協働のありかた

二〇〇一年一月二六日午前八時四六分、カッチ県を震源地（23.44N 70.31E）とするマグニチュード七・七の地震が発生した。この地震によって、周辺地域は大きな被害を受け、国内外から多数の救援救助が寄せられた。現代において自然災害の被災地では、外部から支援が寄せられることが多い。しかし、それらは時として被災前の地域社会に対する理解や配慮が十分になされないままに実行されたり、あるいは単に支援する側の論理で実行されたりすることで、被災者が予期していなかったり、期待していなかったりするようなことまで被災地にもたらすことになってしまう。

アメリカの人類学者オリバー＝スミスがペルーで発生した地震被害を例にして、災害後の復興が災害そのものよりも被災地の社会、モラル、経済、環境などに破壊的な影響を与えると述べている［Oliver-Smith 1992, 1996: 313-314］。また、イギリスの人類学者エドワード・シンプソンは、インドで発生した地震の後、被災地において行政やＮＧＯがもたらした復興開発支援によって生じた政治経済的な現地社会の変容について記している［Simpson 2014］。だからこそ、災害の復旧や復興に携わる実践者のあいだでは、現地の社会状況に配慮した復興支援が強く求められており、現地と復興援助の架け橋として、文化人類学的、民族誌的な知見が求められている［林 2010: 24］。

どのように支援を受け入れるのか、あるいは受け入れないのかという選択を、被災者自身はできるのだろうか。特定のコミュニティが集団として支援を受け入れるときに、どのような方法で支援の取捨選択は可能になるのだろうか。また、支援する側は、被災者とどのように協働することができるのだろうか。

本論が対象にするのは、二〇〇一年に発生したインド西部地震の被災地であるＤ村と、Ｄ村の住民の一部が新村を建設して移転をすすめているＡ村である（**地図５－１**）。生業の維持という目的のために集団で移転することを決断し、必要に応じて行政やＮＧＯから支援をとりつけて、粘り強く実行にうつしていった事例である。この事例には、支援を「受ける」という受動的な態度はなく、支援を「獲得する」主体的で能動的な態度が明確にあらわれている。この計画に参加した人々は、カースト、宗教、生業を等しくし、互いに親族関係、姻族関係を保持する比較的均質な集団である。かといって、人々が同じ方向をむいて一致団結したというわけではない。年齢や家族構成、仕事のありかた、経済的状況などが異なり、復興に対して持っている希望や見通しがそれによって異なっているなかで、生業を続けるという最大公約数的な目標を一つにしていた。

新村の特徴は、伝統工芸である染色業の産地として建設されたこと、そして住民がカトリーという単一のコミュニティに属しており、互いに親族関係で結ばれていること、インドでは宗教的マイノリティでありムスリムであることが挙げられる。

D村は、震源地に近く、住宅や染色工房に大きな被害を受けただけでなく、震災前から進行していた染色用水である地下水の水位低下という問題を抱えていた。そこで染色業者たちは、復興援助を活用して新村を建設し，移住を進めることにした。被災後、単にもとのように復旧するだけでなく、震災を契機に、被災前に抱えていた課題を解決し、よりよい生活や仕事の場を作ることを目指したのである。地下水位低下が、被災前に抱えていた課題であり、震災後の復興において解決すべきもっとも重要な課題でもあった。たんに住宅や仕事場を再建するだけでは、彼らの抱えている困難を解決することにはならなかったのである。

このような事例を考える際に参考になるのが、地域研究者である山本博之が提唱した「利災」という考え方である。これまで災害研究の目的として、「防災」と「減災」が設定されてきた。つまり、災害を研究することで、災害を防いだり、災害の被害を減らすことが目指されてきた。しかし、単に災害前の状態に戻すことにとどまらず、災害前にその社会がもっていた課題を解決して、よりよい生活状態を創出することを目指すのが「利災」である。山本がこのようなアイデアをもつようになったのは、彼が二〇〇四年に発生したインド洋津波被災地に地域研究者として支援を目的とした現地調査に関わったことをきっかけに、主に人文

地図 5-1　カッチ県地図

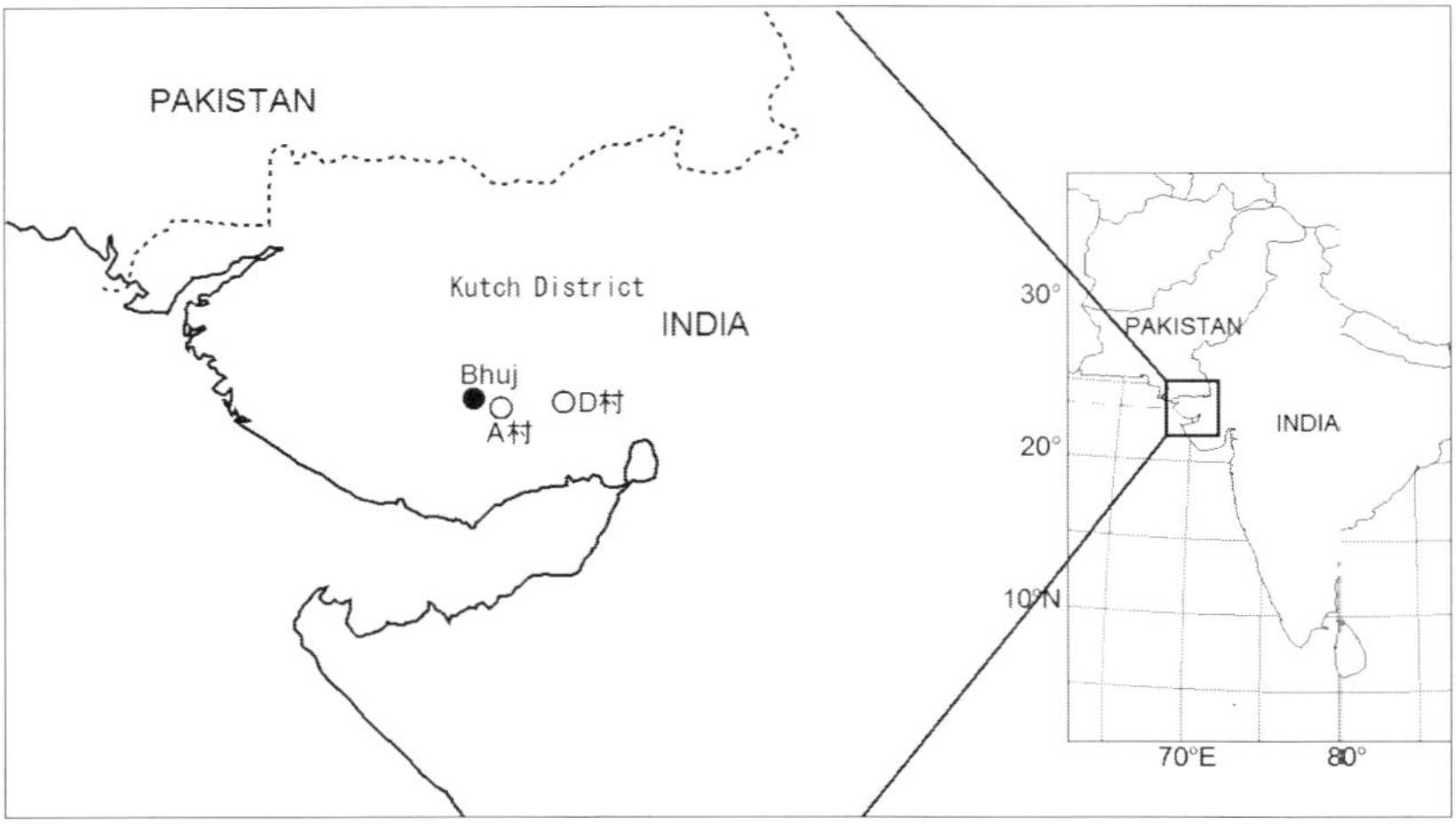

学や社会科学の専門分野をもつ地域研究者たちと災害対応の現場を研究することの意義について真摯な議論を行ったことによる。山本によると、災害時は地域社会が平常時に抱えていながら外からは見えにくい課題が剥き出しになっていると考えられ、それを災害復興の実践者につないでいくことが、地域研究者にできることだと述べる［山本 2011: 49-51］。この提言は、地域研究と同様に当該地域の文化や社会の専門家である文化人類学にもあてはまる。

それに付加して筆者が強調したいのは、被災地で文化人類学者が調査をする過程で、見いだした課題やその解決方法について被災者と知見を交換することが重要であるということである。被災地の復興に関わる様々なアクターが存在する。それらアクターたちが、アイデアを交換するという機会を重ねる中で、課題に対する解決方法がみつかったり、実現可能な支援の方向が定められたりする。最終的に支援のありかたを決めるのは被災者本人であり、彼らが意思決定をするのに必要な知見や情報をだしあうのは意義がある。そこには被災地における文化人類学者の「役割」といった固定化されたものではなく、もっとゆるやかで流動的な存在のしかたがあるように思う。

本論で述べる事例は、課題が明確で、かつ被災者のあいだで共有されていたことにより、住民主導による復興にむけての初動が早かった。かつ、外部からの支援の申し出に対して、解決すべき課題に即した援助を明確にリクエストすることができた。さらに、伝統的手工芸である染色業に従事していたことから、震災前にすでに手工芸開発を担っていた政府やＮＧＯといった外部団体と持続的な関係をつくっていたことも、支援をうまくとりこむことにつながっていた。

課題の解決方法は、即座に、また一度に出された訳ではなく、外部の支援者や、筆者を含む研究者との意見交換や情報交換を通して、段階的に考案され、その都度新たな支援を得た上で実現化されていった。新村建設から一四年がたった二〇一五年現在において、新村には九九世帯が移住し、四二軒の染色工房が稼働している。だが、旧村からの移住はまだ完了してはいないし、地下水低下という課題解決にむけた設備は建設途中である(1)。

インド西部地震の概要

インド西部地震が発生した一月二六日は、インド共和国記念日のため休日であった。共和国記念日とは、インドが英国植民地からの独立を記念する日で、インド中で国旗が飾られ、大小の祝賀パレードが行われるような華やかな祭日である。そのため、その後に起こった地震の被害がより悲劇的に人々の記憶に残った。

D村で染色業を営んでいたイスマーイールは、自宅が倒壊し、その下敷きになった母と娘を亡くした。この村では、ほとんどの家屋と染色工房がコンクリート造りであったが、耐震基準を満たしていなかった建築物が多かったらしい。数軒をのぞいてほぼすべての住宅が倒壊した。人口約二〇〇〇人の村で、死者は一〇八人、けが人は五七人にのぼった。

この村だけに限らない。グジャラート州の発表によると、インド西部地震全体で、死者数は二万八六人、うちカッチ県は一万八四九八人、負傷者は一六万六八一二人と計上されている。[2] 死者の多くは、倒壊した建造物の下敷きになって亡くなった。カッチ県は地震の多発地帯であるが、[3] 耐震性のある建築物は少なく、建築物が凶器に転じた例が多かった。ブジ市内でイスラーム教徒の遺体の埋葬を行った人は、遺体の損傷がはげしく、辛い気持ちになったと話してくれた。病院や官公庁、学校も例外でなかった。本来人命を保護するべき公立病院が倒壊し、多数の入院患者、来院者が命を落とした。公的建造物はその多くが倒壊、損壊したため、被災者の避難場所にならず、また被害の情報を集約したり、支援物資を配布するための拠点とはならなかった。ヒンドゥー寺院は境内を開放して被災者を受け入れたが、それだけでは足りず、被災者の多くは、ビニールシートを張っただけの簡易テント、のちに援助物資として届けられたテントで避難生活を送った。雨の少ない季節であったのは幸いしたが、夜には摂氏一〇度前後まで気温が下がり、たき火で暖をとった者もあった。

したがって、被災者の震災復興は、まず住宅の再建が切実な問題であった。自宅内に店舗や工房をもち家内産業を営む者が多いため、自宅の倒壊は、生業の継続にも支障をきたしていた。

震災復興のために、グジャラート州政府は二月七日に災害管理局（Gujarat State Disaster Management Authority）を設置した。州政府は、自宅の再建や修復のための補助金を出すことを決め、補助金の支払いは五月一〇日から始まった。しかし、どこに自宅を再建するかが被災者にとって問題になった。ブジ市内では、防災機能を強化するため、都市計画をつくり、市中心部の人口密度を減少させる目的で住民の郊外への移住を促進した。これにより、市中心部に土地を持っていた被災者は、郊外に建設された移転地に代替地を優先的に購入することができた。村落の復興は、都市部とは異なっていた。国内外のNGOが支援にはいり、被災した村の移転や住宅の再建を援助した。世界銀行、アジア開発銀行、グジャラート州政府などが拠出した復興資金は、グジャラート州災害管理局を通じて使用された。また、復興には約二五〇にのぼる国内外のNGOも携わった。多額の復興援助が投下され、都市開発や村落開発が短期間のあいだに行われたために、現地社会に大きな混乱が生じた。その状況を、現地日刊紙『カッチミットラ』記者は、「ブジ市は、地震によって一度壊され、復興計画によってもう一度壊される」と書いたほどであった。

2　被災村の概要

震災前のD村と住民

D村は、カッチ県の中南部の内陸に位置している。一九九一年の国勢調査によると、村の広さは約三一〇一ヘクタール、世帯数三七五戸、人口一九九一人であった[4]。一九五六年の地震で建造物が倒壊したために、少し離れた場所に再建されたという経緯をもっている。

D村は、インドの一般的な村と同様、多様な宗教とカーストに属する住民が共に暮らしていた[5]。この村で、人口の最も多かったのはイスラーム教徒のカトリーであった。地震時、一一五世帯、約六〇〇人が居住していた。次がヒンドゥー教徒のラージプートであった。ラージプートは、カーストの位階としてはブラーマンに次いで二番目のクシャトリヤに位置しており、土地を所有して農業経営が主たる生業であった。その次に人口の多いのは、ヒンドゥー教徒のハリジャンであった。ハリジャンは、かつては農業労働者をしていたが、現在では染色業に従事している。その他は、ブラーマン、コーリー、バニヤー、クンバハールなどである（表５－１）。

人口の多いカトリーとラージプートという二つのグループが、村の中で政治力をもっており、これまで地方自治制度である村落パンチャーヤトの代表は、どちらかのグループから出してきた。村人はカーストや宗教ごとにまとまって居住しており、カトリーは「カトリー・ワース」と呼ばれるエリアに集住していた。

本論が対象にするのは、D村の住民のうち、カトリーである。カトリーは、染色を生業とする職能集団の一つで、カッチでは「カトリーの仕事」といえば「染色」であると認識されている［金谷 2007］。この村にカトリーが居住するようになったのは、一六世紀のことで、染色業を振興するために当時の藩王がスィンド地方（現在はパキスタンに位置する）より招来したといわれている。カトリーがこの村を選択したのは、染色に必要な水をたたえた川がこの村にあったからである。移住したのはジンダという名前のヒンドゥー教徒の男で、その息子の代にイスラームに改宗した。ジンダの子孫は一〇世代のあいだに七つの父系親族に拡大した。ジンダの子孫はダラーというクラン名を保持している。ダラー以外のクラン名をもつ者は比較的近年において他村からD村に移住してきた人々である。

筆者の聞き取りによると、もっとも古いもので一九三五年頃である。カトリーはカトリーうちで内婚を行い、ダラーとそれ以外のクラン出身の父系親族は婚姻関係を結んでいる。

表 5-1　震災前ダマルカー村の世帯数

宗教	カースト名	世帯数
ヒンドゥー	ブラーマン	7
	ラージプート	100
	バニヤー	10
	スタール	10
	クンバハール	5
	ハリジャン	40
	コーリー	30
	ソダ	25
イスラーム	カトリー	115
	ソダ	13
	合計	375

2003 年に行った聞き取り調査による

D村のカトリーは、周辺に居住する牧畜民や農民のための衣服や寝具の染色を行ってきた。その生産形態が大きく変容したのは、一九七〇年代のことである。それ以前から、機械製の布や合成染料による染色と競合し、地域社会での染色の需要が減少していた。州政府の手工芸開発がはいり、都市向けの服地やインテリア生地の生産への転換が行われた。それによって、一時は危機的であった生産基盤が安定し、むしろその後生産が拡大していくことになった。他村のカトリーがD村に移住したのは、D村の染色業の発展に引き寄せられてのことであった。最初はダラーの工房で働き、のちに独立して工房を経営する者もあらわれた。このようにしてD村のカトリーは人口が増え、染色工房の数も増えていった。

一九九三年に発行された名簿『ムスリム・カトリー・ジャマーアト・アンジャール』によれば、八三世帯、四七六人のカトリーがD村に居住していたことがわかる。そのうちダラーは四六世帯、二八六人であった。つまり、D村のカトリー人口の六割はダラーであり、残り四割が他村から移住したカトリーであったことがわかる。

D村のカトリーは、同じカースト的集団に属し、同じ生業を営み、同じ宗教を信仰する人々であるために単一の集団にみえるが、歴史的経緯をみると、出自の異なるクランが混在していたことがわかる。また、染色業の構造には大きく分けて、製造卸、製造下請け、雇用される職人がおり、それぞれの立場によって、震災被害も復興に求めるものも異なっていた。

手工芸開発のために入った州政府のスタッフや州政府からの依頼で実施されたプロジェクトに関わった専門家たちは、その後もD村のカトリーと関係を維持し、二〇〇一年の地震の際にも支援の手をさしのべた。このような地震の前に彼らのもっていた社会関係は、地震後の復興と支援の方向を方向付けていった。

地震による被害

二〇〇一年の地震は、D村のカトリーの生業を危機にいたらしめた。上記したように、この村の建造物の多くは全壊、もしくは半壊した。七五軒あった工房のうち設備や道具を失った者も少なくなかった。死者も多かった。D村の死者一〇八人のうち、四三人がカトリーであった。冒頭で述べたように、イスマーイールの自宅は倒壊して、家族を失ってしまった。しかし、イスマーイールの兄が住んでいた家は、D村で倒壊せずに残った数少ない建造物の一つであった。それは、彼らの父モハマドが、一九五六年の地震を経験して通常より壁を厚く建てさせた家だったという。モハマドは一九九九年に亡くなっていたが、彼の残した家が家族を守ったのである。また、イスマーイールと兄弟が共同で使用していた工房は損壊したものの、倒壊は免れた。染色に用いる木版などの道具類に損傷はなく、農場に設置していた染色用の水のタンクも無事であった。

地震後、村にあった飲料水用の井戸のほとんどが涸れてしまったが、彼らの庭にある井戸からは水がでた。この井戸は、村に水道設備が出来て以来、飲料用に使うことはなかったが、災害時に役に立ったのである。近隣の人々は彼らのところに水をもらいに来た。また、震災前の予定では、イスマーイールの兄はメッカ巡礼に赴くことになっていた。巡礼に出る者の家族が、親族や友人達に食事を振る舞う慣習がある。そのために、たまたまこの家には米や油、砂糖などの大量の備蓄があった。彼らは、その食料を村人に提供することに決め、食事の炊き出しを行った。彼の父は、D村の村落自治組織であるパンチャーヤト代表を務めたことがあり、また地震当時は兄がその職にあったことからも、イスマーイールとその家族は、村人からの信頼が厚かったことがわかる。その後、彼は、D村の染色業者の復興に中心的な役割を果たしていくことになった。

3　新しい村をつくる

移住のきっかけ

地震の後、D村のカトリーの一部から、移転の話がもちあがった。口火をきったのは、一九八〇年代末に一度、

D村からの移住を試みた人々であった。彼らが当時移住を試みた理由は、染色用として使っていた川がその頃に涸れ始めていたことであった。川は結局一九九〇年代初頭に干上がり、カトリーたちは地下水の利用を始めた。つまり、地震の前から、染色に欠かせない水量の低下という課題を抱えていたのである。さらに、地震後は水量低下が引き金となった水質悪化が生じ、天然染料での染色に支障をきたすようになった。彼らは、その問題を解決することを目指して、D村に工房や住宅を再建するのではなく、より水の豊富に得られる地域への移転を模索したのである。

この一部の人たちの考えは、D村のカトリー全体の計画としてとりあげられるようになった。だが、すぐに全員が賛成したわけではない。同じ染色業に従事していても工房経営者とそうでない者、あるいは経営規模によって被害の程度は異なっていたからである。おのずと復興に対する見通しや将来像、それに向けての戦略も異なっていた。

この移転計画が、意見の相違を超えてD村のカトリー全体のものになったのは、その決定を宗教指導者にゆだねたからである。宗教指導者の言葉は、移転すべしというものであった。その言葉は絶対で、人々は従うことにしたという。宗教者の言葉によって、この計画が誰か特定の人の利益のための計画ではないということが明らかにされ、それによってはじめて一一五世帯全員がこの計画にのったのである[6]。そして、彼らは組合を結成した。組合の委員は、おもだった一〇の父系親族から一人ずつだされた一〇人によってになわれた。ダラーの七つの父系親族から一人ずつ、他の三つの父系親族から一人ずつ選ばれた。その一〇人の中からイスマーイールが委員長として選出された。これらの動きは、行政やNGOによる働きかけによるものではなく、被災者の自主的なものであった。

新村建設

まず、新村を建設する土地を探すことが、組合の最初の仕事だった。土地の条件を挙げ[7]、一カ月後にブジ市の近くにその条件を満たす七五〇エーカーの土地を見つけることができた。土地の購入には、援助金は一切使用せず、

図 5-1　アジュラクを着用する男性、カッチ県ブジ市。2010 年筆者撮影

組合員たち自身の資金を充当した。広さに応じて、住宅地と産業用地の値段を決め、期限までに現金を用意した者が土地の購入権を得た。

土地は住宅地、工房用の産業地のほか、学校やモスク、コミュニティ会館、井戸と染色用貯水池などの共有地に分けられ、図面が作成された。そして組合員は、出資額に応じた土地の分配をうけ、割り当ての場所は、くじ引きによって決定された。居住地の割り当ては、同じ親族集団の成員同士が隣り合う区画に居住できるように配慮された。このようにして、村の建設が始まった。

彼らは、新村に自分たちの伝統的な染色品アジュラク（図5－1）の名前をつけた。この名前は、染色業の産地としての村の特徴をよく伝えた。この染色品は、震災後の支援をとおして有名になり、その名前を冠した村に、バイヤー、デザイナー、愛好家、観光客を引き寄せることになった。

まずモスクのための基礎石が置かれ、建設工事が始まった。地震から二カ月後の二〇〇一年三月に最初の家族が移住した。続く家族があらわれ、最初は七世帯が暮らしていた。最初はテントで暮らし、そのうちトタン板で仮小屋を作った。近隣に店がなく、食料調達のために交代で近くの町まで買い出しに行ったという。筆者が「大変でしたね」というと、彼らは、当時のことを思い出し、笑いながら否定した。皆が被災して、皆がすべてを失っていた。一緒に乗り越えたので、大変だとは思わなかったという。最初に移住した七世帯の人々は皆、当時のことをむしろ懐かしそうに語ってくれた。[8]

組合の要望に応じて、NGOの支援により、住宅一一四軒、工房七五軒の建築が始まった。住宅用に予定され、分割された区画は、D村のカトリーの世帯数よりも多かったために、D村以外のカトリーが購入することを可能にした。そして、そのように購入された分は、組合の収入になり、共通設備の整備に使われることになった。ブジ市に近く交通至便で、将来の大型投資のうわさもあり、染色業の産地としての将来の発展を予想して、区画を購入した者もいた。

4　段階をふんだ支援

地震の前：支援者との関わりの始まり

D村のカトリーが、二〇〇一年の地震の前から、外部の支援者や支援団体と交渉をもっていたことが地震後の支援の受け入れにつながっていった。彼らが支援をとおして外部の支援団体と交渉をするようになったのは、一九七〇年代初頭の厳しい干ばつをきっかけとして一九七四年から始まった州政府による手工芸開発がきっかけであった。

まず、グジャラート州政府の機関であるグジャラート州手工芸開発公社が手工芸開発に着手し、D村にも州政府のスタッフがやってくるようになった。手工芸開発の受け入れの中心となったのは、イスマーイールの父親であるモハマドであった。デザイン研究所のデザイナーが調査にきて都市向けの商品開発を行い、モハマドは、州政府の注文に応じて、都市向けのベッドカバーや服地などを製作するようになった。州政府が開発した商品は、都市消費者のあいだで人気をよび、類似の商品が政府以外の卸業者からも発注されるようになった。その注文はモハマド一人で応えることができないほど大量になり、モハマド以外のD村のカトリーたちも、この新しい商品の注文を受けるようになっていった。手工芸開発を契機に、D村のカトリーは、それまでの地域社会向けの商品から国内の都市市場向けの商品生産に転換していった。

それと平行して、途絶していた天然染料による染色の復元がモハマドによって行われた。その功績により中央政府による優れた手工芸職人に対する国家報奨がモハマドに授与された。この一連の手工芸開発を通して、彼はデザイナーや研究者、州政府や中央政府の官僚や政治家との人脈ができた。この人脈は息子たちに受け継がれ、二〇〇一年の地震後の支援につながった。

工房と住宅再建に対する支援

新村の建設に対する援助は、工房建設、住宅建設、そして染色業に欠かせない産業用の水の設備に対して行われた。

地震直後に被害調査に訪れ、NGOとして最初にD村のカトリーに対して支援を申し出たのはVRTI[9]だった。VRTIに対して、組合は工房建設をリクエストした。VRTIと組合は、地震当時稼働していた工房数の調査を行い、それが七五軒あったことから、七五軒の工房を支援してもらうことにした。さらに、自分たちに必要な工房の設備と大きさを考慮して試算し、一軒につき七万五〇〇〇インドルピー（以後、ルピーと省略[10]）の援助金が決められた。

その後、三月二一日に中央政府が、手工芸の職人に対する援助として、総額一五〇〇万ルピーを支出することを発表した。その内訳として、被災した工房再建のために一軒当たり五万ルピーを支給することが五月八日に発表された［Abhiyan 2001］。それをうけて組合は、VRTIと話し合い、政府からの援助金五万ルピーにVRTIの援助金七万五〇〇〇ルピーを合算して、一軒につき一二万五〇〇〇ルピーで、防水性の高い屋根をつけたよりよい設備の工房を建設することにした。

JUHというイスラーム系のNGO[11]が、新村に一一四軒住宅建設を援助することになった。この住宅は、二軒長屋で一部屋に台所とバスルームがついたものだった。この家は、結婚した兄弟がそれぞれの妻や子ども、両親とともに一緒に暮らす拡大家族での居住形態が多いカトリーには狭すぎたため、あくまでも一時的な用途、あるいは核家族用ととらえられていた。住宅は現在でも使われており、拡大家族での居住をのぞむ人々は、改築を加えたり、あるいは自費での住宅再建を行ったりした。住宅の補修や再建には、州政府による補助金が用いられた。州政府は、全壊、あるいは半壊した住宅を再建するための補助金を支給することを発表していた。被災調査は地震から一カ月半後の三月一九日に始まり、補助金の申請受付も始まった。被害程度に応じて5段階に分類され、それに応じて補助額が決められていた。

生業に対する支援

一九七〇年代からこの村のカトリーたちの生業を支援してきた人々が、地震の後に支援を申し出た。グジャラート州手工芸開発公社のスタッフだった人々がNGOを立ち上げており、その人々が助成金を得て、D村のカトリーをマーケティングの面から支援した[12]。都市部での復興支援展示即売会を開催して被災地の手工芸品を積極的に販売したり、デザイナーと協力して新しいデザインの開発を行った。この種のマーケティング支援は、一つのプロジェクトが終わると別のNGOが関わるというように、複数の団体が関わっており、結果的に長期にわたっている。政府の手工芸開発のための補助金は、しばしばNGOをとおして活用されることもあった[13]。

また、カトリーたちと商取引のあるバイヤーが震災後に支援の意図で発注数を増やしたり、ウェブサイトをとおして生産者の姿を伝えることが行われた。政府、NGO、バイヤー、研究者などが、被災した生産者を優先的に海外での展示会に招待した。被災後のこの時期に、何人かの生産者が海外に渡航し知見を広めたことは、将来の染色産業の見通しをたてるための情報収集の手段として役に立ったといえるだろう。

5　生業を続けること

染色用水の減少

D村のカトリーが、震災後村の移転を決断したのは、染色用水の減少が懸念されたからであるということはすでに述べた。この課題を解決することが、D村のカトリーにとってもっとも大きな懸案事項だった。この課題は、一気に解決に向かったわけではない。むしろ、支援者との関わりの中で、解決方法が探られつつ、少しずつ実現されていった。染色用水の減少と水質の悪化は、震災前から生じていたことであり、地震の直接的な被害ではない(14)。この村には一九九〇年代初頭まで川に水が流れていた。川の存在が、カトリーがスィンドから移住してきたときに、この村を染色を行う場所として選択した理由であるといわれてきた。カトリーが生産している染色品のうち、木板捺染(更紗の一種)は、とくにその工程において布を洗うための水をより多く必要とする。

木板捺染において、生地を水で洗う工程が少なくとも二回以上ある。染色前後に一回ずつ洗う必要があり、色数が多いと、回数はさらに多くなる。溜めた水の中に生地をつけて、生地を木製の棒状の道具で叩くか、あるいは生地を固い石やコンクリートに叩きつけることで、生地の糊や防染剤を落としたり、余分についた染料を落としたりする。

川のそばで染色を行っていた当時、川の水深は一メートル以上もあり、水が潤沢にあった。川のそばにラングチューリー(色のかまどという意味)をもうけ、そこで赤色の染料であるアカネの根から色素を抽出するため煮出す作業を行っていた。川のそばに深さ三メートルほどのクオ(浅井戸)を掘り、そこからくみあげた水を用いて染料を煮出して染め、染色した布は、川に入れてその中で洗った。洗い上げた布は、川の土手に広げて乾かした。生産者たちが、染色には、「水と太陽と大地が必要だ」というのは、このためである。

その川の水位が低下しはじめたのが一九八〇年代、とうとう水が枯渇してしまったのが、一九九〇年代初頭である。その原因はおそらく飲料用水用の管井戸からの過揚水であろうと地元の人々は考えている[15]。

川が干上がり、ラングチューリーが使えなくなると、染色業者は染色用の水を得るために土地を購入し、その土地に管井戸を掘削するようになった。井戸にはガソリン（後には電気）で駆動するモーターを取り付けて、揚水した。こうして水を得るために農地に井戸と揚水設備、工房を造ることが行われるようになった。染色業者は、従来とは異なる新しいタイプの染色設備を農地に設置することから、染色の作業場のことを「ファーム（農場）」と呼ぶようになった。

二〇〇七年の時点で、D村には一二本の管井戸があり、すべてが個人所有のものであった。しかし、それら管井戸は、使用につれて水位がさがり、なかには、すでに水の涸れた管井戸があった。深さが深くなるにつれて、土壌中に鉄分の多い地層にあたり、染色用途に適さない水を産出する管井戸もあらわれた。D村の染色業者のうち、工房経営者は、染色用の水が年ごとに不足していくという危機感を共有していた。そして、その危機感の共有が、新村の建設と移住の動機となったのである。

水の私有を共有にもどす

井戸を掘削して染色用水を得るようになって生じたもっとも大きな変化は、水の私有化である。資本力のある染色業者は、ファームを造り、水を自給するが、資本力のない染色業者は、水利料を払って他の染色業者の所有する染色設備を使うことになった。二〇〇七年に筆者が行った調査では、当時まだ新村に移転せず、D村で稼働していた五一の染色工房のうち、二二工房が自分のファームを持つか、あるいは兄弟などと共有し、二九工房が、水の設備利用料を払って、他人のファームを利用していた[16]（表5－2）。これは、D村の工房のうち、半数以上は、水資源を所有しないということを示している。

表 5-2　ダマルカー村井戸の利用状況

井戸番号	所有する工房数	所有する工房以外に利用する工房数
1	2	0
2	4	3
3	1	0
4	3	6
5	1	6
6	1	0
7	2	2
8	1	3
9	1	7
10	4	0
11	1	0
12	1	2
合計	22	29

2007 年 11 月の現地調査より筆者作成

新村において、もし水の利用設備を用意しなければ、自力での染色業の再開が難しい工房があらわれることは明らかであった。そこで組合が目指したのは、組合の共同の水設備を建設することであった。それはD村には存在しなかったやりかたである。

染色のために必要なのは、管井戸、揚水用のモーターと動力、水を溜めるためのタンク、管井戸からタンクへの配水管であった。それに加えて、動力が得られない時にも配水可能にするための貯水池が必要とされた。新村の予定地には、すでに農業用に掘削された管井戸とモーターがあった。その他の設備を建設するにあたって、組合の委員の一人と取引があった顧客が寄付を寄せてくれた。それをもとに、最初の移住者たちも作業をして、それらの設備を建設した。それによって、ようやく染色の仕事を新村で始めることができた。水の設備は組合が管理し、使用量に応じて料金を徴収している。[17]（図5－2）

組合による水の設備の建設は、水資源を私有から共有にもどす試みであるということができる。新村で組合が試みているのは、川で水を利用していた当時と同様、染色業者が水を共有し、利用することである。

新村への移住者が増え、各工房の設備が整ってくると、工房によっては共同の設備では不便を感じるところもあらわれてきた。そのような工房は、新村から少し離れた場所にファームを構えて自前の水の設備を整えるところもでてきた。[18]

廃水の問題

染色用の水の設備が整って、各工房の生産が増加してくると、新たな問題が発生した。廃水である。染色後の布を洗ったあとの廃水には合成染料の残滓があるが、処理をせずにそのまま流していた。その水が、近隣の農耕者を不安がらせたのである。当時すでに、一部の合成染料の有害性が指摘されて使用禁止になり、環境に優しい（エコ・フレンドリー）と称する合成染料に転換が進んでいた。それには、震災後に伝統工芸の支援にはいったユネスコのプロジェクトによる環境教育の一助があった。

しかし、近隣の不安は消えず、家庭用の下水設備を作るときに問題になった。飲料用の水道は、二〇〇四年にこの村に設置された。それに加えて家庭用の下水設備の設置を申請した際に、染色廃水を下水設備に流すのであれば許可しないと行政から却下されたのである。筆者も組合長のイスマーイールから相談をうけ、二〇〇七年にタンクからの廃水を日本に持ち帰り、廃水残渣の化学分析を行った。二〇〇八年にはＮＧＯが改めて廃水

図 5-2　新村に建設されたタンク。この中にはいって染色前後に布を洗う。2015 年筆者撮影

の調査を行った。これらのデータを活用しつつ、組合の委員たちは、廃水に含まれる有害物質の除去設備の勉強を始めた。

組合は、NGOに技術提供と助成金の申請をしたが、家庭用下水道の許可とあいまって難航した。二〇一二年に組合長は、自分のファームのタンクに廃水浄化設備を試験的に設置し、機能するかどうか実験した。また、組合の役員とともにいくつかのプラントを視察し、最終的に二〇一四年に、ミミズを用いた廃水浄化設備を設置することが決定された。建設額の試算が行われ、それに対して一部をNGOが支援してくれることが決定した。二〇一五年に設置工事が始まったところである。(図5-3)

廃水浄化設備は、単に廃水を浄化するだけが目的ではない。浄化した水を、再度タンクに戻して、布を洗う作業に用いることをめざしている。地下水は有限であるということを、組合の委員たちは強く認識しているからである。[19] 筆者は、調査で訪れるたびに、旧村で生じたように、新村の地下水がなくなったらどうしたらよいかと聞かれ、地下水は有限であ

図5-3 染色廃水の浄化装置を建設している。2015年筆者撮影

り、いったん枯渇すると方策がないということを強調していた。筆者だけではなく、他の専門家たちもそのことについては助言していたはずである。

このように、水の設備については、一度に解決方法が示されたというよりも、一つの案件が解決すると、さらなる問題が発生して、それに対して組合長を中心にして役員たちが、NGOや行政の専門家、研究者に相談したり、意見を交換したりして、解決法を探るということが行われていたことがわかる。

6 おわりに

D村から新村への移住はすすんでいる（図5-4）。ただ、住居と仕事場を移転させることが個人にとって大事業であるということをつくづくと感じる。二〇一五年に新村への移住世帯は九九世帯になった。稼働する工房は四二軒になった。それだけ新村の居住人口が増えても、いまなおD村に居住し、稼働する工房は多い。二〇一五年のD村の世帯数は、いまだ七九世帯あり、稼働する工房は六〇軒ある。自営業は、一日仕事をとめるとその日の収入が途絶する。工房の移転は必然的に仕事と収入の中断を招いてしまうため、そうならないよう彼らがとっている方法は、家族のうちの一部が新村に移転し、住居や仕事の環境を整えてから、他の家族も順次移転することである。例えば、息子の一人が独立するときに、D村を離れて新村に行くという選択をする人が多い。そのため、D村に残っている人々は、自分や家族のライフプランを踏まえて新村への移転の時期をはかっているようだった。

本章では、D村のカトリーたちの災害からの復興に得られた支援を、被災者側から描きだそうとした。外からの支援が活用されたのは、彼らが被災前の課題を共有していたために、支援の申し出があったときに明確なリクエストや交渉ができたこと、組合長や役員たちによるマネージメントの的確さがある。とくに、この事例では、組合長であるイスマーイールの尽力が大きかった。組合長は、人柄、人脈の豊富さ、父や兄弟たちのこれまでの村への貢

図 5-4　新村全景。2008 年筆者撮影

献などがあり、村人の信頼が厚かった。父の代から三〇年以上にわたり、手工芸開発を通して、中央政府や州政府、ＮＧＯ、海外の研究者など外部とのネットワークを維持していたことも大きい[20]。

援助するＮＧＯは、援助を「食べる（現地の慣習的な言い回しで、不適切に金銭を懐に入れること）」ことのない住民代表が存在したことが、適切な援助に結びついたと考えていた。ＮＧＯの援助が適切に使用されず、成功しなかった例は多い。Ｄ村の染色業者とはこれまでいくつものプロジェクトを行っていたために、接触するべき人物が特定できたことが、的確な援助に結びついたとＮＧＯの担当者は述べた。

Ｄ村のカトリーのあいだで意見の相違や諍いがなかったわけではない。同業であるということは競争相手でもある。カースト内婚のため、誰もが互いの関係をたどると親戚であり、親戚であることでかえって、より多く持つ者に対してねたみを生み出すこともある。そのような濃密な社会関係の中で、難しくなりがちな組合の運営を、平等と相互扶助を唱えるイスラームの教義が救っている面もある。

新村の計画をたてたときに、その中心となった組合の役員たちは、そろそろ世代交代の時期に差しかかっている。それぞれの生業も、また新村建設の仕事も、息子たちへの引き継ぎが行われつつある。染色業者たちの集団移転は、地震の被害によって促されたという

よりも、地震の前から進行していた環境変化に対応することによってなされた。ただし、地震によって住宅や工房を破壊されたこと、復興援助が得られる見通しがあったことで、染色業者たちは移転という思い切った再建策をとったのである。生業の持続可能性を高める機会として、災害と復興援助を利用した「利災」であったといえる。若い世代が、今後どのように新村建設をすすめ、染色の産地として村をどのように発展させるのか、今後も注目したい。

注

（1）筆者と調査地の関わりは、震災前の一九九八年に遡る。二年間にわたりカッチ県ブジ市において職能集団と染織品について人類学的な調査を行い、D村とも研究上の関わりを地震前から持っていた。被災後初めて現地を訪れたのは、震災から四カ月後の二〇〇一年五月である。D村に、現地のNGOを通して日本からの支援を送るボランティア活動を行った。その後、二〇〇三年一〇月から復興に焦点をあてた調査を始め、本稿を執筆している二〇一五年まで継続的に復興の過程を調査してきた。現地調査は、以下に挙げる研究費によって可能になった。記してここに感謝したい。トヨタ財団助成金「震災復興における援助者と住民の相互関係―インド、グジャラート州カッチ県の事例より」（代表　金谷美和）（平成一五年一一月～平成一六年一〇月）、科学研究費特別研究員奨励費「物質文化からみる災害復興研究―インド西部地震にみるローカルとグローバルの接触過程」（代表　金谷美和）（平成一八年～二〇年）、科学研究費基盤（A）「アジア・太平洋地域における自然災害への社会的対応に関する民族誌的研究」（代表　林勲男）（平成一六年度～平成一九年度）、科学研究費基盤研究（A）海外「大規模災害被災地における環境変化と脆弱性克服に関する研究」（代表　林勲男）（平成二〇年度～二四年度）、科学研究費基盤研究（C）（一般）「インド災害後のローカル文化再編におけるコミュニティ資源としての「手工芸」の意義」（代表　金谷美和）（平成二六年度～二九年度）。

（2）http://www.gujaratindia.com/distriotwise.html（2001.5.21 閲覧）。ただし、出典によって死者数は約一万六〇〇〇人、約二万人などばらつきがある。

(3) 一八一九年にマグニチュード八・〇、一九五六年にマグニチュード七・〇の地震が起こっている。

(4) *District Census of Gujarat, Kutch District.* 1991、二二四頁。国勢調査は一〇年に一度行われる。インド西部地震のために、二〇〇一年に行われる予定であったカッチ県の調査は中止された。ここでは一九九一年のデータを示す。

(5) カーストは、インドのヒンドゥー社会に特有の社会制度である。一般にカーストと呼ばれるものには、ヴァルナとジャーティーがある。ヴァルナとは、ブラーマン、クシャトリヤ、ヴァイシャ、シュードラという四つのグループに分類され、ジャーティーは、インド全国で数万ともいわれるグループに分類される。本稿ではジャーティーをカーストと記載して論じている。インドのイスラーム教徒には、ヒンドゥー教徒と同様のカーストが存在する。カーストの社会的特徴は、カースト内で結婚をすること、職業の世襲のほか、かつてはカースト間の上下関係の存在、水や食物の授受に規制があることなどであった。

(6) ただし、一世帯はこの後計画に参加しなかった。

(7) 条件は、染色に適した水が得られること、その土地の雰囲気がよいこと、モスクを建てるのに適していることなどであった。

(8) 災害直後に、被災者が互いに助け合い、食料や物資を分け合う状況が観察され、そのような状況をレベッカ・ソルニットは「災害ユートピア」と呼んだ［ソルニット 2010］。自宅が再建されると、それぞれが忙しくなり、日常的にすべてを分け合い助け合うという雰囲気は薄れていった。

(9) ヴィヴェーカーナンド研究教育所（Vivekanand Research & Training Institute）は、カッチを拠点に一九七五年に設立されたＮＧＯで、主に農業の技術指導などをもとに農村開発を行ってきた。農村の副業として手工芸生産にも力をいれている。
http://www.vrti.org/overview（二〇一五年一〇月三〇日閲覧）

(10) 一インドルピーは約二円（二〇一五年九月）

(11) Jamiat Ulama-i-Hindというデリーに拠点をおく一九一九年に設立されたＮＧＯ。

(12) D村の染色業の振興に三〇年にわたって携わってきたブリッジ・ブーシャン・バシンがその一人である［三尾、金谷、中谷 2008］。

(13) インド西部地震後、行政とＮＧＯの協働は積極的にすすめられた［三尾 2008］。

(14) このことは、二〇〇七年一一月の筆者らの調査で明らかになった。地震直後に、染色用の水を得ていた井戸のいくつかから鉄分の増加が認められており、水質の変化も、移転の要因となった。しかし、水質の変化は、むしろ井戸の掘削がより深くなっていることから生じており、地震による影響よりも、地下水位の低下に原因があると考えられる。
(15) インドでは、農業生産の向上のため、一九五〇年代以降、大・中規模プロジェクトによる灌漑が進展しているが、それを上回る勢いで地下水の利用が進んでいるという [篠田 1990]。カッチでは、利用可能な地下水は一九八四年から一九九七年の間に二六・五パーセント減少したという研究もある [Gupta 2004]。
(16) 水利料は、管井戸によって異なり、利用量に応じて、一工房あたり月に五〇〇ルピーから一五〇〇ルピーであった。
(17) 二〇〇七年には、二一工房が水利料を組合に払って使用していた。水利料は、使用量によって決められ、月に二〇〇ルピーから八〇〇ルピーであった。
(18) 共同タンクを使うことの不便は、タンクの容量が小さくて、各生産者が作業できる時間が短いこと、混み合う時間帯には待たなければならないことであった。ファームの建設例として、イスマーイールと兄弟たちが共同で、二〇一〇年に村から数キロメートル離れたところに農地を購入し、専用の水の設備を建設したものがある。
(19) 地下水が有限であるという危機感は、すべての組合員に共有されているわけではない。筆者の聞き取り調査では、楽観視する人が多かった。地下水が枯渇しても、遠方のダムから水をひいてくるから大丈夫だという理由をあげる人もいた。
(20) イスマーイールは、イギリス人研究者からの推薦をうけて、天然染料による捺染技術の伝承と、新村建設に尽力した功績をみとめられて、二〇〇三年にイギリスの De Montfort University から名誉博士号を授与された。

参考文献

Abhiyan 2003 *Coming Together: 5th edition*, Bhuj: Abhiyan, GSDMA & UNDP.

BHADA 2003 *Appraisal of Relocation Plan to Socio- economic Changes*, submitted to the World Bank, Bhuj: BHADA.

District *Census of Gujarat, Kutch District*.1991

Funakawa, Shin'ya, and Miwa Kanetani

2009　Chemical Composition of Water from Different Origins in Kutch, District, Western India.『沙漠研究』19(2):413-422.

Gupta, R.K.

2004　Water Governance in Gujarat State, India. *International Journal of Water Resources Development* 20:131-147.

GSDMA

2004　*Kutch: Resergence after the Earthquake.* Bhuj: GSDMA.

林勲男

2010　「総論：　開発途上国における自然災害と復興支援―二〇〇四年インド洋地震津波被災地から」『自然災害と復興支援』（みんぱく実践人類学シリーズ）明石書店 13-32

金谷美和

2007　『布がつくる社会関係―インド絞り染め布とムスリム職人の民族誌』京都：思文閣出版。

2008a　「インド手工芸開発の歴史―手仕事の担い手を支えた人々」三尾稔・金谷美和・中谷純江編『インド刺繍布のきらめき　バシン・コレクションに見る手仕事の世界』京都：昭和堂 82-86

2008b　「フィールドが被災地になるとき」李仁子・金谷美和・佐藤知久編『はじまりとしてのフィールドワーク　自分がひらく、世界がかわる』京都：昭和堂 265-280。

Kanetani, Miwa

2006　Communities Fragmented in Reconstruction after the Gujarat Earthquake of 2001. *Journal of the Japanese Association for South Asian Studies*, 18: 51-75.

Kutch Mitra Vishoshni Prakashan 2002

三尾稔

2008　「グジャラート大震災とＮＧＯ」林勲男編『アジア・太平洋地域における自然災害への社会対応に関する民族誌的研究』（平成16年度～平成19年度　科学研究費補助金［基盤研究（Ａ）］研究成果報告書）pp.43-66、吹田：国立民族学博物館。

Mukherjee, Nita

2003 *The Story of an NGO Network: Kutch Nav Nirman Abhiyan,* Mumbai: Ambuja Cement Foundation.

Muslim Khatri Jamat Anjar-Kachchh

1993 *Wasti Patrak 1993,* Bhuj: Faim Art.

Oliver-Smith, Anthony

1992 *The Martyred City: Death and Rebirth in the Andes.* Prospsct Heights. Waveland Press.

1996 Anthropological Research and Hazards and Disasters. *Annual Review of Anthropology* 25:303-28.

Simpson, Edward

2005 The ʻGujaratʼ Earthquake and the Political Economy of Nostalgia, *Contributions to Indian Sociology* (n.s.), 39(2): 219-249.

2014 *The Political Biography of an Earthquake: Aftermath and Amnesia in Gujarat, India,* New York: Oxford University Press.

Simpson, Edward and Stuart Corbridge

2006 The Geography of Things That May become Memories: The 2001 earthquake in Kachchh-Gujarat and the politics of Rehabilitation in the Prememorial Era, *Annals of the Association of American Geographers,* 96(3): pp.566-585.

篠田隆

1990 「西部インドの大・中規模灌漑プロジェクトにおける農民による水管理の現状と問題点」『大東文化大学紀要』28: 137-161。

ソルニット、レベッカ

2010 『災害ユートピア　なぜそのとき特別な共同体が立ち上がるのか』高月園子訳、亜紀書房。

山本博之

2011 「災害対応の地域研究―被災地調査から防災スマトラ・モデルへ」『地域研究』11(2):49-61。

第３部

防災と文化

第6章

開発途上国の庶民住宅は本当に災害に弱いのか：その実態と支援のあり方

田中　聡
TANAKA Satoshi

1　はじめに

「枠組組積構造」というものをご存じだろうか。「ワクグミソセキコウゾウ」と読む。この構造を利用した住宅は日本ではあまり見かけない。別に禁止されているわけではない。倉庫など一部の建物に利用されているのみで、日本ではほとんど見かけない。しかし目を世界に転じてみると、この形式は、特に都市部の庶民住宅では一般的な構造形式であることがわかる。枠組組積構造とは、要するに鉄筋コンクリートで柱・梁といった建物の骨組みを作り、壁をレンガやコンクリートブロックで積み上げた形式の建物である。開発途上国の庶民住宅といえば、木造住宅やトタン張りのバラックのような簡易住居を想像するかもしれない。しかし、それは農村や漁村といった比較的遠隔地の状況で、都市部では枠組組積構造の住宅が主流である。このコンクリートでつくられた住宅は、木造やトタン張りの住宅よりも高級な住宅であると認識されており、都市部の庶民にとってはあこがれの的でもある。

しかし、こうした構造物が、地震災害が発生する度に倒壊し、多くの死傷者を出す。特に開発途上国で地震災害が発生した場合に、その傾向が顕著にあらわれる。建物の構造そのものが悪いわけではない。この構造で耐震性の高い建物を建設することが可能であることは、米国などにおいて同様な構造の建物が多く建設されていることでもあきらかである。つまり、原因は別にある。つくり方が悪いのである。このようなつくりの悪い建物が建設される背景として、多くの場合、経済的貧困が指摘される。しかし、それ以外にも制度的・技術的な要因が複雑にからみあっており、システムの問題として考える必要がある。

この課題を検討するために、アジア・太平洋地域の地震津波防災に関する研究プロジェクトの一環として、フィリピン・マリキナ市を対象に庶民住宅の耐震化問題に関する研究プロジェクト（以下、マリキナ・プロジェクトと記す）が実施された。本稿では、このマリキナ・プロジェクトから得られた成果を中心にこの問題について述べる。

2 なぜ開発途上国の庶民住宅は災害に弱いといわれているのか

近年、アジア・太平洋の各地で地震災害が多発している。二〇〇八年に中国四川省で発生した地震災害は記憶に新しいところであるが、その他にもここ一〇年の間に、インド、イラン、インドネシア、トルコ、ネパールなどの各国で、数千人から数万人規模の人的被害をもたらす地震災害が発生している。

これら地震災害の際に、多くの死傷者を発生させる主な原因の一つとなっているのが、建設技術者が建設にかかわらないために、その耐震性がきわめて低いと考えられている、いわゆるNon-Engineered住宅の倒壊である。中でも枠組組積構造の二～三階建て住宅は、庶民住宅として東南アジアから西アジア地域に広く普及している。特に都市部における低所得者層の住宅は、耐震上の多くの問題点をかかえていることは広く認識されているにもかかわらず、その実態はほとんどあきらかになっていない。さらに開発途上国においては、過去に建設された住宅の耐震化の問題だけでなく、現在も次々とこのような不良ストックが建設され続けている点や、家族の増加にともなって、無秩序に上層階への増築を重ねている点にこの問題の深刻さがある。

地震災害によって被害が発生する度に、世界中の多くの研究者が調査を実施し、被害を受けた建物の耐震性に関する様々な課題を明らかにしてきた。これらの調査から主として三つの課題が指摘されている。

第一の課題は、建設技術の未熟さの問題である。すなわち柱や梁に使用している鉄筋が細い、帯筋など柱や梁が地震力に抵抗するための鉄筋の配置間隔が広い、コンクリートの質が悪い、施工の精度が低い、など建設技術者なら当然見落としてはいけない点が見落とされていることによる、とされている。つまり、現地の建設職人に十分な技術がないからつくりの悪い住宅が建設されるという指摘である。特にNon-Engineered住宅は建築士や構造技術士など資格をもった技術者が建設に関与しない。そのため先進国からの支援は、建設技術の指導や移転など、建設職人の技術教育支援に重点がおかれている。しかし、地元の建設職人の技術に関しては、詳しく調査検討された記録はあまりない。むしろ被害の実態から演繹的に「技術が未熟である」と判断していると考えられる。実際、地元自治体の建設部局に尋ねても、Non-Engineered住宅の建設の実態をそもそも把握していない。担当の役所も、人手不足から実態を把握し、適切な指導をすることが不可能な状況である。さらに、守るべきとされている建物の耐震基準も、多くの場合欧米の基準をそのまま適用したものが多く、内容は立派であるがそれぞれの国の建設実態に即していない。

第二の課題として、建設資金の問題である。経済的貧困により施主が十分な建設資金を準備できないため、品質のよい材料が購入できないという点である。これは施主側の問題である。そこで現地で入手可能であり、かつ安価な材料による耐震性の向上技術も研究されている。

第三の課題としては、住民のリスク認知の問題があげられる。住民は自分の住む土地に関するリスク情報をほとんどもっていないため、リスクに備える行動をとらないという点である。これは建設職人、住民の双方に関する問題で、やはり教育啓発による改善のための支援が行われている。

　このような課題に対し、日本をはじめとした先進国からの多くの技術支援にもかかわらず、開発途上国のNon-Engineered住宅は確かに地震に弱い。同じような建物が繰り返し建設され、地震災害が発生するたびに悲劇が繰り返される。これは事実である。これまでの支援の効果がなかったといっているわけではない。しかし支援の効果を上げるためには、これらの課題について、より詳しい調査と分析が必要であると考えている。

　そこで、フィリピン共和国マリキナ市の不法居住者の再定住地をフィールドとして、このような開発途上国の住宅の耐震問題について考えてみる。

3　マリキナ・プロジェクト

　まず、調査研究対象としたマリキナ市について簡単に解説する。マリキナ市は、フィリピン・ルソン島南部、マニラ首都圏の北東に位置し、面積二一・五平方キロメートル、人口約四三万人の都市である（地図6－1）。主要産業は、

地図6-1　調査対象地（フィリピン・マリキナ市）

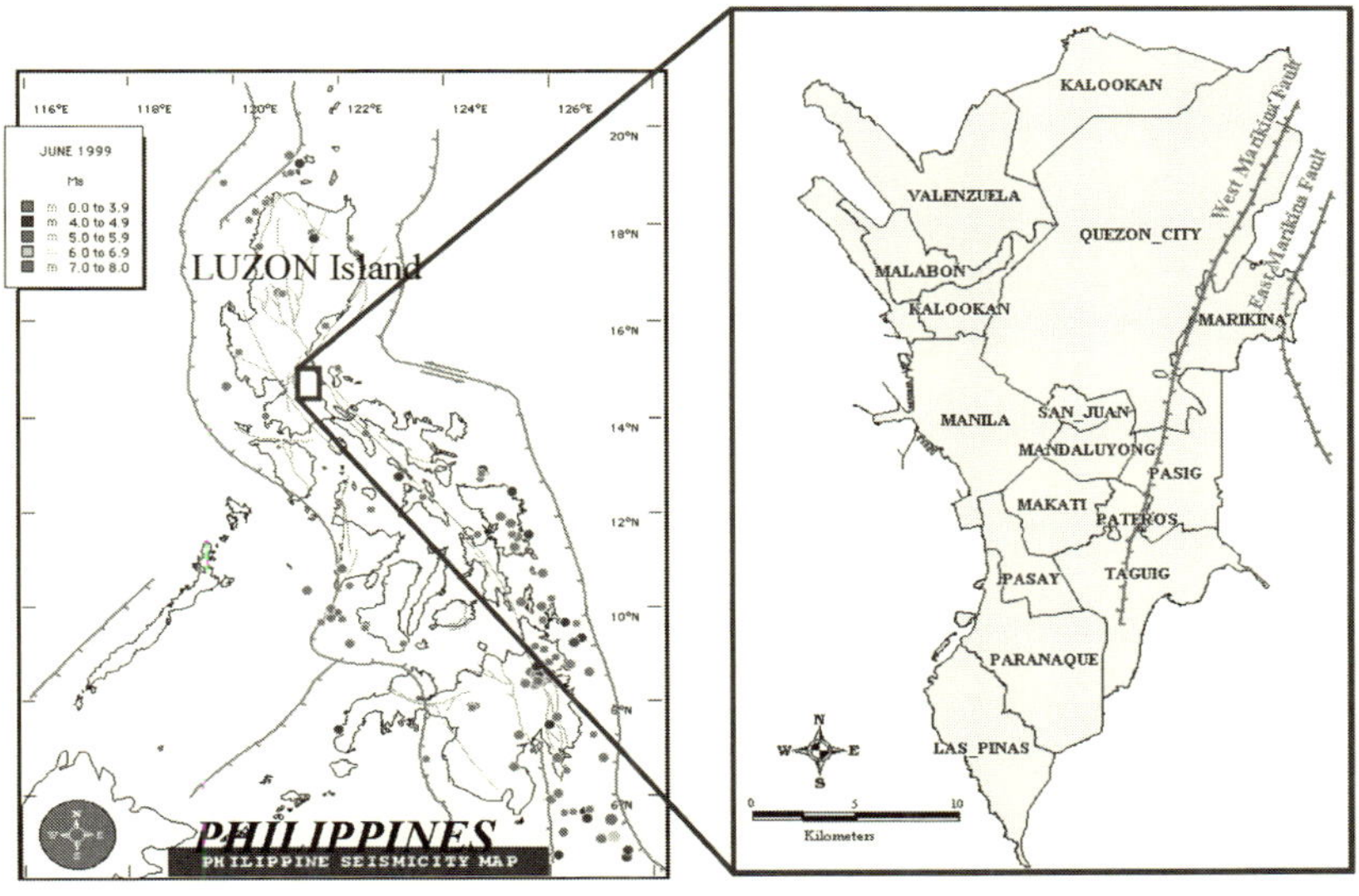

靴産業やたばこ産業などであり、マニラ首都圏のベッドタウンとしても機能している。マリキナ市周辺にはウェスト・ヴァリー断層（West Valley Fault）と呼ばれる活断層が存在し、将来マグニチュード七クラスの地震の発生が予想されている。フィリピン火山地震研究所（Philippine Institute of Volcanology and Seismology）によるハザードマップも作成され、地震発生時には大きな被害が予想されている。

マリキナ市では、不法占拠居住のないコミュニティを目指して、不法占拠居住者を再定住地に移動させるプログラムを推進している。それぞれの再定住地では原則として各世帯に一区画（二四平方メートル）の土地が与えられ、毎月二五〇〜三〇〇ペソ[1]を二五年間支払うというコミュニティ抵当事業を活用して、不法占拠居住者に土地所有を実現させる施策である。これらの土地に建てられた住宅の大部分は枠組組積構造二〜三階建の Non-Engineered 住宅で（図６－１）、技術者による耐震性の検討は行われておらず、また、材料や施工法についてもその実態はほとんどわかっていない。市役所では、これらは耐震性に問題がある建物であるという認識はあるものの、その実態を把握している

図 6-1　枠組組積構造 2-3 階建の Non-Engineered 住宅

わけではない。

このマリキナ市の再定住地における住宅建設を事例として、開発途上国の地元職人の建設技術や建設された住宅の耐震性について検討を行う研究プロジェクトが開始された(2)。

庶民住宅を建設する人々

マリキナ市の再定住地における枠組組積構造Non-Engineered住宅の建設プロセスについて、建設職人の「建設工事に対する基本的な考え方」「習慣」「知識」「経験」を知ることは、この地域の建物の質を把握する上で重要な情報である。そこで、彼らがもつ建設作業に関する暗黙知について系統的にあきらかにするために、この地区在住の建設職人にインタビュー調査を行った。

(1) 職人集団の構造

建設職人の職種は、それぞれの技能により数種の建設職がある。表6-1に主な職種の内訳とその作業概要を示す。このうち棟梁(Foreman)以外を職人(Worker)とよぶが、職人も二つのカテゴリーに分類され、大工(Carpenter)、石工(Mason)などの技術を持つ技術工(Skilled Worker)と労働力のみの労働員(Labor)に分かれる。

(2) 棟梁(Foreman)

現地の棟梁一二人に対してインタビュー調査を行った。インタビュー対象者の平均年齢は四三・一歳、全員男性であった。

表 6-1　建設職人の職種内訳

職種	内訳(人)	主な作業概要
Foreman(棟梁)	1	現場監督
Carpenter(大工)	3	型枠の制作、室内のキャビネットの制作など
Mason(石工)	5	コンクリートブロックの配置
Steelman(鉄筋工)	1	鉄筋の準備
Painter(仕上工)	1	内外装
Labor(労働員)	5	資材運搬、コンクリート練り、鉄筋の組み立てなど
Helper(補助員)	2	労働員の補助、見習い

彼らが建設業に就いた年齢は、一〇～二〇歳代がもっとも多く（九二パーセント）、その平均年齢は二〇・七歳であった。それに比して棟梁になった年齢は、二〇歳代六人、三〇歳代二人、四〇歳代一人とばらつきが見られ、その平均年齢は二九・〇歳であった。建設業についてから棟梁になるまでの年数で見ると、最短の人で一年、最長で二〇年かかっていた（平均九・一年）。

「どのようにして棟梁に必要な技術を学びましたか」の質問には、「仕事をしながら学んだ」と答えた人が一一人（九二パーセント）だった。キャリア・パスは大きくわけて二つ存在しており、①ビル建設などの大規模な建設現場で働きながら技術を学び独立、②父・叔父などの血縁が棟梁をしておりその仕事を手伝いながら技術を学び独立、であった。

収入は、週単位で三五〇～五〇〇ペソ（平均四二〇ペソ）であるが、個人住宅やアパートをまとまった戸数建築する「大きなプロジェクト」にかかわると、収入は月単位で一二〇〇～四万ペソとなっていた。一方、仕事がない場合は、労働員、石工、大工として他の現場にでかけることもあり、収入はなかなか安定しないことがあきらかになった。

仕事の手順について、「他のグループでも同じ建て方をしているか」の質問に対しては、材料・デザインは若干違うが基本的には「同じ」と答えた人が七人（五八パーセント）、「違う」が三人（二五パーセント）、回答なし二人（一七パーセント）であった。

仕事において優先することは、「予算」を含めた「顧客満足」をあげた人が九人（七五パーセント）、「構造（柱・梁・鉄筋）」と答えた人が三人、「サイズを間違えないこと」二人、その他であった。では、実際に施主の希望によって、デザインを変更する場合は、全員が「流しやトイレ、入り口の位置のみで、構造体の変更はしない」と回答している。

「家を建てる際に、どのような災害に配慮しているか」の質問に対しては、「地震」と答えた人は三人（二五パーセント)、「その他の災害(水害、犯罪、火災など)をあげた人」が八人(六七パーセント)、「考慮していない」とした人が一人であった。災害の対策としては、「基礎を丈夫に」四人、「図面に忠実に(防災対策は構造技術士の仕事と考えている)」二人、「地中梁をいれる」二人、その他二人であった。「自分の建てた家は地震に強いと思うか」の質問に対しては全員が「強い」と考えており、その理由としては「今まで地震で壊れていない」(五八パーセント)、「図面どおりに建てているから大丈夫」(一七パーセント)、「基礎が深い」(八パーセント)、「フィリピンの耐震基準に沿っている」(八パーセント)であった。

(3) 職人(Worker)

現地の職人一九人に対してインタビュー調査を行った。インタビュー対象者の平均年齢は三八・三歳、全員男性であった。

職種別に見ると、労働員の平均年齢は三〇歳、技術工の平均年齢は四三・二歳とかなり開きがある。建設業についてからの年数も、労働員では五年以下が七一パーセントであるのに対し、技術工では、一〇年以上が六七パーセントともっとも多い。一方、労働員から技術工になるまでの年数はほとんどの人が五年以下(七五パーセント)であった。

いつも一緒に仕事をする棟梁の数では、労働員では、「五人以下」が四人(五七パーセント)ともっとも多いが、技術工では、「五~一〇人」が六人(五〇パーセント)、「一一人以上」が五人(四二パーセント)と、経験年数に応じてその数は増加する。

建設作業における棟梁の指示については、「サイズのみ、あるいは〝掘れ〟〝練れ〟などのおおざっぱな指示でやり方は自分で考える」が一六人(八四パーセント)、「細かな指示がある」が三人(一六パーセント)で、個々の作業に職人の技術の差が出やすいことがうかがえる。

「地震について知っているか」に対しては、「知っている」が一〇人(五三パーセント)であるが、小さな地震の体験がほとんどである。「知らない・体験がない」と答えた人が九人（四七パーセント）であった。

「自分の建てた家は地震に強いと思うか」の質問に対しては、「強い」一五人（七九パーセント）、「どちらともいえない・わからない」四人（二一パーセント）であった。その理由としては「太い鉄筋を使っている」（三二パーセント）、「今まで地震で壊れていない」（一六パーセント）、「クラスAのコンクリートを使用している」（一六パーセント）、「しっかりつくっている」（二一パーセント）であった。

（4）建設技術

建設作業の進め方や役割分担、技術の習得プロセスについてもインタビューを行い、その特徴はいくつかの論点にまとめられる。

①棟梁の仕事は「設計図」を読んで、職人に指示を出すことである

棟梁であるために必要な条件として、すべてのインタビュー対象者が「設計図を読むことができる」をあげていた。したがって現地における棟梁の仕事とは、図面を読んで職人に指示を出すことであると規定できる。裏を返せば、建設現場では棟梁以外の職人は、多くの場合図面が読めない事実を示している。また、技術工から棟梁への昇格を認めるのは、一緒に働いている建築士や構造技術士である。「仕事をしながら技術を学んだ」とする棟梁が九割を超えていたことからもわかるように、実際は、現場で建築士や構造技術士といった専門技術者が技術工に図面の読み方を教えて、棟梁に昇格させている。

②Non-engineered 住宅は棟梁のスケッチに基づいて家が建てられている

Non-Engineered 住宅の場合、その設計は棟梁のスケッチだけある。このスケッチをもとに施主と建設の打ち合わせをする。ここでは、予算、工期、構造、レイアウトなどが話し合われるが、平均一～二時間ときわめて短い。

施主の予算によって材料を変更することもある。

③技術工の技術認定の基準はあいまいである

職人の職種は、一般的に単純労働の労働員から始まり、石工・大工へと昇進する。ここで昇進を認めるのは工事を担当する棟梁であり、客観的な技術審査があるわけではない。労働員は石工や大工などの技術工について仕事を覚え、棟梁に認められるとそれぞれの技術工になる。したがって、親類などに棟梁や技術工がいる場合は、直接技術を教えてもらえるため、昇進がはやい。このように技術認定の基準がないため、労働員から一年足らずで昇進する者もいれば、一〇年近く労働員のままである者も多い。一概に技術工といってもその技術の差がきわめて大きい。棟梁は、よく一緒に働く技術工がおり、いつも工事を請け負うときには、それらの職人に声をかける。また技術工は単に技術を身につけているだけでは十分でなく、道具を所有し、工事現場に持参しなければならない。道具の値段は彼らの収入から見ると比較的高価であり、すべて集めるには結構時間がかかるとのことであった。

④棟梁の建設作業の管理はかなりおおざっぱで、仕事の質は職人の技量に依存している。

棟梁から職人への指示は、場所やサイズを指定するだけの、かなりおおざっぱなものであった。個々の作業のやり方は職人自身が決める。したがって、個々の職人の技術力の差が出やすい。

⑤強い建物をつくるための知識は、経験則による

建物の耐震性に寄与する事項に関する質問には、ほとんどの人が、(1)深い基礎、(2)地中梁をいれる、(3)太い鉄筋、(4)コンクリートの調合にクラスA（セメント：砂利：砂＝一：二：三）を採用、などの点をあげていた。これらの知識は、これまで経験した建設現場で建築士や構造技術士から教えられた情報である。しかしどのような配筋方法が

基準に適合しているのか、コンクリートを練る際の水の量、など耐震性向上に重要な実際の施工方法についての情報はほとんど持ち合わせていない。

⑥技術的知識は、現場からの経験や伝聞によって入手されたもので、工学的に正しいものとそうでないものが混在している

棟梁、職人ともに、耐震基準の存在は知っていた。ただし、彼らへの知識の供給源は一緒に働いた建築士や構造技術士、あるいは彼らから情報を仕入れている棟梁であり、実際に技術を記述した書籍等を読んだわけではない。そのためこれらの基準を系統的に学習しておらず、その知識は断片的である。特に配筋方法などについては、過去の現場での実践が、そのまま基準に準拠していると考えていた。コンクリートの調合に関しても、砂・砂利・セメントの配合比率に関しては、正確な情報を持ち合わせているが、水量に関する情報は欠如していた。これは、大きな建設現場、すなわち彼らが建築士や構造技術士から知識を学ぶ場においては、セメント工場で練り混ぜをしてから建設現場にミキサー車で運ばれる生コンクリートが使われており、水量よりも施工性の情報しか入ってこないためであると考えられる。

⑦普段の仕事は、知り合いからの紹介による地元の仕事が多いが、時折大きな現場でも働く機会があり、人脈を広げ、技術を学ぶ場となっている

建設の仕事が入ってくるルートとしては、仕事で知り合った人、前に一緒に仕事をした施主や建築士や構造技術士から声がかかる場合が多い。しかし、いつも現場周辺だけで小さな住宅を建設しているわけではなく、大手の建設会社などの大きな建設現場でも働き、そのような場で建築士や構造技術士と知り合う機会を得ていた。これら大きな現場は、新しい知識や技術を習得する場であり、建築士や構造技術士から目をかけられることもあり、次の仕

事につながるチャンスの場ととらえていた。

⑧「これまで地震で壊れたことがない」という根拠で、自分が建てた建物の耐震性は十分であると考えている

これまで自分が建設した建物は、これまでの地震で壊れたことがないし、施主から文句をいわれたことがないという理由で、地震に強いと考えていた。また、コンクリートの建物は、木造など軽量な建物より地震に強いと考えていた。

⑨「よい」技術の取得には前向きだが、コストが技術の普及のカギとなると考えている

この地区のNon-Engineered住宅の建設方法は、グループによって違いはなく、ほぼ一定であった。ただし急いで建設したり、コストを抑える場合に品質の低下が見られる場合があった。また、施主の意見で変更されるのは、トイレ・流しの位置、仕上げなど非構造部分のみで、構造体の変更はほとんどなかった。これは建物構造に考慮したというより、敷地が三メートル×八メートルしかないため、変更できる箇所が少ないという現実の制約であると考えられる。

建設職人として、より耐震的に強い工法には興味があり、実際の施工の際に使ってみたいとは思うが、採用するかどうかは施主の意向次第であると答えた人が多かった。あるいは、「施主を説得する必要がある」から、新しい技術は強くていい物であるといううわさが広まれば、採用が容易となるという考えを示した人もいた。この新しい技術の採用に伴うコストの増加については、現状の一・五倍なら何とか可能かも知れないが、二倍では無理であると考えていた。ただしこれは他人の家を建設する際の話で、自邸では一・五倍でも難しいという回答が多かった。

以上のように、現地の建設職人の現状は、棟梁と職人とも、建築士や構造技術士と一緒に働いた際に得た知識や

技術を活用しながら経験に頼って建設している。したがって、様々な種類の建設現場を経験し、技術に関する多くの情報を持つ職人も多い。また、電動工具を使わずに鉄筋を曲げて加工する技術などは見事である。しかし、それぞれの情報が断片的で体系化された知識となっていないため、全体として耐震性に問題がある建物となってしまうという実態があきらかになった。つまり、建設技術の未熟さの問題は、個々の技術に関するものではなく、個々の技術を束ねる体系に関する知識の不足の問題であると考えることができる。したがって、現地の建設職人に現状の技術的問題点を指摘するだけではなく、少し遠回りのように思えるが、技術体系の教育が品質向上の王道であろう。当たり前の話であるが、現地の職人が理解し行動に移せるような教育方法が課題となっている。職人への教育だけでなく、もう一つ別のアプローチと組み合わせることが必要であろう。

住宅建設の方法

次にNon-engineered住宅の建設プロセスを技術の視点から把握するために、住宅建設を観察する必要がある。そこでこの地区に典型的な住宅を選定し、その住宅を建設した棟梁に、全く同じ住宅の建設を依頼した。選定した住宅は、標準型（三メートル×八メートル）の平面をもち、地元の棟梁によって建設された二階建ての枠組組積構造Non-Engineered住宅（築二年）である（図6－2）。

建設を依頼した住宅（二棟）の建設工程を表6－2に示す。二棟の建設は二〇〇三年九月二九日に着工し、約一カ月後の一〇月三一日に竣工した（図6－3）。工事は重機や溶接を含めて電気機器を用いず、全て手作業で行われた。工事手順には無駄が少なく、現地独自の建設システムが確立されていた。二棟の建設に要した総労務量は、一日あたりの作業員を一八人で算定して約五二〇人日であった。

使用した主な材料はコンクリート、鉄筋およびコンクリートブロック（ＣＨＢ）である。建設現場ではこれら材料の保管状態が悪く、特に鉄筋は使用時に大量の赤錆が発生していた。コンクリートの調合は現場で行われ、セメ

図 6-2　選定した典型的な Non-Engineered 住宅

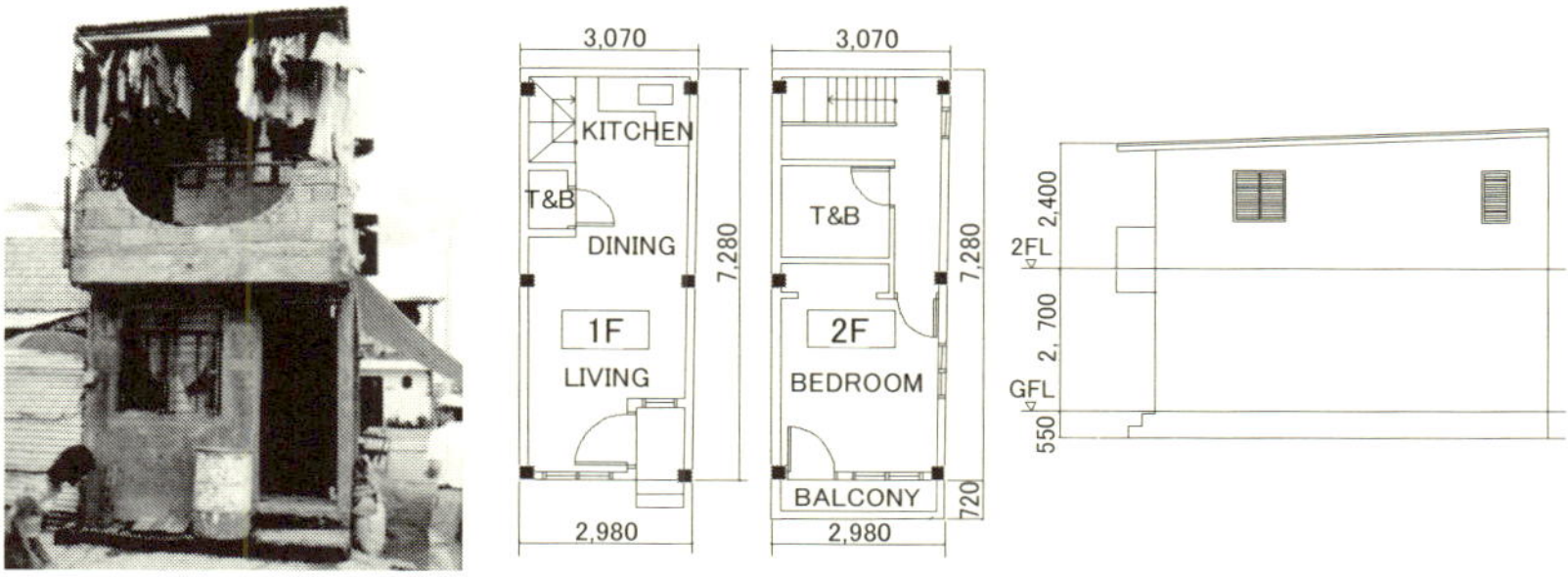

表 6-2　依頼した住宅の建設工程

部位	2003年	9月		10月																														
	項目	29	30	1	2	3	4	5	6	7	8	9	10	11	12	13	14	15	16	17	18	19	20	21	22	23	24	25	26	27	28	29	30	31
基礎 	掘削	測量・掘削																								 完成図								
	フーチング・タイビーム		鉄筋組み・セット																															
	コンクリート打設			フーチン	タイビー																													
1階壁・柱 	CHB配置					セット																												
	柱鉄筋		鉄筋組み・セット																															
	型枠・コンクリート打設					型枠製作			型枠セッ	打設	脱型																							
2階梁・床スラブ 	壁鉄筋									鉄筋組み・セット																								
	スラブ筋												支保工			鋼製波板セット・配									支保工撤去									
	型枠・コンクリート打設												型枠製作・セット			型枠製作・セット		打設		脱型														
2階壁・柱 	CHB配置																		セット															
	柱鉄筋																			配筋														
	型枠・コンクリート打設																				型枠セット		打設	脱型										
屋根・階段・その他 	屋根																								小屋組み・金属板セット									
	階段																									階段配筋・打設				脱型				
	バルコニー・その他											1階内壁											2階内壁		1階内壁(続)・バルコニー・1階床					建具・仕上げ・片づけ				竣工

図 6-3　建設工事の観察

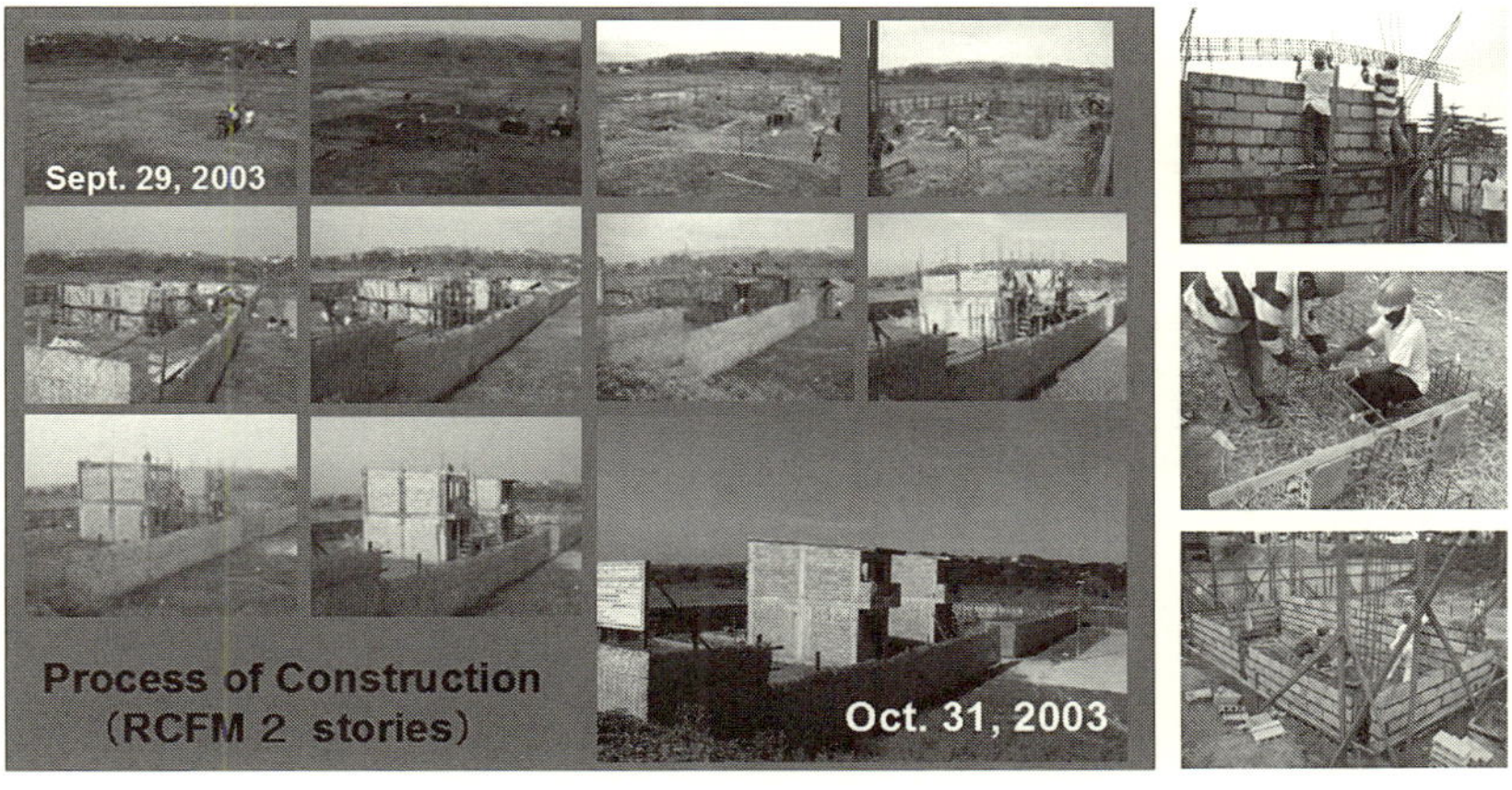

ント一袋四〇キログラムあたりに〇・〇二七立方メートルの容器を用いて砂利を三杯、砂を三杯の割合で混合する。水は目分量で加水しており、コンクリートの練り上がり状態はコンクリートの流動性をはかるスランプ試験で、値の測定が不能なほど多量の水を含んでいた[3]。材料の強度試験を行うと、鉄筋とＣＨＢの強度は標準か少し弱い程度であるが、コンクリートの強度はきわめて低く、またコンクリート打設ごとの強度のばらつきも大きい。これは練り混ぜ時の水量の管理が不十分なことによると考えられる。

耐震性の確認と改良工法の提案

この住宅が地震時にどのように破壊し、どの程度の強度を持っているのかを推定するために、水平方向への引き倒す実大破壊実験を行った（図６－４）。実際の住宅の倒壊という状況への認識を深めてもらうために、実験は住民にも公開された。実験の結果、現状二階建て程度ならば、その耐震性能は著しく低いというほどではないが、将来三階建などの上層階の増築を考慮すると、耐震性向上策を検討する必要があることがあきらかになった。

そこでこれまでの情報を総合して、現地に受け入れ可能な改良工法を提案した。とくに電気機器を全く用いないという工事に関する現地の慣習や資機材調達の制約を考慮して、コンクリート調合や鉄筋の配筋方法などの設計方法から、コンクリート混練や打設手順の改善など施工方法など必要最低限の項目を選定した。

図 6-4　実験の様子

図 6-5　実験結果：建物の強度（縦軸）と変位（横軸）の関係

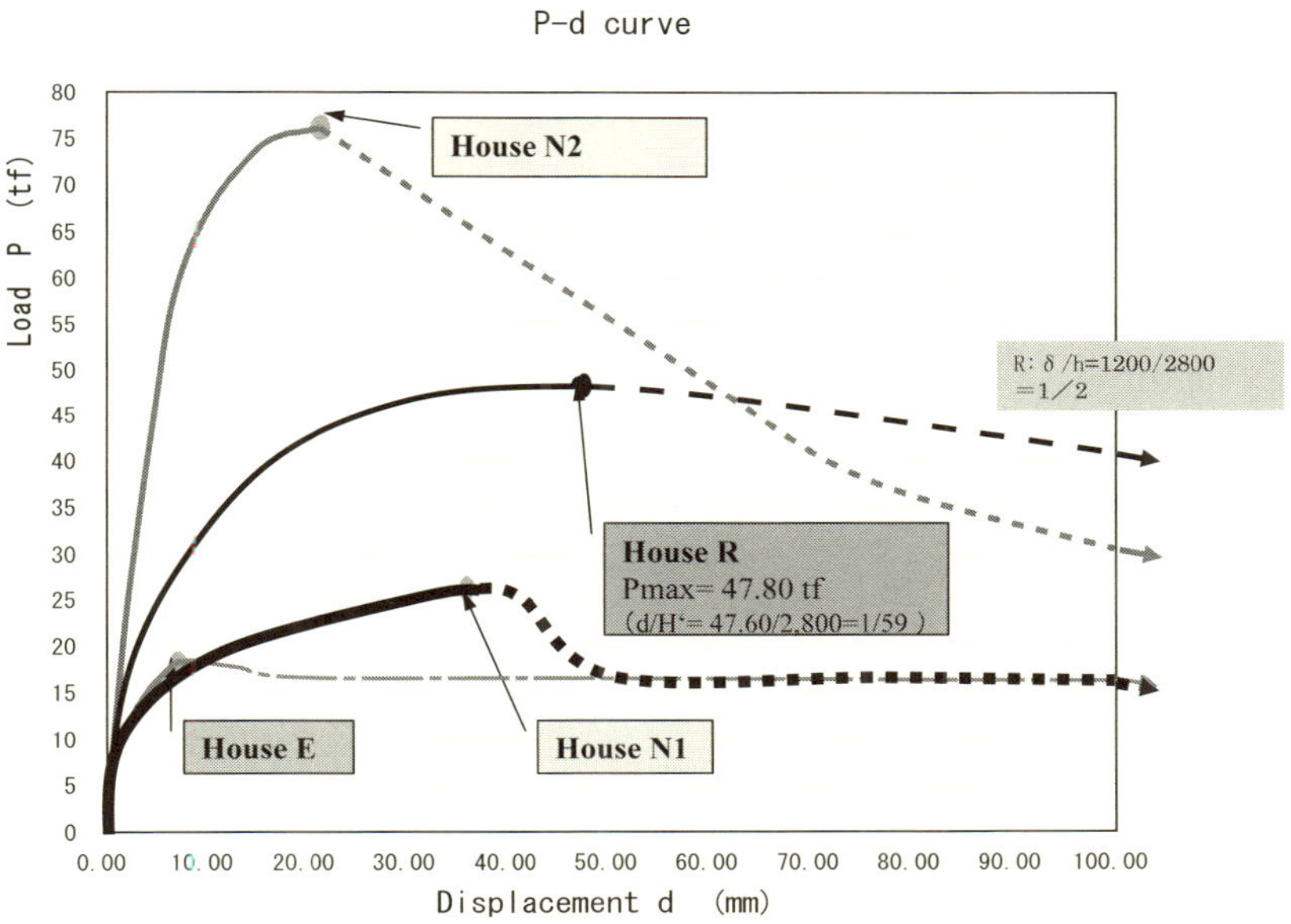

House E：既存の住宅（築２年）
House N1, House N2：実験のため新築した住宅（既存の住宅とおなじ工法）
House R：改良工法によって新築された住宅

House N1 と House R を比較すると建物の強度が約２倍となっている。また建設工事を監視していた影響か、新築住宅（House N1）の方が既存住宅（House E）より若干強度が高い。
（House N2 は、建物が強い方向に引き倒した結果で参考値）

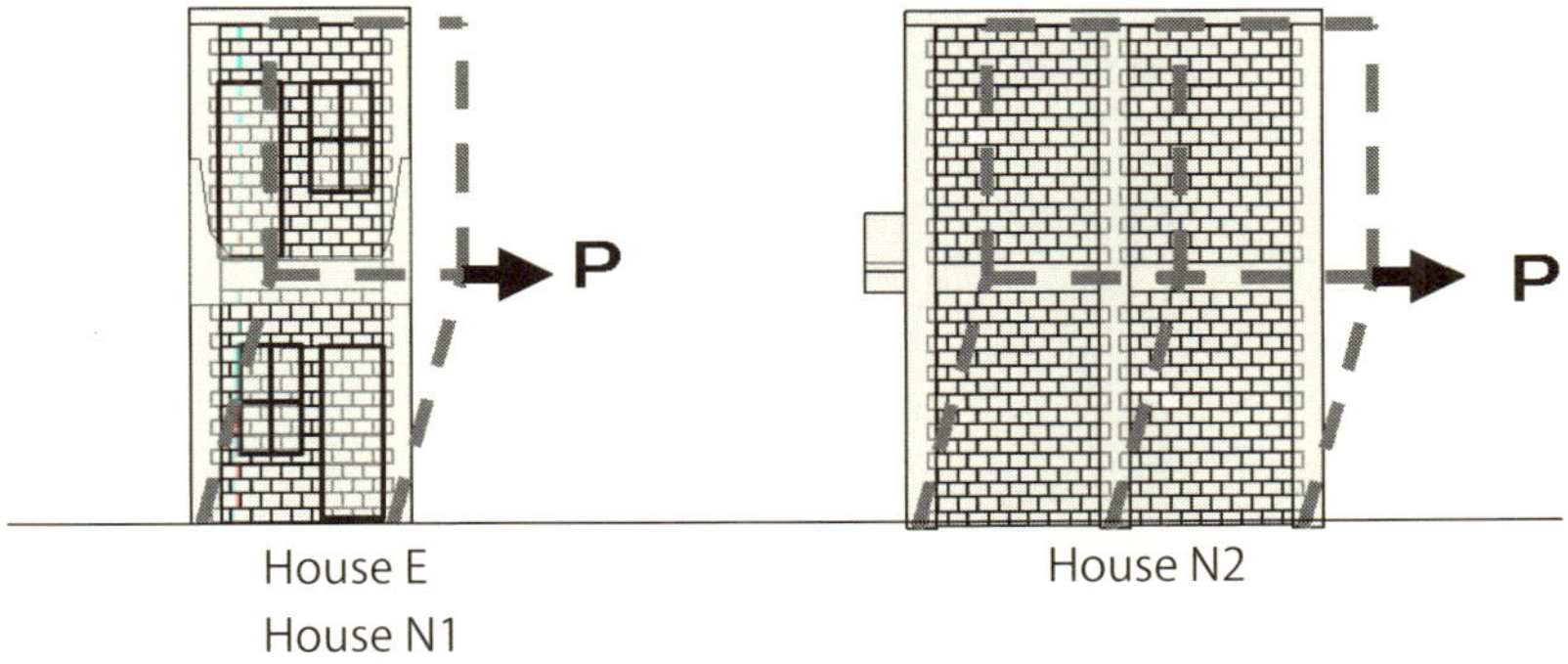

加力方向

つぎにこの工法を使って新たに住宅の建設を依頼し、改良効果を確認するために、完成した住宅を同じように水平方向への引き倒し、その結果を比較した。改良工法による建設工事は、特に大きな障害もなく在来工法とほぼ同じ工期で完成し、技術的な問題も特に発生しなかった。材料の強度試験を行った結果、コンクリート強度は改良前に比べて二倍程度の改善が見られた。さらに引き倒し実験の結果、従来の建物より約一・五倍の強度を持つこともあきらかになった（図6-5）。また、破壊のプロセスも、より倒壊しにくい壊れ方へ変化するなど、建設費の増加を最低限に抑えた改善項目でも、大幅な耐震性能向上が可能であることを示しており、今後の Non-Engineered 住宅の耐震性能向上策の検討に大きく寄与すると考えられる。

改良工法の住民への普及

この改良工法は、現地に適用可能な実用最小限の項目に絞ってあるため、実はフィリピンの建築基準を満たしていない。そのため市役所としては、この工法を公式に認めるわけにはいかないという立場を崩さない。

図 6-6　改良工法を解説するパンフレット

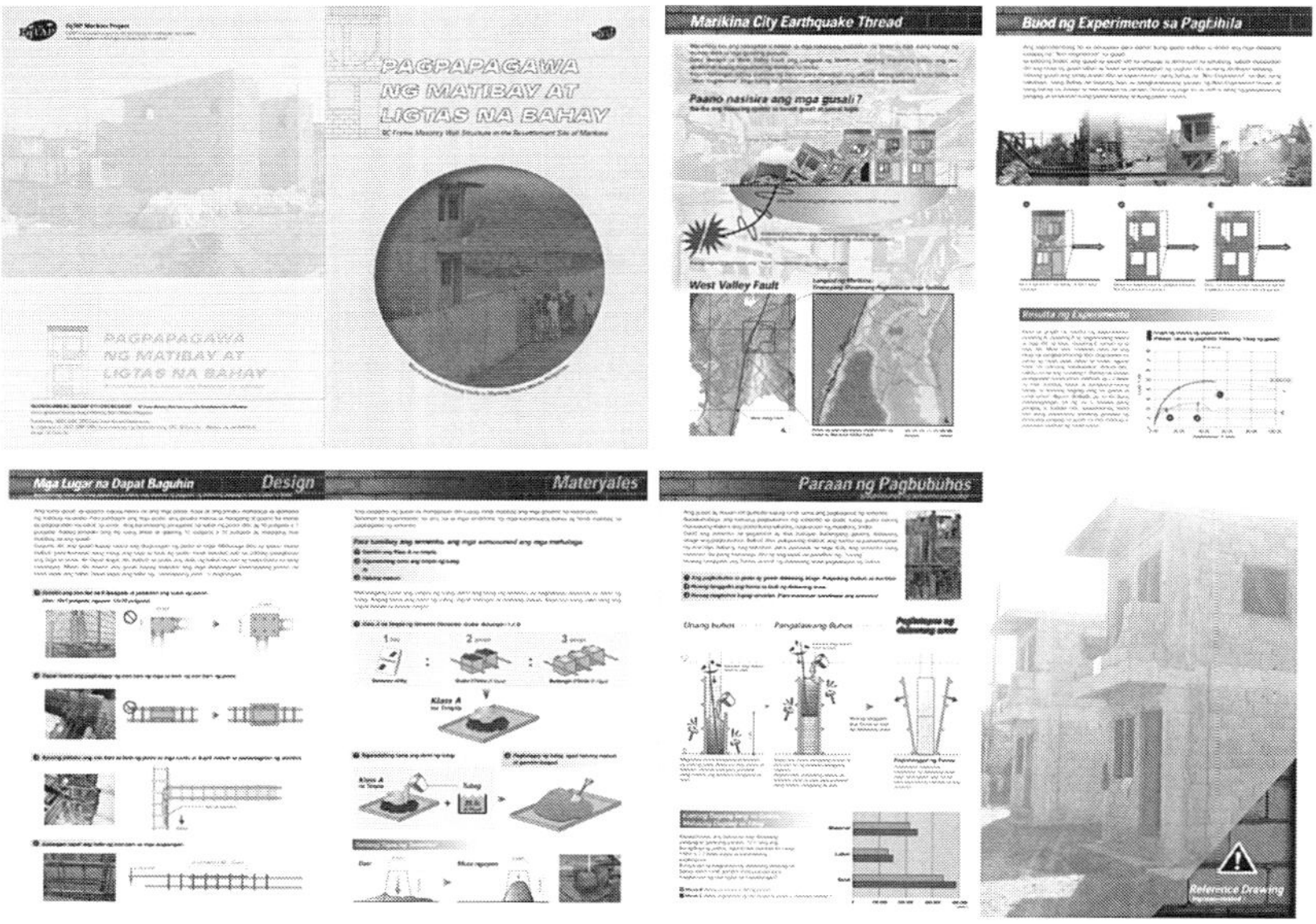

しかし一方で、このような地域では、建築基準を満たした住宅の建設を促進することが困難であるという事実も認めている。そこで交渉の結果、再定住地の住宅建設に限ってこの工法を認めるということに落ち着いた。そこでこの工法の住民への普及を促進するために、耐震化の意義、改良工法による工事のポイントを解説したパンフレットを作成した（図6－6）。今後、様々な機会を通してこの普及を図っていくが、住民は耐震性能向上にともなう建設費の増加にはきわめて敏感であり、この両者のトレードオフの関係をどのようにまとめてゆくかが今後の課題である。

マリキナ市でのプロジェクトは以上のような経緯で終了した。住宅の耐震性向上のためには、建設費の増加、すなわち建設資金の問題も同時に解決する必要がある。一方、コンクリート調合の際の水の量を管理することによって、建物の耐力の向上に効果的であることもあきらかになった。これは、お金がかからない対策である。はたして普及するであろうか。

4　インドネシアの被災地での住宅復興

マリキナ・プロジェクトは二〇〇四年三月に終了した。その後も、開発途上国では相次いで地震災害が発生している。二〇〇六年五月、インドネシア・ジャワ島のジョグジャカルタでマグニチュード六・二の地震

図 6-7　ジョグジャカルタ地震の被災地の住宅再建

図 6-8　アチェの住宅再建建設現場

が発生した。図6－7はその数カ月後の被災地の様子である。一人の老人が自宅の再建をしている現場に出会った。おそらく自宅は倒壊したのであろう。がれきを取り除き、使える資材を取り出してきれいに積んである。見ているとこの老人は、曲がった柱の鉄筋をのばしてもう一度柱に使っている。積んであるレンガも、倒壊した建物から取り出したものである。要するに、彼は地震で倒壊した住宅と全く同じ住宅を同じ材料で同じようにつくろうとしているのである。

先進国の技術者なら「震災の教訓が全く生かされていない」と嘆くであろう。しかしこの風景は、何も特殊なものではない。あちらこちらで同じような風景を目にする。皆がそうやって家を建て直しているのだ。

この光景をみて「住宅の建設は大変保守的なものである」という印象を強く持った。リスク認知などを持ち出すまでもない。同じ材料で同じようにつくれば、また同じように壊れると考えるのは当然である。住宅建設は、リスク認知や経済原理よりもっと根源的な価値観に支えられているのではないか、と考えるようになった。

二〇〇八年には、二〇〇四年に発生したインドネシア・スマトラ島沖津波地震災害の被災地であるインドネシアのアチェで復興住宅の建設現場を調査した。図6－8はある地区の復興住宅の建設現場の様子である。アジア開発銀行（ＡＤＢ）と貧困削減日本基金（ＪＦＰＲ）からの資金援助を受けて建設されている。住宅の設計図面は全てＡＤＢによって準備されており、現場でもその設計図に基づいて建設されている。建築資材もすべて提供されており、建設資金の不足による材料の節約の必要もない。図面のとおり建設すればよい。いわば理想の建設現場である。しかしマリキナの建設現場とよく似ている。図6－9はマリキナとアチェの柱のコンクリート打設の様子である。ほとんど同じで、左右を入れ替えても全く変わらない。すなわちアチェの復興住宅のコンクリート強度は、マリキナのそれとほとんど同じであることが予想される。要するに、設計図も材料も用意したのに、施工方法に関する指示や管理がなかったために、現地の流儀で施工されてしまい、結果として想定していた住宅の質が確保できなかったと考えられる事例である。現地の職人は図面も読め、図面通りに加工もできる。問題は彼らにあるのではなく、指示や管理をする側の問題である。技術支援の要は施工管理にある。開発途上国の住宅建設では、この点が見落とされている可能性が高い。

もう一つ、二〇〇八年アチェでの事例を示そう。二つの異なる復興住宅が並んで建設されている（図

図 6-9　アチェとマリキナの住宅建設工事の比較（左：アチェ、右：マリキナ）

6－10）。一つは国際ＮＧＯであるアップリンク（Uplink）の支援で建設された住宅、もう一つはインドネシア政府のアチェ・ニアス復興庁（ＢＲＲ）の支援で建設中の住宅である。私たちがこのＢＲＲの建物の建設職人に話を聞いていると、一人の中年男性が出てきた。このＢＲＲの住宅に住む予定の被災者であるという。私たちが日本から調査に来たことを告げると、彼は建設中の自宅の不平不満を述べはじめた。この被災者は隣のアップリンクの住宅の建設過程をじっと眺めていたようで、「アップリンクの住宅はつくりがいい。柱も太いし、質がいい。鉄筋も太かった。仕上げも全く違う。ＢＲＲの建物はつくりが雑でとても住む気がしない」、と建設中のＢＲＲ住宅の悪い点をあげつらった。私たちと話をしている最中に、今度はＢＲＲから委託された工事管理会社の職員が見回りにきて、苦情はそちらに向かったが、現地の住民が建物のつくりについて具体的に問題点を指摘する場面に出会ったのは初めてであった。確かにアップリンクの住宅とＢＲＲの住宅を比較すると、建物の質としては、外観から見るかぎりアップリンクの方が上等である。この被災者が観察したように、使用されている鉄筋の太さも違うのだろう。一方、これら建物は、どちらも無償で被災者に支給される。

彼は二つの建物の建設過程を観察することによって、住宅のつくりについて学習した。良い住宅と悪い住宅は、具体的にどこがどのように違うのかはっきりと見えるようになった。もちろん、どちらの建物も無償

図 6-10　アチェの二つの復興住宅と住宅の質に不満を述べる住民

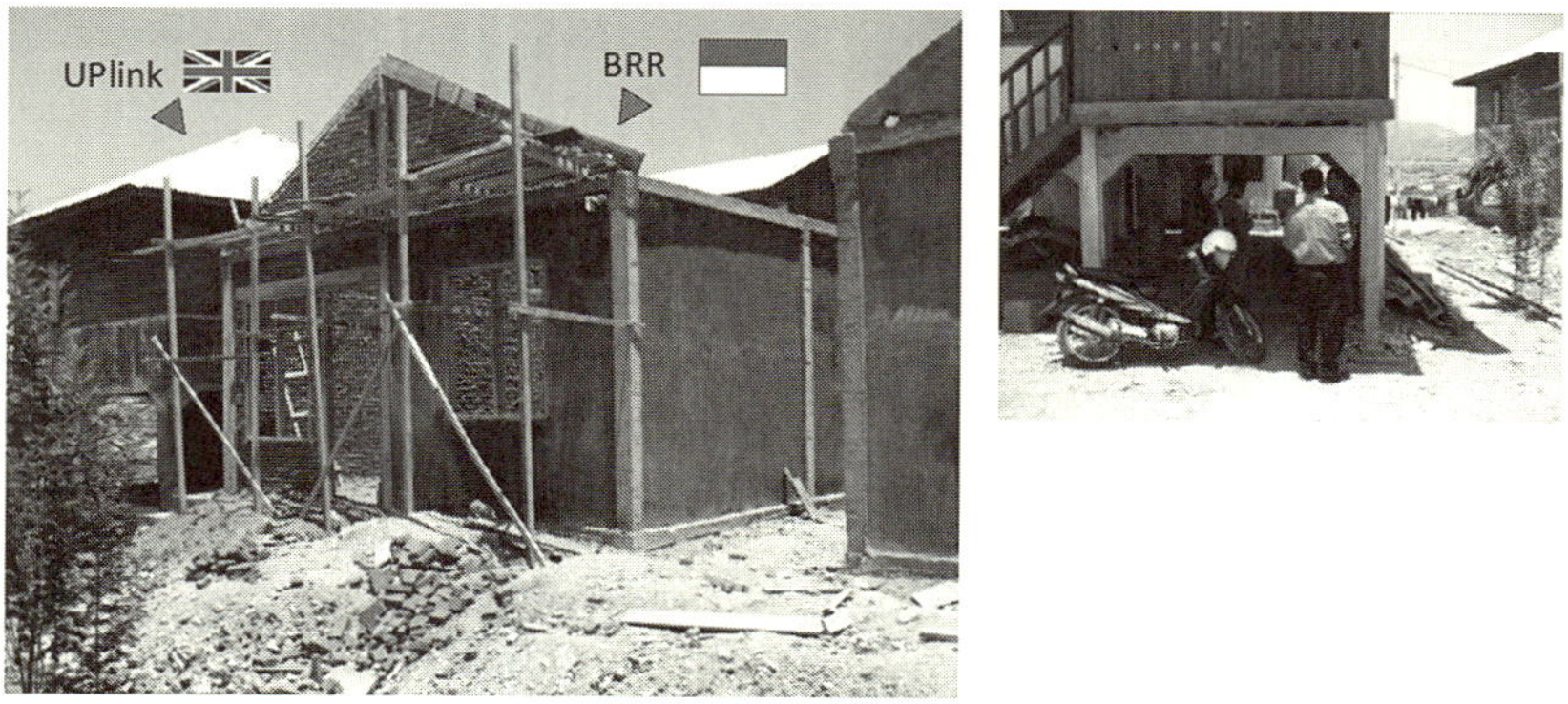

で支給されるという点がポイントとなっていることはあきらかである。二つの住宅で価格が異なれば、彼も納得したかもしれない。しかし比較対象の出現によって、良い点・悪い点を自発的に学習したということは重要である。これまでの防災に関する支援は、住民の自発的な学習をどのように促すかについて試行錯誤を重ねてきた。様々な教育プログラムも作成されてきた。これらプログラムは主として防災・安全教育に主眼がおかれているが、視点を変えて、賢い消費者を育成するようなプログラムも加えてみることも、有効ではないだろうか。

5　おわりに

本稿は、筆者が主としてフィリピン、インドネシアの Non-Engineered 住宅建設現場で実施した調査研究に基づいている。ここで取り上げている枠組組積造の住宅は、世界各地の庶民住宅として利用されている。また、これらの住宅は、鉄筋コンクリートで作られているため、バラックや木造より一等高級な住宅として人気がある。住民へのインタビューの中でも、「いつかはコンクリート住宅に住みたい」という希望を、特に所得があまり高くない住民からよく聞いた。このような希望が、つくりが悪いコンクリート住宅が乱造される一因となっていると思われる。その結果、地震災害に襲われると、多くの悲劇を引き起こす。

私はこれまでの調査から、コンクリートを練る際の水の量を調整してコンクリートの質を高めるだけでも、大きな耐震性向上の効果が得られると考えているが、この水の量一つとってもなかなか変えることは難しい。現地の建設職人の、知識や情報といった個別要素の問題ではないと考えている。彼らは、様々な現場経験から、かなりの知識や情報を持っている。それらが建設作業の中で組み立てられてゆく際に、全体としてうまくゆかなくなってしまう、と考えざるを得ない。建設は様々な技術を組み合わせた総合技術であり、長い時間を経て組み立てられてきた体系である。そのため、たとえ部分的であってもその変更に対してはきわめて保守的な面がある。

ならば、現状の建設体系の延長線上で耐震性の向上策を考えるより、例えばプレファブ住宅のように全く新しいアプローチを持ち込んで検討する方が、効果的であるかもしれない。あるいは、もしかすると、フィリピンやインドネシアでみられた手順の方が世界的には一般的であって、日本のように高度に洗練された手法は少数派なのかもしれない。そこで逆に、なぜ日本人はきちんとしたコンクリートを使うのか。最初から几帳面だったのか。罰則があるからか。むしろ日本人の建設に対する考え方の変遷から学ぶことがあるかもしれない。

注

（1）一円＝〇・四四フィリピンペソ（二〇一三年七月現在）

（2）科学技術振興調整費「アジア・太平洋地域に適した地震・津波災害軽減化技術の開発とその体系化に関する研究」（一九九九年－二〇〇三年）

（3）スランプ値とは、固まる前のコンクリートの流動性を示す値（最低値：〇センチメートル）。一般にコンクリートに多くの水分を含むとコンクリートの流動性は高くなり、スランプ値は大きくなる。ただし、水とセメントの混合割合とコンクリートの強度には一定の関係があり、セメントの量に対して水分量が過剰となるとコンクリートの強度が低下する。

参考文献

田中聡ほか　2003　「発展途上国における Non-Engineered 住宅の地震防災に関する基礎的考察―フィリピン・マリキナ市における Non-Engineered 住宅を事例として―」『地域安全学会論文集』5：11-19。

田中聡ほか
2004 「フィリピン・マリキナ市における枠組組積構造 Non-Engineered 住宅の耐震安全性に関する考察」『地域安全学会論文集』6 : 25-34。

田中聡
2005 「発展途上国における庶民住宅の建設とその耐震化」『民博通信』110 : 12-13。

第7章

バングラデシュの「ボンナ」(洪水):巨大開発計画を超えて

高田峰夫
TAKADA Mineo

1　はじめに

バングラデシュでは洪水が頻発する。バングラデシュの国語であるベンガル語では洪水を「ボンナ」(*banya*)と表現する。[1] しかし、ボンナという語を理解しようとすると、実は一筋縄でいかない問題に行き当たる。本稿では、洪水防止関連の巨大開発計画が政策変更に至ったプロセスと理由を探ると共に、その背景にあるバングラデシュの人々の「ボンナ」概念の幅広さの検討を通じ、人々の脆弱性の多様さや、課題の複雑さを示してみたい。

2　バングラデシュの自然環境と「ボンナ(洪水)」

バングラデシュの自然環境と洪水に関する状況を簡単に見ておこう。同国には洪水が発生する条件が揃いすぎてている。まず、国土の約九〇パーセントが極めて平坦な低地である。気候は亜熱帯モンスーン気候であり、雨季（六月から八月が中心）に降雨が集中する。また、同国の北方と東方を丘陵地帯が取り囲んでいるため、ベンガル湾から吹き込む湿気を帯びた風は、それらの丘陵にぶつかることで大量の降雨をもたらす。集水域（バングラデシュに流入する河川の総流域面積）は広く、同国の国土面積の数倍にも及び、降った雨が河口デルタ地帯である同国に集中する。バングラデシュに入った途端に河川の勾配がゆるやかになるため、逆に川幅は広まり、水の流れは水平方向に広がりやすくなる。またそれらの河川は水と共に大量の土砂を流入・堆積させる。以上の結果、毎年、広範囲で洪水は避けられないのである。しかし、それが同時に肥沃な土壌をもたらし、「黄金のベンガル」と呼ばれる豊穣さを生み出してもいる(2)。

同国では雨季後半を中心に、例年、河川から水が溢れ、田畑を広く水没させる。これが周期的な季節現象としてのボンナである。他方、雨季の初期から中期であっても集中豪雨的な降雨が生じたり、または国内での降雨と国外からの水の流入が時期的に重なったりすると、例年の周期的現象の範囲を超えた規模のボンナになる。人々の対応できる範囲を超えて被害が大きくなれば、それはまさしく「災害」としてのボンナに他ならない。時には国土の半分から大半を水没させるような大規模な洪水も発生する。最近では一九八七年、一九八八年、一九九八年、二〇〇四年、二〇〇七年の大洪水がよく知られている。とりわけ、一九八七年と一九八八年の大洪水は、二年連続であったことと、いずれも「過去に例を見ない」「最悪」と表現されるほど大規模なものであったことから、人々の記憶に強く刻み込まれている(3)。

話を進める前に、バングラデシュのボンナについて、その実態を確認しておきたい。バングラデシュにおいて「ボンナ」とは、最大公約数的にいえば、水が「自然の、もしくは人工の岸を超える」ことである。水が岸を超えて周囲に広がってゆく。視覚的に表現すれば、ホースで池に水を入れていたのを忘れていると、いつの間にか水が池の縁を超えて溢れ出し、周囲の地面に広がってゆくイメージである。しかも、国土がきわめて平坦であるため、河川から遠く離れた地域でも、ある朝起きてみると家の外一面が水浸しだった、というような事態も間々生じる。現地の人は「地から水が来る」と表現することもある。辺り一面からジワジワと水が滲み出すような様子、これがバングラデシュにおける一般的な「ボンナ」イメージであり、むしろ「溢水」と表現した方が適切である。それゆえ、「ボンナ」発生がすなわち「災害」であるわけではない。ただし、このようなボンナであっても、水位が上昇して周囲一面が水没し、水が家の盛り土した土間のはるか上にまで及ぶようになるとか、屋根までもが水没する事態になれば、当然、人々の対応能力を超えるわけで、被害は甚大になる。つまり、到来時期が決まっていて、同時に人々がそれを受け入れられる範囲であれば、「周期的自然現象」としての「ボンナ」である。しかし、それが人々の対応できる範囲を超えれば、そこで「災害」としての「ボンナ」に転化するのである。

3　巨大洪水防止計画ＦＡＰをめぐる議論

「洪水行動計画」（ＦＡＰ）

一九八七年と一九八八年の二年連続の大洪水を受けたバングラデシュでは、フランス等の援助国や援助機関が主導しバングラデシュ政府がそれに応ずる形で、抜本的な洪水対策が議論され、「洪水行動計画」（Flood Action Plan、以下ＦＡＰ）が策定された。ＦＡＰは、単一の計画ではなく、一一（下位区分を考慮すれば一三）のプロジェクトから成る主要部と、一五（数え方によっては一四）の調査研究プロジェクトから成る補助研究で構成される。全てのプロジェクトは個々が非常に大規模であり、総体としてのＦＡＰはほぼ全土に及ぶ事実上の国土改造計画、「メガ・プロジェクト」と呼ばれるにふさわしいものであった(4)。

ＦＡＰは順次実施される予定であり、国内外の激しい批判にもかかわらず、一部の計画から実際に着手された。しかし、一九九〇年代に入り世界的な景気後退で資金供給が難しくなったこと、ＦＡＰで実施したプロジェクトに多くの問題点が発生したこと（遅延、不正、不具合、等々）、関連調査が進むうちに限界も見えたこと等の理由から、事実上一九九〇年代半ばで多くの計画が中止、部分的な完成で終了、ないしは未着手のまま見送り、となった。

この経過の中では興味深い転換が見出せる。例えば、FAPの計画書［FPCO 1992］をまとめた当の洪水計画調整組織（Flood Plan Cooperation Organization、以下FPCO）は、わずか三年後に、全く反対の姿勢を示すようになるのである。「水資源」に関して政府には三つの選択肢（＝小規模な介入、選択的介入、大規模な介入）があるとした上で、FAPのような大規模な介入は「今やありえない」と明記する。(5) その後、一九九九年に策定された国家水政策（National Water Policy、以下NWP）ではFAPへの言及は一切なくなり、代わりに本文の冒頭で「水はバングラデシュの生活のあり方に中心的であり、人々の福祉にとって唯一の最重要資源」と記されるようになる［Ministry of Water Resources 1999］。さらにNWPを具体化した国家水管理計画（National Water Management Plan、以下NWMP）では、NWPこそ「全く新しいパラダイム」であるとして、水資源の有効活用が主要目的の筆頭に掲げられるまでに至った［WRPO 2001］。

ただし、変化の道のりは単純ではない。NWP発表前の一九九八年に大規模な洪水が発生し、NWMPが内部で策定された後の二〇〇四年にも大規模洪水が起きたことで、FAPとは呼ばないものの、同種プロジェクトの必要性が再び議論されるようになった。他方では、それに対してやはり同種の批判も出ている。つまり、FAP自体は過去のものになったとしても、FAPをめぐる議論は今もなお進行形なのである。

「水」への眼差しの変化

FPCO［1992］（＝FAP基本方針提唱）からFPCO［1995］（＝FAP否定）へのFAP評価の変化の背景には、さらに大きな問題が潜んでいる。FPCO［1995］ではFAP推進（＝「洪水」防止強調）からFAP否定（＝「洪水」防止強調からの離脱）に視点が変わっているのである。つまり、FAPの時期に焦点になっていた「災害」としての洪水（＝水のマイナス面）に焦点を当てる見方ではなく、「水資源」（＝水のプラス面）に焦点を当てる考え方へと、「水」に向ける眼差しに大きな変化が生じたことになる。これは、水には多面的性格があり、災害としての「洪水」はあくまでその一部でしかないこと、したがって、水についてもっと多様な視点が必要であることを主張し始めた、とも受け取れる変化である。

視点の変化を端的に表明するのが、ダッカ水道局長の公式会議における発言である。彼は、「ＦＡＰ諸研究の終わりになって、ＦＡＰ諸研究の中の統合的水資源管理の全体的アプローチに照らすと、水資源発展・管理に関わるあらゆる問題が言及されてこなかったことに政府は気づいた」と述べる［HOSSAIN 2004: 44-45］。そもそもＦＡＰには水を「資源」とする考え方があったのか、疑問視する発言である。逆にいえば、「災害」としての洪水「防止」のみを考える思考から脱却し、水を「資源」としても統合的に考える全体的アプローチが必要だ、との視点の一大転換に他ならない。この考え方は同会議全体に通低するものであった。基調講演では洪水「災害」の（「防止」ではなく）「軽減・緩和」が強調され、さらには洪水災害だけでない様々な災害発生の根底にあるものを広く「リスク」と捉えて「リスク緩和」を主張する方向が強調された。[6]

ＦＡＰ批判：「洪水と共に生きる」？

他方、ＦＡＰには当初から厳しい批判があった。筆者なりに要約すれば、批判の焦点は①技術面、②コスト問題、③持続可能性の三側面にあると思われる。具体的には、①雨季には川幅二〇キロメートル以上にも及び、強力な流れを持つ三大河川に巨大堤防を建設・維持することが技術的に可能なのか。②巨大堤防を建設する資金や資材の調達問題、巨大堤防建設で犠牲となる土地の補償問題や移転地提供等の経済的・社会的コストの問題。③農業や漁業への被害や環境破壊等の環境・生態への影響問題、である。結局、これら全てを考慮しても、なおプラスになるほどの利点がＦＡＰにあるとは思えない、という批判であろう。[7]

ところで、現バングラデシュに相当する地域の洪水問題は古くから注目されていた。有名なのは英領インド時代の一九二七年にまとめられた通称「マハラノビス報告書」である。[8] そこでは主に三点が主張された。①北部ベンガル（現バングラデシュ北西部から北部を中心とする地域）の河川システムは大幅に変化する上に、超低地なので排水は困難。②堤防を作れば一時的には洪水を防げるが、長期的には堆積による河床上昇が状況を悪化させる。中部地域（現バングラデシュ中西部から中部）で堤防は役立たない。③結局、変化する状況に合わせた生活をするよう住民にアドバイス・教育することが必要である。つまり、構造的対応では限界がある上に新たな問題を生じさせる可能性が高いから、住民の生態的対応や非構造的対応に重点を置くべき、との主張である。類似の考え方は、バングラデシュが東パキスタンと呼ばれた旧パキスタン時代の一九五七年に提出された通称クルーグ調査団報告書、一九六三年のミシシッピ河川委員会元委員長ハーディン将軍の指摘、一九六四年と一九六五年に報告書を提出したオランダのティーセの指摘等々と、その後も続く。しかも、これらの批判はFAP批判派の思考とほぼ共通するのである。つまり、マハラノビスに始まる一連の思考の流れがあって、それは英領インド時代から旧パキスタン時代を経てバングラデシュ独立以後も続き、現在ではFAP批判派に受け継がれていることになる。

さらにFAP批判の流れの中では、より積極的な視点が打ち出されてくる。「洪水と共に生きる」（Living with floods）である。バングラデシュの人々は長い歴史の中で毎年周期的に来る洪水と共に生きてきた。「洪水と共に生きる」、これこそが伝統的な生活のスタイルだ、との主張である。この表現の最も早い使用例の一つはショウの議論であろう［SHAW 1989］。同論文の中では、一九八七年と一九八八年の大洪水は異常だったが、河川と洪水は（被害をもたらす意味で）「災害」でもあれば、（水と作物の実りをもたらす意味で）「資源」でもあること、また、農業は例年の定期的洪水に適応しているだけでなく、むしろ依存していること、等が指摘された。同時に、この当時、一般的には堤防とダムが対応策として考えられがちだったが、それはダッカ住民の見方であって、むしろ必要なのは技術的適応であり、助け合いのため人々を結束させることが必要だ、との主張もされた。[9]

その後、ＦＡＰ推進派との対決の中で、批判のスローガン、アンチ・テーゼとして、「洪水と共に生きる」は急速に浮上し、市民権を得るに至ったようだ。一九九六年には同名のレポートが現地のＮＧＯから出版され、一九九九年には大手出版社から、同国の研究者たちの手で同名の書物が出るまでになる［I.AHMED ed.1999］。その本の副題「オルタナティブの実践」から明らかな通り、ＦＡＰのようなハード面での対応の限界を明確に意識し、「別の」方向を模索するのが彼らの基本姿勢であった。

これらの主張の根底にはＦＡＰ批判があるが、さらに一歩踏み込んで従来の「開発」手法に対する批判もあるようだ。これまでの巨大土木建設事業中心の「開発」を担ってきた政府（バングラデシュ政府、援助側各国政府）や開発推進側（国際機関やコンサルタント業界等）に対する批判勢力（特にＮＧＯ関係者）の独自姿勢の主張である。言い換えれば、従来の自然破壊的な開発や急激な近代的発展に対する批判として新たに登場しつつあった欧米発の「環境を意識した開発」「持続可能な発展」の思考である。事実、ＦＡＰ批判派の多くは、数々の声明や報告書の中で、これらのフレーズを繰り返し使用している。こうした開発の視点の転換が、洪水に適応した（適応せざるを得なかった）人々の生き方への着目になり、「洪水と共に生きる」の主張になったのだろう。

思考の共通性

ＦＡＰに至る流れに通底する思考とは、洪水は災害であり、防止・制御すべきものであって、それは可能だとする考え方だといえよう。これに対し、マハラノビスに始まる流れに通底する思考とは、洪水は必ずしも災害とばかりはいえない側面を持つことを認め、洪水の持つ災害としての側面を軽減・緩和しようとする考え方である。前者の思考の根底にあるのは、災害としての洪水を事前に「阻止」し、生活から「排除」しようとする考え方であり、後者の思考の根底にあるのは洪水を生活のサイクルの中で「受容」するしかないとの考え方であろう。前者の考え方には一種の科学技術信奉が伴っているが、後者には科学技術の限界を見据える見方が背景にあるようだ。

両者は同じ現象（バングラデシュの洪水）を同じ科学的な視点から見ながら、異なる結論を出している。しかし、ある意味で両者は同根ではなかろうか。ＦＡＰ推進派は巨大堤防建設等の大規模土木工事でバングラデシュの自然と社会を「開発」し、それによって人々の生活を変えようとした。他方、ＦＡＰ批判派は、「持続可能な発展」「環境を意識した開発」を主張し、適合的な「開発」手法を模索して、人々の生活を変えようとする。すなわち、ＦＡＰ推進派も批判派も、外来の（欧米発の）思考に基づいた発想に立ってバングラデシュの「洪水」に対処し、人々の生活に「介入」しようとする点では共通するといえよう。

4　ボンナの受容――人々の生活との関わり

二つの「洪水」？

ところで、一部の研究者は、バングラデシュの人々が周期的現象としての洪水と大洪水を明確に区別しており、それはベンガル語の単語の使い分けに反映されている、と主張する。具体的には、ボルシャ（*barsha*）が周期的現象として「普通の」範囲の洪水を指示する語で、それを超えた「災害」としての洪水がボンナ（*banya*）と呼ばれる、というのである。[10] もし一般的にこの通りの使い分けがなされているのであるならば、人々の中では通常の洪水と災害としての洪水が明確に区別され理解されていることになるわけで、話は簡単である。しかし、残念ながら、筆者の体験ではこの種の明確な使い分けをほとんど聞いたことがない。確認のため簡単な聞き取りを行ってみたところ、大部分の人は、そんな区別はしていない、との答えだった。同時に、どちらの単語を日常生活で使っているかと質問してみたところ、ボルシャとの区別をしていると答えた例外的な人も含め、圧倒的多数が通常はボンナという語だけを使っている、と答えた。[11] つまり、少なくとも現在のバングラデシュに関する限り、二つの語が明確に意識して使い分けられているとはいえそうもないのである。とすると、問題はやや複雑になる。そこで、少し別の方向から検討をしてみよう。

ボンナを必要とする人々――アッラーの恵み

まず、バングラデシュ村部の人々が「周期的現象」としてのボンナを切実に必要としている事情を考える必要があるだろう。同国の主要作物であり主食でもある稲についていえば、乾季の灌漑利用稲作が広まった現在でもなお、収量が最も多くて安定しているのは周期的現象としてのボンナが引いてゆく時期（＝減水期）の水を利用する「アモン（*aman*）」作季の稲作である。同時に、この作季の収穫米は同国の人々が食味の面で最も好むものでもある。したがって、同国においてアモン作の重要性は非常に高く、村部の人々にとってはその作柄が一年の生活を左右する大問題である。アモン作は、平年並みのボンナが来ること、同時に、その水が平年並みに引いてゆくことを条件に、安定的な成長と作柄とを保障する。それゆえ、農民たちはこうした周期的現象としてのボンナを指して「アッラーの恵み」（*Allahr dowa*）とも表現する[12]。言い換えれば、平年並みのボンナ（＝アッラーの恵み）がないとアモン作は成長・作柄共に非常に不安なものにならざるを得ないのである。平年並みの水位を超えた水が来れば、しばしば「災害」としての洪水になり、人や家屋への被害だけでなくアモン作の植え付けにも時期的に影響を及ぼすのは確かだが、この場合は植え付け時期を遅らせる、再度植え付けを行う等の対策をとることが可能である[13]。他方、平年並みのボンナが来なかった場合の対応は難しく、しばしば致命的な不作に直結する[14]。その意味からすれば、（大洪水も含めて）水が来る場合よりも、「水が来ない場合」の方が村部住民にとってはより深刻な「災害」に結びつく可能性が大なのである[15]。

こうした感覚は都市部ではほとんど理解されない。ダッカを初めとする「都市」の住民にとっては、平年並みのものであろうと軽微なものであろうと、ボンナが発生すること自体が「災害」なのである[16]。それゆえ、彼ら都市住民たちは基本的に徹底した洪水「排除」を主張する傾向が顕著である。すなわち、居住する地域の違い、生業の違いによって、ボンナの捉え方が異なるのである。[17] FAPを検討・策定した人々は「都市」の住人であり、当然「都市」の視点からボンナを捉えていた。また、FAP推進の中心になったのは、フランスを始めとする先進諸「外国」の「専門家」であり、彼らには（理屈としては理解していたとしても）ボンナを「アッラーの恵み」とする農民たちの感覚がどこまで実感として受け止められていたのか、かなり疑わしい。先掲のダッカ水道局長の発言、「FAP諸研究の終わりになって、…（中略）…水資源発展・管理に関わるあらゆる問題が言及されてこなかったことに政府は気づいた」は、それを裏書するものであろう。

同時に、こうした地域差だけでなく、経済階層格差が洪水「災害」に関する認知に直接大きな影響を与えている側面にも注意する必要がある。[18]

結局、以上のような生業差、地域差、階層差等の存在は、いうまでもなく、人々の生活の多様性に反映し、それはまた、人々の脆弱性の多様性につながるものでもある。こうした点を考えると、バングラデシュにおいてボンナ認知は、一様であるよりも、かなり多様になされていると考えた方が実情に近いのではないかと思われる。

ボンナは美しい！

ところで、これまで論じてきた要素とは全く異なる感覚が、バングラデシュの村部の人々の中には見られる。かなり以前、現地の職業訓練校で教師を務める著者が、生徒の少女がボンナを楽しんでいるのを知り驚愕した、との内容を記したエッセイを読んだことがある。[19] 少女の表現でいえば、「ボンナは美しい！」（*banya sundar!*）だそうだ。妙に心にひっかかったので、その後、地方で調査を行う際に気をつけてみた。すると、確かにそれに類する発言を間々耳にするのである。

最も典型的なのは「ボンナは楽しい」である。「（ボンナになれば）泳げて楽しい」「洪水の水は美しい」ともいっていた。類似の言は多々ある。確かに、洪水の水が一面を埋め尽くして、静かにたたずみ、そこに夕日がキラキラと反射して辺り一面が金色に輝く光景は、第三者的に見れば美しい。しかし、それがボンナの水に埋め尽くされて交通にも不便する地域に暮らす人々（しばしば「被災者」とカテゴリー化されて呼ばれる当の人々）の言葉となると、少々驚きを覚える。また、「（ボンナの）水が来れば魚も来る」との声もあれば、逆に、漁をする人々からは、「ボンナがちゃんと来ないから魚が獲れない」とのボヤキも聞いた。ボンナで泳げる、ボンナの水と共に魚が来る等は、バングラデシュの文脈では事実としてまさにその通りなのである。

ボンナの水の中ではしゃぐ子供たちの姿は、例年のように筆者も目にする。その姿は、まさに「ボンナは楽しい」の言葉通りである。面白いエピソードを紹介しておこう。ある洪水被害救援活動のベテランNGOワーカーは、洪水災害救援キットの中に目薬と耳薬を入れるように主張して、それが上司になかなか認められず苦労した経験を話してくれた。彼の主張は、「救援活動が必要なほどの大洪水の場合でさえ、子供たちは水遊びに夢中になり、その結果、眼病や耳病に罹患する例が後を絶たない事実」を重視したからだそうだ。[20] これはまさに事実だが、イギリス人の上司には理解しがたかったのだろう。

5 ボンナの広がりを考える

二つの『バングラペディア』記述のズレ

ボンナの指示範囲がfloodや「洪水」のそれとは微妙に（かなり？）ズレているのではないか、との推測を裏付ける部分が、同国で最も定評ある最新の百科事典『バングラペディア』（BANGLAPEDIA）の項目記述中にある。『バングラペディア』にはベンガル語版と英語版があるが、ベンガル語版を基礎としており、英語版はほぼその全訳である。ボンナ（*banya*）の場合も同様で、“flood”の項目は、同じ著者たちの執筆した「ボンナ」の項目に「ほぼ」対応する。[21] ただし、「ほぼ」であって、両者を対照しつつ詳しく調べると、英語版にはベンガル語版にはない記述が見られるのである。例えば、概念規定等の第一パラグラフに続く第二パラグラフは次のように始まる。「洪水はバングラデシュでは多かれ少なかれ繰り返される現象であり、しばしば許容範囲内のものである」。この文章は元のベンガル語版では見当たらない。ベンガル語版を読むのはバングラデシュの人々、もしくは、せいぜい同じベンガル語を母語とする西ベンガルの人々だ、との大前提に立てば、それらの人々にとって、この部分の記述は「いうまでもない」こと、いわば「常識」だからこそ、あえてベンガル語版では記していないのだと推測される。逆にいえば著者たちは、バングラデシュのボンナには英語の flood でイメージするものと異なる側面がある、とさり気なく主張していることになる。「繰り返される現象」(＝いわば周期現象)であること、「しばしば許容範囲内」(＝大体は容認できる限度内)であること。これらはバングラデシュでは「いうまでもない」「常識」である。しかし、英語でバングラデシュの“flood”を理解しようとする人々にとっては、わざわざ説明すべき事柄、否、説明しないと理解できない、それどころか flood からは通常想定されない側面なのではないか。このズレは大きいだろう。

また、“flood”の下位項目「洪水管理」(flood management)では、ベンガル語版と同様の記述が続いた後、英語版のみに独立した小パラグラフとして次の説明が付け加えられている。「非構造的手段はごくわずかな経費で実施可能であり、ごく短期間に氾濫原の人々に利益を生み出す」。これは、明らかにＦＡＰに代表される洪水排除の思想とは相容れない考え方である。さらに注目されるのは、英語版では独立項目として「ＦＡＰ」が立てられ詳細な説明がなされるが、ベンガル語版では項目自体が完全に欠落している点である。これは、ＦＡＰ自体が英語読者(＝主に欧米を中心とする外国の人々)受けする発想を持つと示唆しているのではないか。同時に、ベンガル語版の読者(＝主にバングラデシュの知識人や学生たち)にはＦＡＰが受け入れられない、少なくとも否定的に受け止められる、ということを示唆しているとも考えられる。『バングラペディア』が「同国で最も権威ある最新の百科事典」であり、最大多数の読み手が同国の知識人やその卵であることを考えると、この事実は無視できない重みを持つだろう。

語られない側面

バングラデシュの人々がボンナという語に込める思いの複雑さは意外なところにも現れる。バングラデシュでは、女性の名前にボンナが採用されるのである。例えば、現在の同国を代表する女優の一人にボンナ・ミルジャ（*Banya* Mirja）がおり、同様に代表的な歌手にレズワナ・チョウドリ・ボンナ（Rezwana Chowdhury *Banya*）がいる。しかも、後者に対して人々は「ボンナ・アッパ」（*Banya Apa*、直訳すれば「洪水姉さん」）と親しげに呼びかけさえする。彼女たちの名前のボンナは、「洪水」を指すボンナと間違いなく同じ語だという。

この不思議な命名について人々に理由を質してみると、誰もが皆、一瞬、戸惑いと怪訝な表情を見せる。その後に続く反応は、実に多様である。最も多いのは、そんなことを聞いてどうする、という反疑問である。次いで、そんなこと考えてみたこともない、という正直な告白もある。つまり、そのように命名する人がいること、結果としてそのような名前を持つ人たちがいることは日常的事実と受け入れているのだが、実のところ、大部分の人はそうした名前の意味、さらには命名の意図等については考えたことがないのであろう。これは、これまでのボンナについての議論、ましてや「洪水」についての議論では注意を払われなかった意識・感覚が、目に見えない形で、しかも本人たちの大部分にさえ意識化されずに、バングラデシュの人々の間に存在することを示唆するのではないか。

次に、少数の説明を試みようとした人々の答えと、考えてみたことがないという人々に、あえて説明を求めた際の答えに、目を向けよう。すると、答えにはいくつかのパターンが見られた。一部の人々は、その名を持つ人が「災害」としての大洪水のあった年に生まれたことを記憶するためだ、という。しかし、この説明には疑問がある。一九八七年や一九八八年、一九九八年のような歴史的大洪水の際、巷にボンナさんが多数登場したことはないからである。また、大洪水の発生如何にかかわらず、村部では以前から少数ではあってもボンナさんが存在していたのは筆者自身の経験からも確認できる。その上、仮にこの説の通りであるなら、洪水以上の大災害であるサイクロン

（グルニジョールないしジョール）を記憶する命名があってもよさそうだが、その種の名は寡聞にして知らない。これに対して別の人々は「ボンナの水のように溢れる愛情」が両親からも他の人々からも注がれることを意味し、また期待して、名づけたのだという。こちらの説明の方が先の説に比べればまだ首肯しやすいものの、必ずしも多くの人に共有されているわけではないようである。

ここで、先に触れた村部におけるボンナの必要性を考えてみればどうであろうか。減水季アモン作にとっての洪水の決定的な重要性を考えれば、洪水の「溢れる水」は、まさしく「アッラーの恵み」に他ならないであろう。ボンナが持つ二面性、すなわち豊饒と災害のいずれをももたらす可能性があるからこそ、豊饒をもたらすことと同時に（起こり得る）災害を抑えることも期待して、女性にボンナと名づけるとは考えられないだろうか。[22] いずれにせよ、女性の名前にボンナと命名する際の命名者たちの思い、さらには人々のボンナに対する感覚は、我々がfloodや「洪水」から受けるものと異なる部分があるようだ。[23]

「ボンナ」再考

これまでの議論を要約しつつ、バングラデシュにおけるボンナについてまとめてみたい。図7－1は、ボンナが発生する時期を縦軸に、ボンナの規模（水深が尺度）を横軸にとった場合の、ボンナの指示範囲を図示したものである。周期現象としてのボンナだけを考えた場合でも、年によって到来時期が必ずしも一定せず、時期的に早いこともあれば遅いこともある。同じ規模のボンナでも予想時期よりも早すぎたり遅すぎたりすれば、当然、多方面に様々な被害を及ぼす災害となる。また、予想時期内に発生しても、それが一定規模以上にひどくなったり、逆に想定よりも大幅に少なかったりすれば、これまた災害に直結しやすい。（ムスリム農民たちは、「アッラーの恵み」に対応する形で、これらの災害に至る事態を広く「アッラーの呪い」［Allahr gazab］と表現する）。他方、想定内の規模で、なおかつ想定内の時期に来れば、同じボンナは「アッラーの恵み」になろう。

図 7-1　ボンナ概念図（1）

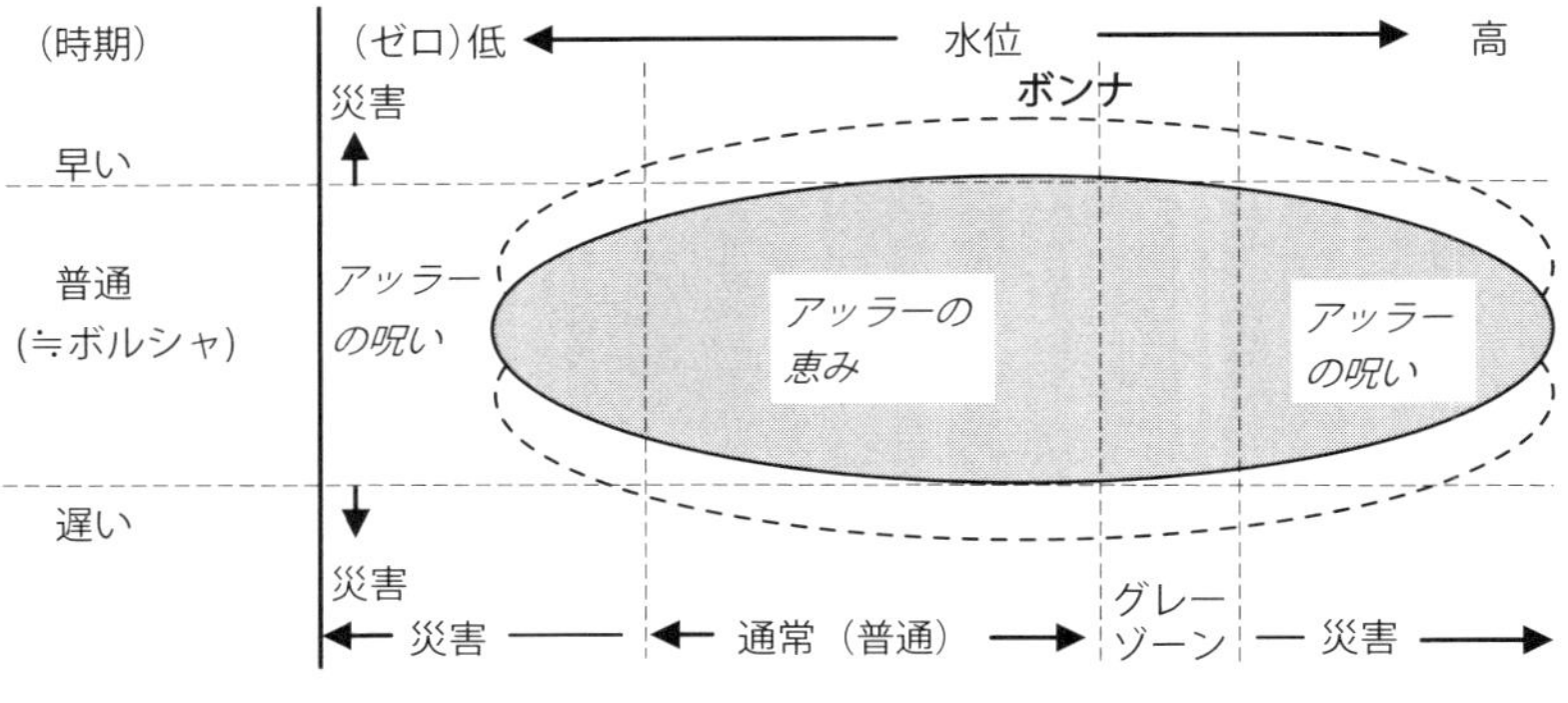

出典：筆者作成

図 7-2　ボンナ概念図（2）

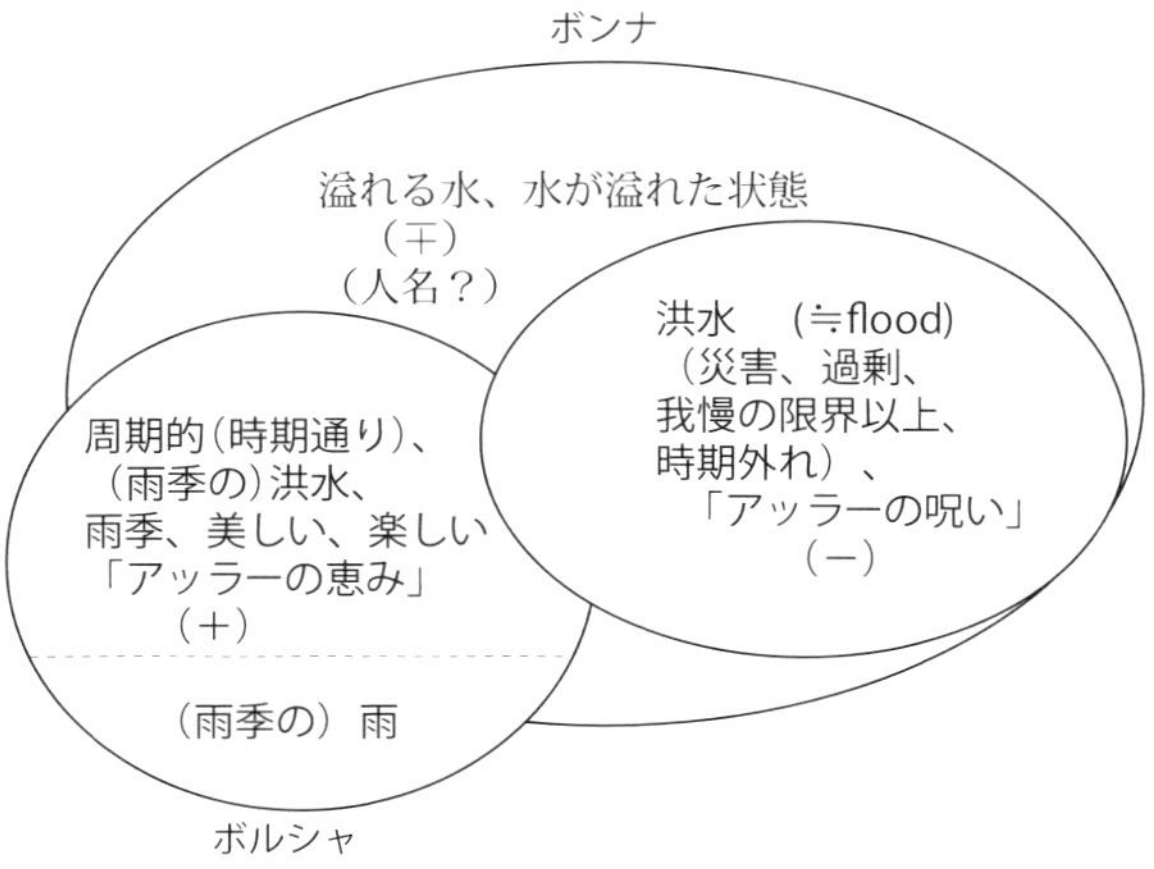

出典：筆者作成

語の意味内容に着目してボンナを整理するならば、図7－2のようになるのではないか。ボンナを最大公約数的にいえば、それは（岸を越えて）「水が溢れた状態」、ないし「溢れた水」であろう。そのうち、「周期性」を強調し、（周期的かつ通常の範囲内の）「洪水」「雨季」等の側面では、限りなくボルシャと重なるであろうし、それは人々が待望するものである。人々はそれを「美しい」と感ずるのであろうし、まさに「アッラーの恵み」であろう[24]。他方、予想「時期」を外れたり、予想通りの時期であっても「規模」が想定範囲を過剰に外れる場合、結果的には「災害」に直結しがちで、これこそ我々が通常 flood や「洪水」として理解しているものに他ならないだろう[25]。女性の名前に見られるボンナは、恐らくこれら全てを含みこんだ意味ではあるまいか。

6　おわりに

本稿では、バングラデシュにおけるボンナを、幅広く検討した。誤解を避けるために付記すれば、筆者は洪水「災害」防止の無意味さを間接的に主張したわけではない。大規模堤防建設は論外としても、やはり「洪水と共に生きる」的な視点に立った防災対策はある程度必要であろう。ただし、その場合でも、人々の置かれた状況の多様さ、脆弱性の多様さを考えると同時に、彼らそれぞれが伝えてきたボンナに対応する「土着の知」をも視野に入れた対応を考えて欲しい。あえていうなら、ボンナ本来の意味での「ボンナと共に生きる」視点の対策であって欲しいと願うのである[26]。

「補論」

以下では、本論で述べたことと関わる比較的新しい動きについて、若干の補足を行っておきたい。

巨大堤防計画に代表される大規模開発、“living with flood”に典型的な開発批判の動き、そのどちらもが外部の人間が外部から持ち込んだ考え方であることを本文で指摘した。それらの動きを声高に批判するわけではないが、しかし、それらとは別の方向に目を向ける静かな動きがバングラデシュでも起きている。その一つが「土着の知」(the indigenous knowledge)への注目である。

「土着の知」とは、それぞれの土地に暮らしてきた人々が先人たちから受け継いできた、いわば先祖伝来の知識の総体である。代表的なものとして、その土地の植生に基づく民族植物学的知識、その土地の動物や生態に関する動物学的・生態学的知識、病気やケガ、さらには身体の健康維持等に関する広義の民間療法的知識、等がある。「土着の知」の生態学的な知識の中には、その土地独自の生態利用に関する知識はもちろん、各種の災害に関する予知・予防、防災・減災、避難、復旧等の知識も含まれている[27]。

他方、バングラデシュではこれまで「土着の知」の中に災害に関するハード面での対応があることはほとんど注目されてこなかった。しかし、近年になり、そうした側面に着目する研究が登場し始めた。典型的には東北部のハオールと呼ばれる特異な深水地形(後背湿地)の地帯ではチャイラ(*chailla*)と呼ばれる草を屋敷地周辺に植え、水と波による屋敷地の土壌浸食を防止する例が知られている[KHAN ed.2000: 193]。さらに、河川沿岸地域では、周囲にある草木を利用して様々な構造物を作り、それによって川の流勢を弱めたり、流れを微妙に変化させる等して、結果的に大規模な河岸浸食や局地的な洪水被害を抑えようとする「土着の知」があるようだ。こうした技術については、ようやく一部の研究者が注目し始めたばかりである[28]。これがどこまで広がりをもつものになるかは、今後の推移を見守るしかない。ただ、一部の西欧先進国の援助機関は、すでにこうした「土着の知」に着目し始めている[29]。バングラデシュでも意外に早く「土着の知」を災害防止・減災等に生かした動きが広がる日が来るのかもしれない。

なお、バングラデシュから目を世界に転じれば、すでに「土着の知」と外来的な科学知との実践的統合を模索する議論が始まっている[30]。さらには世界各地の「土着の知」を減災に利用しようとする取り組みについてデータベース化する動きもある。(31) それらがどこまで個々の場で生かされるのか、注視していきたいと思う。

注

（1）*banya* は、ベンガル語の発音に近くカタカナ表記すれば、「ボンナ」である。なお、以下の本文では、バングラデシュで一般的な概念の「ボンナ」と、外部に翻訳された（または援助関係者等の外部の人々が一般的に理解する）概念としての「洪水」を区別するため、前者はそのまま「ボンナ」と記し、後者は「洪水」と記す。

（2）バングラデシュの地理については［ジョンソン 1986］［高田 2012a］を参照。なお、同国では洪水以外にも、沿岸地方は高潮の常襲地帯であり、また、しばしば竜巻やサイクロン、地震等の様々な自然災害の被害も発生する。

（3）一九八七年と一九八八年の大洪水については［M. AHMAD ed. 1989］を参照。一九九八年の大洪水については［I.AHMED ed. 1999］を、二〇〇四年の大洪水に関しては［ISLAM 2005］を参照。

（4）ＦＡＰを「メガ・プロジェクト」と表現して批判的に検討したのは［BOYCE 1994］である。FAP の概要は［The Government of Bangladesh and the World Bank 1992］及び［SMITH 1994］を参照。ちなみに、ＦＡＰの本質は巨大堤防計画であり、他の計画はカムフラージュでしかない、との見方がある［CUSTERS 1993, BOYCE 1994］。

（5）［FPCO 1995］。ただし、堤防計画の中心であるFAP19−24だけは事業を継続中、と例外を記す。ＦＡＰの本質は巨大堤防計画だ、との CUSTERS 等の指摘（注４）は正鵠を射たものだったようだ。

（6）［A.HOSSAIN 2004］［M.S.RAHMAN 2004］。これには災害研究や防災関係における世界的な視点の転換とも関連する部分があるかもしれない。

（7）ＦＡＰ批判の概要は［CUSTERS 1993］［ADNAN 1994］参照。技術的側面への批判は［SKLAR&DULU 1994］、計画の立案プロセスについての批判は［BOYCE 1994］を参照。

（8）マハラノビス（P.C.Mahalanobis）報告書、及び以下で言及するハーディン将軍（General Hardin）やティーセ（J.Th.Thijsse）の発言は［ADNAN et.al. eds. 1992: 34-54］参照。クルーグ調査団（Krüg Mission）報告書の主要部分は［AHMAD ed. 1989: 53-56］に再録されている。

（9）同論文の本文中に"living with floods"の語は出て来ないから、この時点ではそれほど確立した考え方ではなかったと思われる。

（10）例えば［ALAM 1990］［SHAW 1989］。ボルシャは本来「雨季」ないし「雨季の雨」を指す語である。

（11）ただし、これは「洪水」に限定した場合の答えである。「洪水」としてではなく、「雨季」ないし「雨季の雨」を指示する語としてであれば、ボルシャは広く用いられている。

（12）バングラデシュのマジョリティはイスラーム教徒（ムスリム）で、特に村部では圧倒的にムスリム農民が多い。バングラデシュ・ムスリムに関し、詳細は［高田 2006］を参照。

（13）事実、一九八八年の大洪水は多大な被害をもたらしたが、その後のアモン作の収穫では大豊作をもたらした。

（14）「致命的」というのは単なるレトリックではない。ボンナが来なかったためにアモン作が不作になると、アモン作の収穫期である乾季に「モンガ」と呼ばれる一種の局地的飢饉が発生するので、特に同国の北西部では非常に恐れられている。

（15）典型的な事態が二〇〇六年夏に発生した。雨季なのに降雨量不足と上流からの流入が少ないため、ほぼボンナは皆無であった。アモン作に壊滅的な打撃がもたらされる可能性が大きくなり、新聞等にはボンナを待望してアッラーに祈りを捧げる農民の写真まで登場した。

（16）この点の指摘は、［SHAW 1989］［NISHAT et.al. eds. 2000］を始め多数ある。

（17）一人の男の言葉を紹介しておこう。「ボルシャ（雨季ないし雨季の雨）が来ると、作物が水に浸かる。ひどく水に浸かると全てだめになる。葉物、野菜、アモン作の稲（の植えたばかりの苗）が道路（上）まで来るような水に浸かると全てだめになる。しかし、ボルシャがなければ（アモン作の）稲を植えることは出来ない。利益と損失を合わせて考えれば同じようなものだ。……都市の人間にとっては、雨季はただただ苦難だ。道が雨で浸かる。オフィスに行けない。仕事も少なくなる。乾期は、何の問題もないがね。結局、ボルシャはデシュ（この場合は農村部）にとってはマアマア良いが、都市にとっては良くない」（Khokonと呼ばれる男の語り、カッコ内は筆者の補足説明）。彼の語り全体は、［高田 2010］を参照。同じボルシャ（雨季ないし雨季の雨）が、都市と村部で大きく異なって受け止められていることを明確に示している。ここでボルシャについて言明されている受け止め方の差異は、災害に直結する可能性が高いボンナにおいて、より顕著に現れる。

(18) この例は［NISHAT et.al. eds. 2000］の中で詳しく記されている。

(19) 青年海外協力隊のバングラデシュ派遣隊員たちが現地滞在中に作製する同人誌に掲載。

(20) このエピソードを含む詳細は［高田 2012b: 139 – 140］参照。

(21) ベンガル語版は［CHOUDHURY and HOSEN 2003a］、英語版は［CHOWDHURY and HOSSAIN 2003b］。

(22) ちなみに、ボンナが個人名に使われるのは女性の場合だけ、との点では筆者が話を聞いた全ての人の意見が一致した。ここで思い出すのは、世界的に広まる女性に対する二つの対極的な見方である（しばしば「豊饒・吉祥」対「穢れ・災い」等の形で現れる）。

(23) 女性にボンナと命名した直接の命名者に会って、どのような意図から命名を行ったのか質したかったが、残念ながら、今のところ、筆者が確認できた限りでは命名者たちは故人になっており、願いは叶えられていない。

(24) ただし、ボルシャと異なり、ボンナには（雨季の）「雨」の意味はない。

(25) 注意すべきは、ボンナが予想規模より「過少」に外れる場合も災害に直結するのであり、その意味では一概に洪水が生じることだけを災害に結びつけるわけにはいかないのである。

(26) 日本では二〇一一年三月一一日に東日本大震災と津波が発生し、多大な被害をもたらした。その津波被災地で見られた一連の出来事には、本稿の内容と重なる部分が多いようである。特に、沿岸部の巨大防潮堤計画は、まさに日本版ＦＡＰのように思えてならない。紙幅の都合上、詳細を記すことはできないが、［浦松 2013a, 2013b］［野中 2013］等を、ぜひご覧になっていただきたい。

この問題に関し、筆者個人としては、『森は海の恋人』で有名な牡蠣漁師、畠山重篤氏の次のような言葉に耳を傾けたいと思う。「津波にどう立ち向かうか、ということよりも、海や山とどうやってうまくつきあっていくのかを考える。そのことの方が、私たちにとってはずっと重要な問題なのです」（「（インタヴュー）海はよみがえる」『朝日新聞』二〇一二年二月二二日）。

なお、防潮堤計画に限らず被災後の地域の復興については、各地で様々な取組が行われており、例えば宮城県南三陸町志津川地区の若者たちによる「ふっこう勉強会」、同町伊里前まちづくり協議会「将来まちづくり部会」等、被災を契機に地域の在り方を、地域住民が外部の専門家や行政を交えつつ共に考えようとする動きもある（復興まちづくり推進員［2013］参照）。

また、本稿で論じた問題との関係では、民俗学者の川島秀一が、「津波と生きてきた生活文化」（[川島 2012] の一部）とする議論を行っていることも注目される。具体的には、民俗学の先達である山口弥一郎の「次の津波を避けるためにせっかく移った村が、なぜ月日がたつと原地に復帰するのか」、「津波後は旅の者に満たされる」（いずれも、山口『津波と村』）等の言葉を手掛かりに、津波被害後の現地の復興と生活の在り方について考えようとしているようだ。

(27) バングラデシュでの事例は、[KHAN ed. 2000] の特に Part 6 所収の諸論文参照。ただし、一般に取り上げられる事例の範囲でいえば、それらはソフト面の対応に集中する傾向がある。

(28) 例えば、流域地域でバンダル（bandal）と呼ばれる伝統的構造物と一種の河岸堤防との組み合わせによる河流制御についての研究がある [KHALEDUZZAMAN 2004]。また、筆者が著者の Khaleduzzaman 氏にインタヴューした際、彼は別の「土着の知」に基づく簡易土木工法が複数存在することを教示してくれた。さらに、同氏とのインタヴューの機会を設けて下さったガイア研究所の井上雅之氏（当時は、JICA 専門家として Bangladesh Water Development Board で活動中）は、同氏の研究を基に、それらの技術を実際に応用する提案を行っている [井上 2005]。残念ながら、いまだ実現には至っていないようであるが。

(29) 具体的には、前掲の Khaleduzzaman 氏の研究に着目し、在バングラデシュのオランダ大使館は、同氏とコンサルタント契約を結んでおり、氏はすでに同国の行う事業に助言を行っている。

(30) 例えば、[POTTIER, BICKER and SILLITOE eds. 2003]。ちなみに、同書 [17-22] では、多義的な地元の土着概念が著しく単純化されたり、その結果として意味が溶解したりする事例が多々紹介されており、詳細は異なれ、本論での議論と通底する問題が各所で生じていることを感じさせる。

(31) Disaster Reduction Hyperbase（DRH）という、ウェブベースで防災・減災知識を共有しようとする試みがある。その中の“Find technologies for disaster reduction”の“transferable indigenous knowledge”のカテゴリーには、すでにいくつかの例が集積されている。

参考文献

ADNAN, Shapan, et.al.,（eds）

1992 *"People's Participation, NGOs and the Flood Action Plan": An independent review,* Research and Advisory Services, Dhaka.

ADNAN, Shapan

1994 "Floods, People and the Environment: Reflections on recent flood protection measures in Bangladesh", in RAHMAN, HUQ, HAIDER and JANSEN eds. [1994: 182-219]

AHMED, Imtiaz,（ed.）

1999 *Living with Floods: An exercise in alternatives,* UPL, Dhaka.

AHMAD, Mohinuddin,（ed.）

1989 *Flood in Bangladesh,* Community Development Library, Dhaka.ALAM, S.M. Nurul

1990 "Perceptions of Flood among Bangladeshi Villagers", *Disasters,* 14（4）:354-357.

BOYCE, James K.

1994 "Birth of Megaproject", in RAHMAN, HUQ, HAIDER and JANSEN（eds）[1994: 465-480].

CHOUDHURY, Sifatul Kader, and Md. Sajjad HOSEN

2003a, *"Banya"*, in Sirajul ISLAM ed., *Banglapidiya: Bangladesh jatiya gyankosha,* Vol.6,（in Bangla）, pp.285-290

2003b, "Flood", in Sirajul ISLAM ed., *Banglapedia: National Encyclopedia of Bangladesh,* Vol.4, pp.156-163.

CUSTERS, Peter

1993 Bangladesh's Flood Action Plan: A critique, *Economic and Political Weekly,* July 17-24, pp.1501-1503.

Flood Plan Coordination Organization（FPCO）

1992 *Bangladesh Flood Action Plan,*（A report submitted in October, 1992）, Ministry of Irrigation, Water Development and Flood

Control, Dhaka.

1995　*Bangladesh Water and Flood Management Strategy,*（A draft submitted in March, 1995）, Ministry of Water Resources, Dhaka.

The Government of Bangladesh and the World Bank

1992　*Proceedings of the Second Flood Action Plan Conference.* The Government of Bangladesh and the World Bank, Dhaka.

HOSSAIN, A.N.H. Akhtar

2004　"An Overview on Impacts of Flood in Bangladesh and Options for Mitigation", in Organizing Committee ed., *National Workshop on Options for Flood Risk and Damage Reductions in Bangladesh: Workshop programme, list of participants & key note papers,* Organizing Committee, Dhaka, pp.32-58.

井上雅之

2005　『河川浸食防止技術研究（案）企画書』（未公刊、著者より提供を受けた）。

ISLAM, Nazrul

2005　*Natural Hazards in Bangladesh: Studies in perception, impact and coping strategies,* Disaster Research Training and Management Centre, Dhaka.

ジョンソン, B.L.C.

1986　『南アジアの国土と経済（第二巻）バングラデシュ』（山中一郎・松本絹代・佐藤宏・押川文子共訳）、二宮書店。（B.L.C. JOHNSON, Bangladesh, Heineman Educational Books, London, 1982）

川島秀一

2012　「津波と無形文化」第６回 無形民俗文化財研究協議会報告書『震災復興と無形文化―現地からの報告と提言―』独立行政法人国立文化財機構、東京文化財研究所、無形文化遺産部、pp.17-27。

KHALEDUZZAMAN, A.T.M.

2004　Experimental Study on River Course Stabilization and Restoration by Using Groin-like Structures,（MA Thesis）, Graduate

School of Engineering, Kyoto University, Kyoto.

KHAN, Niaz Ahmed, (ed.)

2000 *Of Popular Wisdom: Indigenous knowledge and practices in Bangladesh,* Bangladesh Resource Centre for Indigenous Knowledge, Dhaka.

Ministry of Water Resources

1999 *National Water Policy,* Government of the People's Republic of Bangladesh..

NISHAT, Aminun, et.al. (eds)

2000 *The 1998 Flood: Impact on Environment of Dhaka City,* Department of Environment with cooperation of IUCN-Bangladesh, Dhaka.

野中大樹

2013 「シリーズ巨大防潮堤を考える′ ②「時間と予算を『人質』にされて」『週刊金曜日』936′ pp.32-35°

POTTIER, Johan, Alan BICKER and Paul SILLITOE (eds)

2003 *Negotiating Local Knowledge,* Pluto Press, London.

A.A. RAHMAN, S. HUQ , R. HAIDER and E. JANSEN (eds)

1994 *Environment and Development in Bangladesh,* Vol.1, University Press Ltd., Bangladesh.

RAHMAN, Muhammad Saidur

2004 "Flood Disaster Management and Risk Reduction in Bangladesh", in Organizing Committee ed., *National Workshop on Options for Flood Risk and Damage Reductions in Bangladesh: Workshop programme, list of participants & key note papers,* Organizing Committee, Dhaka, pp.59-75.

SHAW, Rosalind

1989 Living with Floods in Bangladesh, *Anthropology Today,* 5 (1), pp.11-13.SKLAR, Leonard, and Mujibul Huq DULU

1994 "Technical Review of the Flood Action Plan", in RAHMAN, HUQ, HAIDER and JANSEN eds., [1994: 374-406] .

SMITH, William T.,

1994　Flood Action Plan Report: Achievements and outlook. In RAHMAN, HUQ, HAIDER and JANSEN eds.［1994: 407-450］.

高田峰夫

2006　『バングラデシュ民衆社会のムスリム意識の変動―デシュとイスラーム―』明石書店。

2010　「1人の男が語る都市の生活―バングラデシュ、チッタゴンでの聞き取りから―」『広島修大論集』50巻2号、pp.1-21.

2012a　「バングラデシュ」立川・杉本・海津編『朝倉世界地理講座4：南アジア』朝倉書店、pp.252-264.

2012b　「あるNGOワーカーの見たバングラデシュの『災害』―サイフルの「語り」から（その3）―」『広島修大論集』52-2、pp.133-144.

Water Resources Planning Organization（WRPO）

2001　*National Water Management Plan,* Vol.1:Summary（Approved by National Water Resources Council on March 31, 2004）, Ministry of Water Resources, Dhaka.

（オンライン文献）

Disaster Reduction Hyperbase（DRH）

http://drh.edm.bosai.go.jp/（最終確認日二〇一五年一〇月一四日）

復興まちづくり推進員

2013　活動ブログ

http://hmms0311fm. da-te.jp/c20551.html（最終確認日二〇一五年一〇月一四日）

浦松丈二

2013a　特集ワイド：東日本大震災　巨大防潮堤、被災地に続々計画　本音は「反対」だが…復興が「人質」に　口閉ざす住民、毎日新聞二〇一三年二月六日

http://mainichi.jp/feature/news/ 20130206dde012040022000c.html（最終確認日二〇一五年一〇月一四日）
2013b　特集ワイド：巨大防潮堤に海が奪われる　宮城・気仙沼で住民が計画見直し要請」、毎日新聞二〇一三年三月七日
http://mainichi.jp/feature/news/ 20130307dde012040002000c.html（最終確認日二〇一五年一〇月一四日）

あとがき

序で紹介した日本学術会議「自然災害軽減のための国際協力のあり方検討委員会」の第一回目の会合は、二〇一〇年六月二日に開催され、終了後、私はその足で東京から岩手県大船渡市に向かった。同地で六月四日・五日に開催される地域安全学会の春季研究大会に参加するためであった。この学会の春季研究大会は、過去に大きな災害の被災地となったところで開催し、地元の市民向けの公開シンポジウムもプログラムに組み込むのが慣例である。大船渡市沿岸部は、一九六〇年のチリ地震による津波で大きな被害を受け、その五〇周年に合わせての開催であった。さらにこの年の二月二七日、マグニチュード八・八の大地震がチリ中部沿岸で発生し、ほぼ一日をかけて太平洋を渡ってきた津波によって、東北地方の太平洋沿岸では、人的被害はなかったものの、養殖施設に大きな被害が及んだ。

研究大会二日目の公開シンポジウムで、首藤伸夫先生（東北大学名誉教授）と片田敏孝先生（群馬大学教授）の基調講演のあと、パネリストの一人として、私は津波の被災経験の継承活動について国内外の事例を紹介しながら、地域における災害文化をつくることの重要性について簡単に触れ、コメントした。そしてこのシンポジウム終了後、他の参加者とともに、市職員の方の案内で、防波堤施設や五〇年前のチリ地震津波で大きな被害を受けた綾里地区の視察に参加した。三陸沿岸は過去において何度も津波に襲われ、次の大津波がいつ来るかはわからないものの、それは必ずやってくるという認識は、地元の人たちだけでなく、研究大会参加者に共通したものであった。しかし、その翌年の三月、この大船渡市訪問から一年も経たないうちに、あれほどの規模の地震そして津波が発生し、これほど広域にわたる甚大な被害を及ぼすとは、誰も考えていなかったであろう。

そして今、私は、東日本大震災発生後、五回目のお盆を迎えた大船渡市の、同じホテルに滞在しながらこの「あとがき」を書いている。津波によって、ホテル近くのJR大船渡駅や周辺の商店街や事業所・住宅などは、ことごとく流され、鉄筋コンクリート造の建物がかろうじて壁だけを残した。今は、ほとんどが更地となり、土砂を搬入して嵩上げが行なわれている。新たな道路の敷設工事も進み、信号機を設置した交差点も増えてきている。このホテルも、中心市街地の別の場所への移転工事が進んでおり、二〇一六年三月に新しい建物での営業を開始する予定である。現在の建物は被害部分を修復し、いち早く営業を再開して、支援に駆け付けた人々にとっての休息の場となってきたが、変更される県道のルート上にあるため、来年の夏までには解体されることが決まっている。

日本学術会議の防災・減災に向けた日本の国際協力に関する検討委員会は、東日本大震災という巨大災害の発生によって、最終的な提言をまとめ上げることが叶わず、二〇一一年九月一五日付で、その素案を「中間報告（記録）」として提出した。その後も、アジアだけを見ても、二〇一三年一一月にフィリピン中部を襲った台風ハイヤン、二〇一五年にインドやパキスタンで発生した熱波、そして同年四月のネパール大地震など、一〇〇〇人以上が亡くなる大規模災害が発生している。より被害の小さなものであっても、被災者や被災地にとっては大きな打撃となっていることはいうまでもない。

国内の他の災害被災地同様に、東日本大震災の被災地でも、人道支援から復旧・復興支援へとフェーズが進むにしたがって、復興計画の策定時には予測できなかった新たな問題が、実施段階になって明らかとなり、工事の遅延や計画自体の見直しが必要な事態も生じている。一例を挙げると、沿岸集落の高台への集団移転である。買収予定の土地の相続手続きが未了であったり、債権者が行方不明もしくは特定が困難であったりするケースなどが多く、土地収用にかなりの時間を要するため、当初は集団移転に加わる意向を持っていたが、別の土地に住宅を再建あるいは集合住宅に入居し、そこで再出発しようとする世帯も少なからず現れてきている。つまり、災害以前の地域コミュニティを再建・維持しようとする集団移転が、土地収用手続きの遅れによって、一緒に移転するはずであった人々の足並みがそろわなくなってきているわけである。

災害被災地では類似した問題も発生し、それに対しては経験に基づいた知識が体系化され、適切な対応策も取られる。しかしハザードは同じであっても、災害そのものの様相が異なり、発災後にその災害独自の問題が、緊急人道支援に始まり復旧・復興の過程に進む中で生じてくるのも事実である。その意味では、同じ災害は一つとして発生しないのと同様に、同じプロセスを経る復旧・復興は一つとして存在しないのである。そうした時、関係する法律の知識を持ち、行政の事案処理に精通した専門家が必要となるのと同様に、被災者となった人々の内面をも含めて、そのおかれた状況の理解と、一日でも早い生活再建そして地域社会の再構築に向けて、本書に所収した研究のような微視的かつ包括的な対象理解が必要となる。外国とりわけ開発途上国の被災地の支援には、当該地域の住民生活を彼らの視座から理解しようとする研究が不可欠であると考える。

東日本大震災の被災地の復興がいつ完了するのか、とりわけ福島第一原子力発電所の事故によって、被ばくや長期避難を余儀なくされた方たち、故郷への帰還の道を閉ざされた方たちにとって、平穏な暮らしを取り戻すのが、いったいいつになるのか不透明な状況が続いている。そして、原発事故の原因究明が十分になされないまま、また、地元自治体による避難計画の不備も指摘されている中で、二〇一五年八月一一日に鹿児島県に立地する川内原発が再稼働した。この事実は、災害からの教訓を将来の防災・減災に生かさなければならないという観点からも看過できないことである。そして、この東日本大震災の経験を、近い将来に確実に発生する首都直下地震や南海トラフ地震などによる大災害への対応にどう生かしていくかの検討は必要であり、実際にすでに始まっている。

本書に収めた論考は、民博の共同研究「災害に関する人類学的研究」（二〇〇四年～二〇〇七年）に始まり、私が研究代表を務めた二つの科研プロジェクト（基盤研究A「アジア・太平洋地域における自然災害への社会的対応に関する民族誌的研究」と基盤研究A「大規模災害被災地における環境変化と脆弱性克服に関する研究」）による現地調査、ならびに、それに関連するシンポジウムや講演会の成果の一部である。同じ一連のプロジェクトの成果としては、『自然災害と復興支援』（みんぱく実践人類学シリーズ9、二〇一〇年、明石書店）がすでに刊行されているが、そちらは二〇〇四年一二月に発生したインド洋地震津波災害被災地の復興に焦点を絞ったものである。当初の計画では、それに引き続いて、他の大規模災害の被災地復興をより長期的な調査に基づいた研究の成果として、本書の出版を考えていた。しかし、東日本大震災を始めとした国内外の災害の発生により、編者である私自身が被災地の現地調査に追われ、また個人的な事情によって、出版が大幅に遅れてしまった。その間も調査データをアップデートしつつ、辛抱強く本書の出版に協力し続けてくれた執筆者の方々には、深謝したい。

二〇一五年三月には仙台市において、第三回国連防災世界会議が開催された。そこで策定された国際的防災指針「仙台防災枠組 2015–2030」では、依然として災害は持続的な発展を阻害しており、災害への備えの向上と国際協力に支持される「より良い復興（Build Back Better）への取組みが必要だとしている。さらには、災害対応として先住民の経験や伝統的知見を活かすことにも言及されており、この点においても文化人類学や地域研究の貢献も大いに期待される。事前の防災・減災に加えて、発災直後の緊急支援の体制づくりは徐々に整えられてきている。しかし、被災地となった地域の社会や文化の特性に配慮しつつ、その特性を生かした復興支援についてはまだまだ改善の余地も大きい。繰り返しになるが、多分野の英知の結集が事前防災同様に、復興においても求められている。

二〇一五年八月、岩手県大船渡市にて

林　勲男

フィリピン・マリキナ市における枠組組積構造 Non-Engineered 住宅の耐震安全性に関する考察、地域安全学会論文集，No. 6, 2004

Development of Training System for Building Damage Assessment Using Actual Buildings, Journal of Disaster Research, Vol.9, No.2, 2014

深尾淳一（ふかお じゅんいち）

元映画専門大学院大学准教授、現在チェンナイ在住。

専門：南インド地域研究、南インド考古学

主要著書・論文

Cities in India: an archaeological perspective, *Cities in South Asia,* Routledge, 2015

「グローバル化とインド映画産業―インタビュー調査を通して」、『地域研究』12-2、昭和堂、2013 年

「災害復興と文化遺産―南インド、タミルナードゥ州の例から」、『自然災害と復興支援』、明石書店、2010 年

【執筆者紹介】（五十音順）

飯國有佳子（いいくに　ゆかこ）
大東文化大学講師
専攻：文化人類学、東南アジア地域研究
主要著書・論文
『現代ビルマにおける宗教的実践とジェンダー』、風響社、2011 年
『ミャンマーの女性修行者ティーラシン：出家と在家のはざまを生きる人々』、風響社、2010 年
『ミャンマーを知るための 60 章』（エリア・スタディーズ 125）共著、明石書店、2013 年

金谷美和（かねたに みわ）
国立民族学博物館　外来研究員
専攻：文化人類学
主要著書・論文
『布がつくる社会関係――インド絞り染め布とムスリム職人の民族誌』、思文閣出版、2007 年
『はじまりとしてのフィールドワーク――自分がひらく、世界がかわる』共編著、昭和堂、2008 年
Communities Fragmented in Reconstruction After the Gujarat Earthquake of 2001, *Journal of the Japanese Association for South Asian Studies* Vol.18 pp.51-75 2006

高桑史子（たかくわ ふみこ）
首都大学東京名誉教授
専攻：社会人類学
主要著書・論文
『カタストロフィと人文学』（西山雄二編）共著、勁草書房、2014 年
『スリランカを知るための 58 章』（エリア・スタディーズ 117）共編著、明石書店、2013 年
『スリランカ海村の民族誌　開発・内戦・津波と人々の生活』明石書店、2008 年

高田峰夫（たかだ みねお）
広島修道大学教授
専攻：地域研究、社会学
主要著書・論文
『バングラデシュ民衆社会のムスリム意識の変動－デシュとイスラーム－』明石書店、2006 年
"Life Stories of the urban poor in Chittagong, Bangladesh", in Crispin Bates and Minoru Mio eds., *Cities in South Asia,* Routledge, London 2015
「バングラデシュ」、立川・杉本・海津編『朝倉世界地理講座－大地と人間の物語－（4：南アジア）』朝倉 書店、2012 年

田中　聡（たなか　さとし）
常葉大学教授
専攻：防災学、建築構造学
主要著書・論文
『防災の決め手「災害エスノグラフィー」』共著、NHK 出版、2009 年

【編著者紹介】

林　勲男（はやし いさお）
国立民族学博物館准教授
専攻：社会人類学　災害人類学
主要著書・論文
『自然災害と復興支援』（みんぱく実践人類学シリーズ 9）編著、明石書店、2010 年
『災害と共に生きる文化と教育―＜大災害＞からの伝言』共編著、昭和堂、2008 年
『オセアニア近代史の人類学的研究―接触と変貌、住民と国家』（国立民族学博物館研究報告別冊 21）共編著、2000 年
Folk Performing Art in the Aftermath of the Great East Japan Earthquake, *Asian Anthropology,* Vol.11 2012.

アジア太平洋諸国の災害復興
――人道支援・集落移転・防災と文化

2015 年 12 月 10 日　初　版 第 1 刷発行

編著者　林　　勲　男
発行者　石　井　昭　男
発行所　株式会社 明石書店

〒 101-0021 東京都千代田区外神田 6-9-5
電話 03（5818）1171
FAX 03（5818）1174
振替　00100-7-24505
http://www.akashi.co.jp/

進　行　寺澤正好
組　版　デルタネットデザイン
装　丁　明石書店デザイン室
印　刷　株式会社文化カラー印刷
製　本　本間製本株式会社

（定価はカバーに表示してあります）　ISBN978-4-7503-4282-5